示范校建设
实务操作与反思

SHIFANXIAO JIANSHE SHIWU CAOZUO YU FANSI

郭祥峰　著

中国原子能出版社

图书在版编目（CIP）数据

示范校建设实务操作与反思 / 郭祥峰著. — 北京：
中国原子能出版社，2020.7 （2021.9重印）
ISBN 978-7-5221-0726-4

Ⅰ．①示⋯ Ⅱ．①郭⋯ Ⅲ．①学校管理 – 文集 Ⅳ.
① G47–53

中国版本图书馆 CIP 数据核字（2020）第 135012 号

示范校建设实务操作与反思

出版发行	中国原子能出版社（北京海淀区阜成路 43 号　　100048）
责任编辑	刘　岩
装帧设计	华信创世
责任校对	冯莲凤
责任印刷	潘玉玲
印　　刷	三河市南阳印刷有限公司
经　　销	全国各地新华书店
开　　本	787 mm × 1092 mm　1/16
印　　张	16.75　　　　　　　　　**字　数** 265 千字
版　　次	2020 年 7 月第 1 版　2021 年 9 月第 2 次印刷
书　　号	ISBN 978-7-5221-0726-4　**定价** 78.00 元

网　　址 http://www.aep.com.cn　　E-mail：atomep123@126.com
发行电话：010-68452845　　　　版权所有　侵权必究

前　言

　　职业教育与普通教育是两种不同教育类型，具有同等重要地位。党的十九大以后，我国进入了新时代，职业教育也进入质量提升、内涵发展新阶段。山东省更是认真贯彻落实党的教育方针，坚持把职业教育放在优先发展的战略地位，以质量提升项目为载体，促进职业教育提质培优。

　　我所在的齐河县职业中专继列入国家首批中等职业教育改革发展示范校后，2016 年又被确立为第一批山东省示范性中等职业学校。我全程参与了项目的设计、申报和建设，积累了一定的经验，也遇到了很多的困难和堵点，走了许多弯路，存在不少教训。

　　实战是最好的经验，我通过自身探索、外出学习、专家指导等方式进行了逐步探索与实践，和同事们顺利完成了建设任务。这里想把建设过程、经验教训撰写出来，出版本书，以期能够为兄弟学校提供有益的借鉴。

　　这里特别强调的一点是，省示范校建设是一项系统工程，是一把手工程，实质是学校全局性的系统工作。学生素养、专业建设、课程建设、产教融合、校企合作、师资队伍、现代学校管理等都是重点内容，也是难点内容。

　　当然，这本书的内容是以齐河县职业中专省示范校建设为载体的，不可避免具有很大的局限性；同时，我也相信大家在项目建设中会遇到同样的问题。从这一点上来讲，我们的探索和总结又有一定的借鉴意义，在很大程度上能够满足兄弟学校项目建设需求，相信大家会举一反三，触类旁通。内涵发展永远在路上，我们也会继续前进，搞好后示范校建设，为职业教育的发展尽绵薄之力。

郭祥峰

2020 年 3 月

目录

第一章

对项目建设的认识

第1节 山东省中职示范性及优质特色校创建的背景

习近平总书记说：人民对美好生活的向往，就是我们的奋斗目标。

创建省示范性及优质特色校，是为了进一步提升职业教育质量，满足人民群众对职业教育的需求。

我们看几组数据：

2018年全国共有职业院校1.23万所，年招生930.78万人，在校生2680.21万人。德国职业教育以中等职业教育为主，16～19岁年龄组的青年接受职业教育者超过70%。荷兰中等职业教育以上的学生约115.7万人，中职学生占中等职业教育以上学生总数的46%。美国中等职业教育＋社区学院，几乎涵盖所有人群。大学英语四六级考试学生参加率95%；社区学院1171所，46%为大学生，63%为兼职学生。

这几组数据说明：中国的职业教育在校生人数已经达到了很大规模。发达国家职业教育都是十分发达的，我们也要进一步提升职业教育办学质量。

2014 年，国务院颁布了《关于加快发展现代职业教育的决定》；2019 年，国务院又出台《国家职业教育改革实施方案》；2017 年，山东省教育厅和财政厅出台了《山东省职业教育质量提升计划》，把山东省优质高职院校建设项目和 2016 年就开始启动的山东省中职示范性及优质特色校建设项目纳入了这个文件中；2018 年，山东省教育厅、中共山东省委组织部等 11 部门出台的《关于办好新时代职业教育的十条意见》进一步明确：建设 100 所左右示范性及优质特色中职学校、30 所左右优质高职院校，争创中国特色高水平职业院校。

《山东省职业教育质量提升计划》对中职示范性及优质特色校建设项目的表述如下。

山东省中职示范性及优质特色校建设项目：

1. 建设目标

到 2020 年，重点建设 100 所示范性及优质特色中等职业学校。以提高质量为核心，以内涵建设为重点，推行校企协同育人机制，建立能力本位、对接紧密的课程体系，打造高水平的专兼职"双师型"教师团队，建设就业有优势、发展有潜力的特色品牌专业，完善现代学校制度，提高学校的规范化、信息化和现代化水平，使其成为凸显山东特色、跻身国内一流、接轨国际水平的现代化职业学校。进一步增强示范、辐射和引领作用，大幅度提升我省中等职业学校办学水平和服务经济社会发展的能力。

2. 建设周期

在 2016 年立项建设 30 所学校基础上，2017—2020 年，再遴选建设两批。2017 年、2018 年，每年各遴选 35 所左右学校进行示范性及优质特色校立项建设。建设期 3 年。

至此，我们把山东省中职示范性及优质特色校创建的背景概括为：新行动、新时代、新内涵和新使命。

一、新行动：从全国看，是国家层面的工作部署

《国务院关于加快发展现代职业教育的决定》（国发〔2014〕19 号）指出："十三五"期间加快发展现代职业教育。具体要求是推进高水平

职业学校建设，围绕深化产教融合、校企合作、工学结合主线，支持100 所左右高等职业学校和 1000 所左右中等职业学校建设。主要目的是通过高水平职业学校建设，以示范建设引领发展，围绕深化产教融合、校企合作、工学结合主线，改善基本办学和实习实训条件，强化国家重点领域产业和区域支柱产业相关专业建设，重点提升学校服务学历教育、社区教育、职工教育培训等能力，建成一批人才培养、科技创新、专业建设与产业融合发展的高水平职业学校。

截至 2018 年 1 月 5 日，全国已有 15 个省份公布共计 258 所优质高职院校名单。从省级层面看，湖南省进行了卓越校建设，广东省进行了一流高职院校建设，黑龙江省推进了高水平高职院校、国家优质校立项单位和省优质校建设，山东省开始示范性及优质特色校创建等。

二、新时代：我国职业教育已走近世界舞台中心

比照世界上发达国家和地区目前职业教育发展的水平和先进程度，中国职业教育已经进入国际水准。我国职业教育规模、办学实力和社会贡献度已处世界前列，办学条件和保障体系已可以与世界先进院校比肩、部分院校甚至超过欧美。我国职业教育已经形成自己理念、理论和教育模式，职业教育的"中国方案""中国模式"已经在世界上建立了自己的话语体系，拥有了越来越重要的话语权。

我们有这份自信，相信不久的将来，我国职业教育的"国内一流"就是世界上的"国际先进""国际一流"。

新内涵：工匠精神期待职业教育回归教育"初心"。

职业教育的本质属性是"教育"，"教育"才是我们的"主语"和"主题词"，职业教育主要工作是仍然是"育人"，仍然是为国育才。"工匠精神"的提出，意味着职业教育的培养目标从"一技之长工匠"拓展为"匠人匠心"。

可以说，对当今的职业教育而言，不变的是"教育"，变的是"教育"的外延；不变的是技术技能，变的是技术技能的内涵。

优质校建设要求，技术技能培养之上承载了更丰富更丰满的"人"和"精神"的内涵，成为我国职业教育新时代的新主题。

新使命：中职示范性及优质特色校建设有自己的历史任务。

从三个"五年规划"看中职示范性及优质特色校建设的历史任务，一个时代有一个时代的主题，一代人有一代人的使命。

"十一五"期间，启动基础能力提升工程，评选重点校，自2006年启动。

主要历史任务：更新教学内容，改进教学方法，提高学生的实践能力、职业技能和就业能力；加强职业教育基础能力建设。解决什么是职业教育、怎么培养技能人才的历史问题。

"十二五"期间，开始国家中等职业教育改革发展示范学校建设计划，自2010年启动建设，共三批，1000所。

主要历史任务：改革培养、教学、办学模式，改革教学内容、内部管理、评价模式等，解决怎么办职业教育、怎么把职业教育办好办活的历史问题。

"十三五"期间，启动高水平中等职业学校建设计划。

主要历史任务：产教融合、引领发展。

产教融合：将产教融合作为促进经济社会协调发展的重要举措，融入经济转型升级各环节，贯穿人才开发全过程，形成政府企业学校行业社会协同推进的工作格局。充分调动企业参与产教融合的积极性和主动性，强化政策引导，鼓励先行先试，促进供需对接和流程再造，构建校企合作长效机制。

引领发展：以示范建设引领发展，一个是全面发展，一个是更高水平的发展。对一所学校而言，通过高水平校建设解决学校内部发展不平衡、不充分、有强有弱的问题，提升整体办学水平，向国内一流、国际一流看齐。我们今天进行省示范校建设，目标还是为了高水平中职学校。

对全国职业教育而言，通过高水平职业院校建设，解决全国层面职业教育不平衡、不充分，区域内部职业教育教育不平衡的问题，全面提升技术创新服务能力、实质性扩大国际交流合作、培养高水平技术技能人才，增强专业教师和毕业生在行业企业的影响力，提升学校对产业发展的贡献度，争创国际先进水平。

第2节 山东省中职示范性及优质特色校创建的意义

创建省中职示范性及优质特色校是一个机遇，同时体现了一个学校的综合办学实力。另外，教育部也将对重点领域、重点院校进行重点投入。

省中职示范性及优质特色校是一个品牌。这个品牌是内涵建设的品牌，是育人水平的品牌，是办学实力的品牌，是招生就业的品牌，入选示范性及优质特色校是一所学校响亮的品牌。

省中职示范性及优质特色校是一个平台。这个平台是每一位教职工干事创业的平台，是每一位老师实现人生目标的平台，是不忘初心、兑现入职誓言的平台。能力决定你的发展空间，但平台决定你的发展高度。

省中职示范性及优质特色校是一项荣誉。建设期满，通过验收，将分别授予"山东省示范性中等职业学校"和"山东省优质特色中等职业学校"。这是教育厅、全国职教专家、社会各界，对学校办学成就的褒奖和赞许，这份荣誉属于全体师生。

第3节　山东省中职示范性及 优质特色校建设的任务

一、省中职示范性及优质特色校建设的基本框架

"十二五"期间，开始国家中等职业教育改革发展示范学校建设计划，该项目是以专业建设为重点，主要包括改革培养模式、改革教学模式、改革办学模式、创新教育内容、加强师资队伍、完善内部管理、改革评价模式。

而省中职示范性及优质特色校建设的基本框架包括以下两个方面：基本建设和内涵建设。基本建设包括：在校生规模、基础设施建设。内涵建设包括：强化综合素养教育、深化教学改革、促进产教深度融合、提升师资队伍水平、推进信息化建设和完善学校内部管理。

与中职教育改革发展示范校相比，中职示范性及优质特色校建设最直观最明显的新变化有两点：一是项目更综合。强调信息化、综合素养教育、产教融合、内部治理。二是注重特色建设。强调校内教育教学资源的集约和共享，可以选取1～2个需要重点建设的特色项目。

新变化带来新动向，学校发展的两个新动向是：一是更加注重学校自身的创新发展。马云曾经说对待新生事物有一个"看不见、看不起、看不懂到来不及"的过程。例如要对混合所有制进行校本实践，探索经验。增强专业教师和毕业生在行业企业的影响力，提升学校对产业发展的贡献度，追求的是以贡献求合作，以服务求支持。二是更加注重自身的协调发展。示范性及优质特色校的建设项目设计，涵盖面广、包括内容多。示范性及优质特色校是一全域项目，学校各个行政部门、各个教学单位，每一位教职工都有建设任务。

二、省中职示范性及优质特色校建设的方案

整体建设思路：以习近平新时代中国特色社会主义思想为指引，充分把握国际国内职教发展新趋势，以国内外一流学校为标杆，以建设一流院校为目标，积极主动服务脱贫攻坚、制造强国建设、新旧动能转换、乡村振兴和"一带一路"等重大国家战略，积极应对"服务发展全面化、对象群体多元化、社会需求多样化、全民学习终身化、发展环境国际化"职教发展新形势。

围绕"技术技能＋工匠精神"，强化综合素养教育；突出"人文素养、职业精神、职业技能"综合培养，深化教学改革；在技术技能积累服务、创新创业教育、信息化上整体突破；支撑区域发展推进产教融合。

科学定位人才培养目标，突出对"人"的培养；树立"质量立校、文化兴校"理念；在推进院校治理、综合改革上取得突破；提升师资队伍水平、信息化水平等基础能力。

核心还是质量，人才培养的质量是始终不变的核心。

三、省中职示范性及优质特色校建设内容

（一）总体建设目标

适应新时代对技术技能人才培养的新要求，厚基强技、匠人匠心，加强人才培养体系建设；产教协同、训创互融，推进专业建设和教学改革；多元多样、开门开放，深化产教融合；规范管理、激发活力，完善学校内部治理；互聘互兼、阶梯管理，建设教练型师资队伍；互通共享、泛在感知，建成智能校园；联动内外、师生同创，强化技术技能积累；对接交融、立体合作，提升国际化水平；螺旋改进、双擎助推，建立自我诊改机制；崇德尚能、责承天下，培育特色职业文化。

通过三年建设，将学校建成综合实力、人才培养、教学改革和社会服务等方面达到省内一流水平的中职学校。

大的量化指标，原则上不少于 8 个；建设期满，应建成一批标志性成果，原则上不少于 15 个省级以上标志性成果。

（二）示范性及优质特色校建设内容

一是新改革：体制机制创新（产教融合、内部治理）。按照"服务、融入、引领"的工作思路，以产教融合为主线，从学校、专业、教师、学生四个层面推进制度创新。坚持开门办学，形成多主体办学格局，搭建校企合作平台，建设混合所有制办学实体，牵头或参加职教集团。坚持放管结合，实施扁平化管理，下放权力到专业科。坚持科学用人，深化人事制度改革，全面激发教职工内生动力。

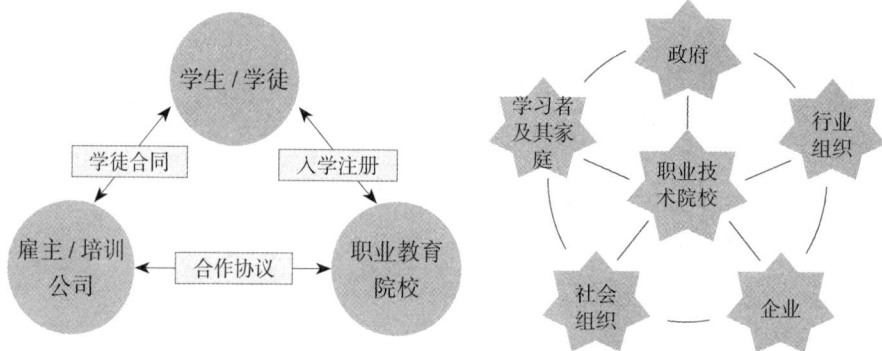

职业教育的特点决定了职业院校必须非常紧密地与行业、企业结合。学校要与行业、企业结合，就必须建立职业教育特色的现代院校制度，实现治理结构的转型。要通过积极开展校企合作，吸收行业企业人员组成学校理事会或董事会，推动行业企业参与职业院校治理，形成产教融合、校企合作的院校决策机制。要努力健全企业高层管理人员、技术技能骨干与职业院校校长、骨干教师相互兼职任职的制度。只有虚心学习和借鉴现代企业制度，深化内部管理改革，才能为全面对接行业、企业需求提供有力保障。

关键指标：混合所有制校本实践；借鉴现代企业制度，深化内部管理改革。

二是新服务：技术技能积累与社会服务。优化协同创新政策环境，建设校企融合平台、公共实训中心，开展技术技能培训，服务终身教育。

产教协同，产是支撑，教是核心；校企合作，校是龙头，企是基础。要处理好这个关系，把学校建在产业基地，建在开发区里，把专业建在产业链上，建在需求链上。

关键指标：社会培训达人次、技术服务创收等等。

职业院校主动开展农民工转移技能培训、下岗职工再就业培训等工作，为实现职业教育与继续教育的衔接进行积极的探索。加强职业教育和继续教育的衔接，在继续做好传统学历教育的基础上，高度重视面向人人、面向全社会的继续教育，是未来职业院校重要的发展方向。

三是新方向：国际化、信息化。建立国际合作与交流的平台与机制，引进和利用优质教育资源，拓展国际合作办学项目，扩大师生双向交流规模，提高技术技能人才输出能力，加强教师出国（境）培训。

优化网络基础设施，推进以"感知、协同、服务"为核心的智能校园建设，实现校本数据的挖掘分析和展现预警，提升教学、实训、科研、管理、服务信息化应用水平；以资源应用为中心，推行线上线下混合式教学，形成课堂教学新形态。

关键指标：线上线下混合式教学。

四是新内涵：综合素养教育、教学改革。围绕"厚基强技、全面发展"人才培养体系，建立"基础平台＋岗位模块"专业课程体系、"能力进阶＋实习实训"实践教学体系、"通识教育＋综合实践"素质教育体系、"专门课程＋训练实战"创新创业体系，创新"多方协同、训创互融"人才培养模式，实施"五层能力"进阶培养。建立"多维驱动、持续更新"教学改革机制，"真实环境、真学真做、掌握真本领"强化真实应用驱动教学模式改革机制。"线上线下、开放共享"开发专业教学资源。

要把习近平新时代中国特色社会主义思想和综合素质贯穿于课程和教育教学全过程，要突出职业素质、职业核心能力和传统文化。

《教育规划纲要》指出，职业教育要着力培养学生的职业道德、职业技能和就业创业能力，这就要求我们在技能型人才培养过程中强调实践教学，突出实习实训环节，强调学生对有用知识的掌握。具体到教学中，培养职业道德，就是要坚持德育为先，把思想道德教育贯穿职业教育始终，着力提高学生的思想道德素养。培养职业技能，就是要把技能作为职业教育的核心内容，以信息技术改造传统教学，促进职业教育与生产实际紧密结合。培养就业创业能力，就是要坚持以人为本，着眼学生的全面发展和终身发展，使学生不仅学会"做事"，实现就业目标，更要学会"做人"，实现更加幸福、更有尊严的生活。

这里谈一谈教学改革。我们要正确地做正确的事！正确的事是指适应需要的专业和课程，正确地做是指有效的教学方法。

教学要以学习者为中心，首先要考虑学习者的需要。学习者的需要包括：学习动机、学习内容、学习过程、学习环境、学习指导与支持、学习资源、学习成果的测评和学习成果的认可等。

教学以学习者为中心，其次要考虑我们是否设置了正确的课程（项目）。一是需求分析：用人单位需求、个人发展需求、社会和社区需求、教育发展需求等。二是课程的类型和层次：就业前教育、就业前培训、就业后知识技能更新、个人兴趣与发展。三是课程的计划性：区域教育发展、学校自身发展、专业建设规范、课程设置原则。四是对课程内容的磋商：行业组织和用人单位、同级合作院校、职业资格证书机构、较高一级的院校。五是对课程结果的评价：行业组织和用人单位、工会组织、学习者、社区机构。六是学生出路：对口就业、其他就业、自谋职业、升学深造等。

教学以学习者为中心，再次要考虑我们是否是在正确地进行教学。正确的教学要考虑如下表中因素。

教学相关因素		具体内容
招生情况		参加本专业学习的学生
教学文件		专业培养目标、课程目的和教学过程、与后续教育的联系
教学内容		与核心能力关系、宽基础与岗位针对性、适应生活和工作需要、灵活性
教学材料		充足性、先进性、适用性、及时性
教学场所		安全性、照明状况、供暖与降温、维修状况
教师		相应的经验、合理的能力构成、敬业精神、热情和感染力、接受过培训
教学辅助人员		参加教研和教学活动、接受过培训
教学过程	教学方法	灵活性与多样化、与教学内容相适应、融入核心能力和关键能力的培养、联系工作和生活经验、激励智力和实践能力的发展、允许个人选择进度和方向、应用信息技术
	对学生的支持	以学生为中心、调动学生积极性、提供个人学习和生活辅导、提供职业指导
	教学评价	过程与结果、考核方式与方法、教师／同学／个人、以能力为本位、服务学生而不是控制学生

关键指标：成熟的课程（类型、层次、计划性）；高素质的学生。

五是新布局：专业建设。建立"面向市场、优胜劣汰"专业调整机制：落实专业设置负面清单制度，建立面向市场、优胜劣汰的专业结构调整机制。

适应"互联网+"行动、《中国制造 2025》发展导致的职业变化，促进专业向中国智造、互联网+、现代服务业转型，增加机电一体化技术等传统工科专业"智能"含量以及管理服务类专业"新职业"形态，开发新兴专业。

关键指标：品牌专业（与产业对接，面向市场，优胜劣汰，专业设置负面清单制度）。

六是新引领：校园特色文化。坚持传承创新，校园文化氛围、工匠精神文化体系、特色品牌文化建设。培养精益求精的"工匠精神"，形成职业学校特色文化体系。

七是新教师队伍：教练型高水平师资队伍建设。实施教师双师素质提升、教师全员培训、高层次人才引领和兼职教师队伍建设。校企合作完善"互聘互兼"双师素质培养，加大高层次人才引进力度，柔性引进技能名师大师、行业领军人物、高水平专业带头人，实施一流师资培育和全员培训计划，加强兼职教师的聘用、管理和考核。

"双师型"教师队伍建设，建设周期长、见效相对较慢，这必须引起更多的关注。建设"双师型"教师队伍，既要注重内部人才挖潜，又要加强外部人才引入，关键在于建立固定岗位与流动岗位相结合、专职与兼职相结合的用人新机制。只有切实在用人制度方面做出新的探索，才能为教师队伍建设探索一条新路子。

关键指标：师资。

八是新质量理念：质量管理与保证体系建设。树立"零缺陷"与"自我保证"质量管理理念，实施"责承天下的校园文化、工匠精神文化、专业行为文化与诊改制度文化"系列工程建设，推行全面质量管理；以信息化技术平台为支撑，建立"五纵五横一平台"网络化覆盖、"8字形"螺旋改进、"机制与文化"双引擎助推，具有较强预警功能和激励作用的内部质量保证体系；落实教学诊断与改进任务，建立常态化自主诊改工作机制，履行人才培养质量保证主体责任。

现代职业教育体系是一个开放的体系。体系建设是否成功，需要充分听取教育系统外部成员的意见。科学指标体系的建立和完善，需要把行业规范、职业标准和企业用人要求作为评价的重要依据。只有真正实现开门办教育，形成行业企业、用人单位和第三方机构等多方深度参与的职业教育质量评价机制，才能有效推动培养模式改革，也才能切实提高技能型人才培养质量。项目更综合，信息化、综合素养、产教融合、内部管理。

第4节 山东省中职示范性及优质特色校建设的几点反思

项目建设应建立绩效评价机制，组织阶段性评估和验收评估，加强过程管理和监督。

（1）把握任务。我们认为专业建设、教学组织与管理、推进产教融合、学生综合素养提升、信息化建设和师资队伍建设是重点。

（2）突出难点。这是硬指标和硬任务，主要是产教融合、内部管理和学生素养。

（3）培育亮点。有数量，更要有质量。

（4）把握节点。任务提前、进度提前，给自己留出回旋的余地。

（5）认真反思自己的基础，凝练自己的特色。要考虑如下因素：一是区位及产业背景，包括学校所处区位、区域战略、产业发展等；二是人才需求背景，包括"十三五"规划中对人才需求、要与学校建设的重点专业紧密结合做好对接；三是学校发展基础，包括：学校的家底到底如何，定位是否准确，有哪些优势，有哪些短板？标杆分析是不是真正的能分析出；四是特色部分，主要分析学校独有的文化和传统、独特的办学理念、人才培养特色、专业建设特色和教学改革特色等。

学校办学的经验、做法，以及如何将办学的优势发挥到极致，提高人才培养质量的举措和案例，总结出来，就是特色。特色是实实在在做过的，只要做过，总结的不好也是特色，没有做过，总结得再好也不是特色。

（6）解读文件至关重要。因为大多是自上而下的改革。一是全文解读，逐一贯彻，不能漏项；二是主要领导带头，全面学习，领会文件；

三是认真讨论，落到操作层面，结合学校及专业实际。

（7）精心组织，狠抓监控。一是根据任务书狠抓落实，责任到科室和人员，学校鼎力支持，有些项目是需要学校层面解决，甚至需要教育主管部门乃至政府支持才能推进和完成；二是明确项目材料的依据、标准格式、提交时间、流程、日期、监控点、量化考核指标等；三是省内外同类项目的学习借鉴；四是材料的分析、评价，要高度重视材料修改过程，在修改中提升，理念与教育厅、国家同步；五是要重视实施过程中的检查、监督。

总之，省中职示范性及优质特色校建设是全域项目，是全员工程，是决定学校未来的重大机遇，是决定教职工未来的重点任务，需要大家全员参与、全程参与，需要用省中职示范性及优质特色校的思路去谋划工作，需要各个岗位做好自己经手的每一件工作去支持省中职示范性及优质特色校建设。

第二章

扎实推进项目建设

第5节　项目申报与建设一体谋划

一、关于建设方案和任务书

良好的开端是成功的一半，任务书和建设方案的设计要具有前瞻性，要充分考虑申报成功后到底建什么，怎么建。

关于建设任务要点，目标不细不好实施和量化，但也不要过细，要考虑可操作性。

建设任务一般是按照建设年度来的，但有些任务时间不一定过于明确，因为一般第一年度是探索阶段，或者是初稿。我们要在不断变化的现实工作环境中实现计划与现实的完美结合。

总之，建设方案和任务书是整个项目建设的路线图和脚本，我们一定要提前设计好，既立足现实，又有前瞻计划性。谁建设必须谁申报，绝不能申报者和建设者是两个团队。

二、项目建设的组织、执行与调度

省示范校建设是一个学校全局性工程，涉及学校的各个部门，需要顶层设计好，需要协调和调度。所以，一般由学校校长或者教学副校长担任项目总负责人。

从全省来看，项目具体实施机构有两种情况：一是教务处牵头实施，各部门配合；二是由于职业学校管理体制不同，有的学校实行专业部管理，教务处相对较弱，这些学校往往临时成立一个省示范校建设办公室，布置安排项目建设具体工作。

两种管理模式各有利弊，其主要职能都包括：任务的进一步分解与布置；各种规范、规则、模板的制定；档案的收集与整理；各种检查评估的准备；也包括资金的使用调控等。

项目办公室再往下应该是具体的项目组，一般都是任务书内容和哪个部门职责对应，就由哪个部门牵头负责。基础建设档案牵扯各部门，有一个专人收集即可。这里，需要说明一点，有些具体任务是交叉存在的，比如校企合作开发教学资源，这既是产教深度融合的任务之一，也是专业建设和课程建设、教学改革的任务之一，牵扯到多个部门，那么必须有一个部门牵头，其余配合，这样才能整个学校一盘棋，才能前后对应和连贯。

各项目组领到具体任务，再进一步细化，进行落实，责权利明确。只要给教师讲明白，绝大部分教师还是愿意积极参与的，并能通过积极参加培训学习、竞赛活动、教学改革、教研项目获得能力的提升和各项教学成果的积累。这一点，要充分相信广大教师。

大家也要坐下来集思广益，对遇到的难题和盲点商讨研究，交流碰撞，群策群力，破解难题。示范校建设与日常工作应该有机统一起来，但绝不是日常工作的简单累积和材料的堆砌，需要反思和提升，总结和提炼。所以，学生休息时间，项目负责人要自我加压，梳理总结，注重过程性材料，不能全部拖到最后。人都是有惰性的，需要项目负责人高度自觉，也需要教务处或者项目建设办公室做好督促和协调，并制定相应的考核和奖惩。应建立绩效评价机制，组织阶段性评估和验收评估，加强过程管理和监督。

三、材料的规范

材料的积累是项目建设的体现。对于材料，要高标准、严要求，绝对不能出现错别字、数据不真实、说法不准确等低级错误。

首先，关于统一性和灵活性的问题。制度、方案、计划、总结能统一格式规范的就统一，具体的原始材料可能就不用统一。要避免两个极端，一是材料杂乱堆砌，毫无章法，非常不规范；二是所有材料都是新的，缺少原始性过程性材料，一看就是为检查而准备，形式主义严重。

其次，关于材料的真实性和美观性问题。做过的事情，材料肯定是真实的，不仅有文字，还会有图片和原始的记录，如签到表、学习笔记等；真实性还包括同一位教师笔迹要一致；材料要尽量做到规范、美观、实用，需要装订成册的就装订成册，需要印刷的就要印刷。

最后，是材料的专业性问题和时代性问题。各个专业的材料必须体现出专业特色，不能放到哪个专业也可以用。材料表述更要与时俱进，不能出现老的不准确的说法。

第6节　细化基础建设档案

示范校建设中，绩效评估指标包括资金投入与管理、基础建设成效和内涵发展成效三部分，分别占分是200分、250分和550分。我们在建设和准备材料中，往往忽视基础建设成效。

对于基础建设成效，我们要细化指标，进行档案设计。

（1）在校生规模。包含建设期限内的基础学生学籍数量，三个年度的学生学籍明细表，一般都是学校和上级教育主管部门盖章的档案。验收时，除了纸质档案，还要能够查看学籍管理系统和学生资助系统。至于极少数的辍学流失情况，在档案上要有明确标注；为体现学校规范管理，要有过程性材料，比如流失的日期、原因、学生及家长、班主任及领导签字等。

（2）教师队伍建设。这里提供各年度的盖章的教职工花名册就可以，但教师资格证书、学历证书和职业资格证书要有统计表和复印件。这里的专任教师不包括兼职教师和代课教师。

（3）学校占地。查看学校资产管理系统、固定资产账簿、土地证、建设批文等相关证明材料。

（4）校舍面积。查看学校资产管理系统、固定资产账簿、房产证或建筑设计图纸、建设批文等相关证明材料。

（5）实训条件。查看学校资产管理系统、固定资产总账、明细账、专用设备管理台账，建设项目新增设备政府采购手续、合同、验收单据和相应的新增设备明细表等。这里说明两点：一是实训设备总值一般情况下是专门用于实习实训的设施的价值总和，一般是硬件的价值，软件的价值要放到信息化中统计，我们在购买硬件时，有时候厂家直接带来相对应的软件，这里就不要再在信息化中重复登记价值了。但软件可以作为资源统计在信息化建设资源中。二是专用设备管理台账一定记录好相应的设备信息和使用信息：名称、型号、生产商、数量、单价、总值、用于专业、存放地点、责任人等。这些信息在省示范校检查验收中是必查信息。

（6）信息化建设。包括信息化建设资产账、校园宽带网证明材料、教学平台证明材料、优质教学资源班班通、各专业教学资源库等相关材料。

（7）图书配备。包括图书配备的相关财务账册、固定资产账、图书、期刊以及其他教学资源的详细材料。

（8）体育卫生等设施。包括运动场、篮球场、排球场、医务室、食堂等体育、卫生、生活等相关设施和安全保障的证明材料。

（9）专业建设。包括市级以上教育行政主管部门的分级认定文件和相关证明材料，千万不要忽视品牌专业证明材料。

（10）经费保障。包括教师工资表、工资发放凭证和生均公用经费拨付凭证等。

第7节 项目资金管理与使用

省示范校项目验收时，有两个地方是一票否决的，一是地方政府配套资金是否到位，二是资金管理和使用是否存在违规违纪行为，是否做到专款专用。

关于资金投入与管理这一部分，是一点也不能马虎的，这200分必须全部拿到满分，这也是体现学校内部管理水平的一个重要标志。

按照本项目资金使用评估的内容强调一下。

（1）资金管理措施和制度（20分）。要有完善的学校资金管理措施和制度，还要有项目专项资金管理制度，都要独立装订成册，并做到制度上墙。

（2）专项资金使用情况（50分）。要严格按照任务书中"资金投入预算表"使用资金，做到专款专用，决不允许挤占挪用、改变用途。这里强调三点，一是在报销时建议做一个彩色的单独的报销单体现专款专用，也减轻财务人员负担；二是做一个示范校项目办公室的专用印鉴，凡是花费项目的资金，均先上交全部材料，审核后盖戳再予以报销；三是有些具体任务在多个地方出现，比如校企合作编写的校本教材，放在深化教学改革和产教深度融合均可，资金使用放在哪里呢？建议是提前谋划一下，如果放在第一个地方，而第一个地方资金不足了，而第二个地方资金很富裕，那就整体放在第二个地方，所以，通盘做好资金统筹很重要，至多半年就要对资金使用作一统计。

（3）会计核算情况（30分）。会计核算规范，会计科目使用准确，原始凭证真实有效。专业的人做专业的事；对使用资金的人严格要求，原始凭证存在异议，坚决不予报销，这是原则问题。

（4）设施设备采购情况（40分）。必须全部公开招标，程序规范。

设备招标是有个过程的，而且周期可能比较长，一定要提前安排，留出回旋的余地。

（5）资产管理情况（30分）。资产管理制度健全、规范，新增资产一定要纳入学校固定资产统一管理，要有入库单。

（6）地方配套资金和学校自筹资金到位情况（15分）。要按照任务书承诺及时、足额到位。这里虽然分数不多，但地方配套资金到位情况却是一票否决项。

（7）运用项目管理系统填报情况（15分）。要运用项目管理信息系统及时准确上报项目建设进度。这里建议需要一个专人管理，及时上报。建议编辑《项目建设简报》，体现过程管理，也能督促工作；编辑建设日志，便于形成线索，查阅重要事件。

第三章
建设成果的可观体现

第8节 示范校建设成果
基本要求与体例

一、调研报告

调研报告的结构、体例、字数、表述方式不限，最基本的内容建议包括如下方面：①调研对象；②调研内容；③调研分析；④调研结论；⑤对策与建议等。

二、人才培养方案

人才培养方案的结构、体例、字数、表述方式不限，基本内容建议如下：①专业名称；②招生对象；③学制；④培养目标及人才培养规格；⑤职业岗位分析与职业资格证书；⑥教学分析与课程体系；⑦人才培养模式；⑧教学安排与教学进程表；⑨教学方法与考核评价；⑩实施保障等。

三、课程标准

课程标准的结构、体例、字数、表述方式不限，最基本的内容建议包括如下方面：①课程性质；②课程目标；③课程内容；④教学组织与评价等。

四、教学资源

（1）PPT课件。作为教师编写课堂教学用PPT的素材文件，每个PPT文件按照知识点内容展开，做到层次清晰，繁简得当，图文并茂，界面美观。每个PPT文件制作时不调用外部文件。

（2）试题库。原则上为每门课程设计150～600道测试练习题，测试练习题尽量覆盖到课程内容的各个方面，每道练习题尽量附有解题思路。

（3）网络课程（精品资源共享课程）。课程页面的设计风格和样式要求美观大方，突出专业特色，呈现形式新颖，栏目内容丰富，界面互动性强。

（4）多媒体微课件。为满足教师使用教学平台组织课程的需要，各学校需收集、整理和开发教学知识点中使用的动画、三维、思维导图和视频等多媒体文件，文件名为该课件内容的标准名称。

（5）通用主题素材。收集或开发与本专业相关的格式合格、数量足够、质量达标的行业标准、实训项目、教学案例、竞赛方案等，文件名为该素材内容的标准名称。

五、制度汇编（包括方案）

项目学校提交的管理制度，建议分为以下几类：①学生管理及德育制度；②教学管理及实习实训管理制度；③校企合作制度；④师资队伍建设与教科研管理制度；⑤行政管理制度；⑥财务管理制度；⑦其他管理制度等。

六、典型案例

一般包括实施背景、主要目标、工作过程（实施过程）、条件保障（实施条件）、实际成效及推广情况、体会与思考（评价与认识）六个部分。

七、其他建设成果（尽量统计省级以上）

（一）统计表

山东省职业教育质量提升计划项目；教职工综合荣誉；技师和高级技师；兼职教师；信息化和教学能力大赛奖项；学生和教师技能大赛奖项；学生获奖统计；文明风采大赛奖项；教学成果、教改项目和课题；精品资源共享课程建设；校企合作开发的软件平台、数字化教学资源、修订的课程标准、编写的校本教材；校企合作订单班、共建的校内外实训基地、校内生产性实习工厂；"3+2"或"3+4"合作院校与专业；春季高考升学名单；社会化服务统计；校际交流一览表等等。

（二）成册材料

教育管理案例集；理实一体化教学成果；科研成果汇编；校企合作成果汇编；优秀毕业生；优秀教师；优秀班主任；媒体宣传集；典型案例集；日志、简报等。

第9节　人才需求调研报告撰写参考要求

调研报告的结构、体例、字数、表述方式不限，最基本的内容建议包括如下方面：①调研对象；②调研内容；③调研分析；④调研结论；⑤对策与建议等。各专业要参照统一的格式，结合各专业的特点设计专业人才需求调研，并最后撰写报告。

一、调研目的与对象

（一）调研目的

职业教育是坚持以立德树人为根本，以服务就业为导向，以能力提升为本位的大众教育。为彰显职业教育的特色，通过本次调研收集和分析××类专业学生的社会人才需求状况信息，了解社会、行业以及企业对××类专业人才知识、技能、素质要求的变化趋势，为××专业的专业设置、招生规模、学生就业指导提供信息，为专业人才培养目标定位、教学计划和课程标准的修订、教学的改革提供依据和帮助，提高××人才培养质量及毕业生的就业质量。

（二）调研对象

根据专业需要，列出调查组成员名单，调研时间安排。调研对象主要为本地区及周边地区相关大中小企业相关生产岗位、人才服务中心、历届相关专业或相近专业毕业生。

二、调研内容与方法

（一）调研范围和内容

1. 行业发展研究

相关行业发展规划要求（以国民经济和社会发展"十三五"规划

为依据）。相关行业发展现状（行业经济增长方式转变及国际化发展趋势）、行业人才结构现状及需求，中高等职业教育供求状况。相关行业文化、职业道德素养状况。

2．企业调研

重点调研相关企业技术变化（工艺、设备、材料等）；运营方式变化（商业业态、分销系统发展、服务类型）；劳动组织变化（流水线、小组工作、岗位轮换、一人多岗等）等内容，重点研究上述三个方面变化提出的专业培养目标变化要求，以及岗位职业能力的变化情况，要求列出专业能力和非专业能力各不少于10项。（根据选用的调研方法列出详细的调研内容，内容要包括：①用人单位的岗位需求情况；②专业岗位职业能力；③专业岗位知识能力等等）

3．学校调研

现行专业教学计划的实施情况（专业教学计划的执行情况、存在问题、课程结构比例等）；学校生源状况；就业与升学情况（专业就业率、对口就业率，升入高一级学校的比例及对口率）。

4．毕业生调研

对本专业课程设置、职业技能训练等教学过程与效果的意见和建议。

（二）调研方法

列举介绍本次调研的形式，包括访谈、调查问卷、电话访问、电子邮件、实地参观等任选。

三、调研分析

要与目的相对应，关键内容要用数据支撑。主要包括：

（1）行业发展对本专业人才需求的趋势：①简述人才需求情况；②德州市及周边地区对本专业人才需求趋势；③预测未来三年的毕业生就业情况。

（2）企业对本专业人才的需求情况：人才需求量；人才需求结构中，

低中高专业技术人才的需求比例情况；学历需求情况。

（3）岗位需求分析（对专业人才素质、能力要求情况）一是素质要求：①良好的心理素质和职业道德；②要有较高的政治素质；③业务素质（重点介绍）。二是能力要求：①较强的实践能力；②更新知识的能力；③较强的社会活动能力等。

四、调研结论

分析调研结果，培养目标、教学方式方法等。包括：行业的人才结构现状、行业企业人才需求状况、企业岗位设置及对人才结构类型的要求、岗位对知识技能的要求、相应的职业资格要求；现行专业教学情况、学生就业去向、学生继续学习的要求与培养现状、企业对现行专业教学的要求与建议等。

五、关于专业的思考与建设

应该注重产学研结合，在专业设置、培养方案、教学运行等方面参与并融入专业人才培养工作中，进一步加快师资队伍、实践基地建设，实现学校与社会的结合，师生与劳动者的结合，教学和生产实际的结合，构建适应经济社会发展需要的、符合学校实际的、灵活多样的人才培养模式和途径。例如：校企合作制定和优化培养方案；加强实习实训方面的合作，培养学生的实践技能；加强校企合作，共享人力资源等。

第10节 人才培养方案参考体例

人才培养方案的结构、体例、字数、表述方式不限，基本内容建议如下：①专业名称；②招生对象；③学制；④培养目标及人才培养规格；⑤职业岗位分析与职业资格证书；⑥教学分析与课程体系；⑦人才培养模式；⑧教学安排与教学进程表；⑨教学方法与考核评价；⑩实施保障等。

一、专业名称及专业代码

1．专业名称

填写专业名称。

2．专业代码

填写专业代码。

二、招生对象与学制

1．招生对象

初中毕业生及同等学力（可对本专业生源提出具体学历基础和兴趣特点要求）。

2．学制

实行学分制的，可以规定以修满多少学分为准，可实行弹性学制。

三、培养目标及人才培养规格

本专业主要面向×××ד等行业企业，从事×××ד等工作的×××ד的高素质劳动者和技能型人才。

本专业以立德树人为根本，主要描述本专业人才培养的定位，毕业生从事的工作岗位（岗位群），应具备的文化基础知识、专业知识和专业技能，以及职业素质的要求。

在充分调研的基础上，从以下几个方面分别描述人才培养规格、毕业生应具备的基本素质和核心技能。

（1）基本知识要求。

（2）基本素质要求。

（3）基本能力要求（含对应职业和工作岗位，核心技能要求，对应职业资格证书，未来发展方向，专业就业能力、行业拓展能力等）人才规格

四、职业岗位分析与职业能力描述

职业素养 1、2、……；专业知识和技能 1、2、……；专业（技能）方向 1……、方向 2……。

职业范围

序号	对应职业（岗位）	职业资格证书举例	专业（技能）方向
1			
2			
……	……	……	

五、教学分析与课程体系

本专业课程设置分为公共基础课和专业技能课。

公共基础课包括德育课，文化课，体育与健康，艺术（或音乐、美术），以及其他自然科学和人文科学类基础课。

专业技能课包括专业核心课和专业（技能）方向课，实习实训是专业技能课教学的重要内容，含校内外实训、顶岗实习等多种形式。

（一）公共基础课

序号	课程名称	主要教学内容和要求	参考学时
1	职业生涯规划	依据《中等职业学校职业生涯规划教学大纲》开设，并注重培养学生……在本专业中的应用能力	32～36
……	……	……	……
6	语文	依据《中等职业学校语文教学大纲》开设，并注重培养学生……在本专业中的应用能力。	192～216
……	……	……	……

（二）专业技能课

1．专业核心课

序号	课程名称	主要教学内容和要求	参考学时
1	×××	了解××；掌握××；能××；会××；……	
……	……	……	

2．专业（技能）方向课

（1）专业技能方向 1。

序号	课程名称	主要教学内容和要求	参考学时
1	×××	了解××；掌握××；能××；会××；……	
……	……	……	

（2）专业技能方向 2。

序号	课程名称	主要教学内容和要求	参考学时
1	×××	了解××；掌握××；能××；会××；……	
……	……	……	

五、教学安排与教学进程表

1．教学时间安排

内容 周数 学年	教学（含理实一体教学 及专门化集中实训）	复习 考试	机动	假期	全年 周数
一					
二					
三					
四					
五					
六					
七					

说明：上表仅供参考，视专业性质和特点，灵活安排。

2．授课计划安排

课程类别		序号	课程名称	总学时	学分	按学年、学期教学进程安排（教学周数／周学时）									
						第一学年		第二学年		第三学年		第四学年		第五学年	
						1	2	3	4	5	6	7	8	9	10
						周	周	周	周	周	周	周	周	周	周
公共基础课	公共必修课	1													
		2													
		…													
		小计（占总课时比例…）													
	公共选修课	1													
		2													
		…													
		小计（占总课时比例…）													
专业技能课	专业基础课	1													
		2													
		…													
		小计（占总课时比例…）													
	专业（技能）方向课	1													
		2													
		…													
		小计（占总课时比例…）													
专业技能课	专业选修课	1													
		2													
		…													
		小计（占总课时比例…）													
	毕业顶岗实习或毕业设计(制作)														
其他课程		1													
		2													
		…													
		小计（占总课时比例…）													
周学时及学分合计															
总学时															

说明：

1. 授课计划安排表为基本格式，适宜于实行学年制的专业。实行学分制的专业，表格可另行设计。

2. 专业技能课程的学时包含课程内理实一体化的技能实训或集中实训的时间。

八、教学方法与考核评价教学方法

要求：描述实施教学应该采取的方法。

建议：教师应依据专业培养目标、课程教学要求、学生能力与教学资源，采用适当的教学方法，以达成教学的预期目标。教师应于每学期开学之前拟妥授课计划，要从兴趣入手，以人为本，服务于学生，依据教学内容，进行教学活动设计。倡导采用理实一体化教学、案例教学、项目教学等，在做中学，在做中教。

教学评价：

要求：描述对教师教学、学生学习评价的方法。

建议：对学生的学业考核评价内容应兼顾认知、技能、情感等方面，评价应体现评价标准、评价主体、评价方式、评价过程的多元化，如观察、口试、笔试、顶岗操作、职业技能大赛、职业资格鉴定等评价、评定方式。要加强对教学过程的质量监控，改革教学评价的标准和方法，促进教师教学能力的提升，保证教学质量。

教材编选：

要求：对教材的编选提出指导性意见。

建议：应制定教材选用及教材编写有关规定，以利于教师编选合适的教材。应鼓励教师针对学生程度编选适合教材，以利于学生学习。选用教材时，要结合地区需要，选择符合学生认知规律和课程设置要求，教学方法灵活，突出"做、学、教"一体化的教材。

九、实施保障

（一）师资配备标准

要求：根据专业特点，明确教师的职称、学历、技能、教学能力等要求。如教师达不到要求，提出解决办法。

（二）实验（实训）室及设备配备标准

要求：根据专业特点，明确本专业不同学段所需实验（实训）室和设备配备要求。如现有实验（实训）室和设备达不到要求，提出解决办法。

实验（实训）教学类别	实验（实训）教学场所	实验（实训）教学任务	实验（实训）设备				
			序号	名称	单位	数量	参考价格（元）

说明：

1. 实验（实训）教学类别可分为基础实验、技能实训、仿真模拟等。

2. 实验（实训）教学场所是指实验（实训）室的名称。

3. 实验（实训）教学任务应该与课程教学目标相结合，做到完整、准确、可操作。

第11节 课程（项目）教学标准体例

课程标准的结构、体例、字数、表述方式不限，最基本的内容建议包括如下方面：①课程性质；②课程目标；③课程内容；④教学组织与评价等。

一、课程性质与任务

要求：阐述课程的类型，在专业课程体系中的地位，与相关课程的关系，主要任务等。

二、课程教学目标

建议：主要描述学生学习完本课程应具备知识、能力和职业情感。能力目标表述要明确，并且能够在培养目标和典型职业活动描述中找到相应能力的表述。知识目标表述中以专业能力为主线，融合方法能力和社会能力。职业情感的表述应紧密结合知识和能力的要求，贯穿于课程活动中。

三、教学内容和要求

建议：采用表格的形式表述。包括完成课程教学应具备的知识、技能、方法、策略等，原则上要涵盖专业对应岗位群的工作内容、工作方法、工作要求和职业标准等部分内容。

参考学时：

序号	教学项目	课程内容与教学要求	活动设计建议	参考课时

课程学分：

要求：16 ~ 18 学时计为 1 个学分。

四、教学建议

（一）教学方法

要求：描述完成课程内容所需要采用的教学方法。

建议：以学生职业发展为根本，重视培养学生的综合素质和职业能力，在教学过程中，从学生实际出发，因材施教，充分调动学生对本课程的学习兴趣，采用现场教学、项目教学等，创设工作情境，充分利用实物和多媒体等手段辅助教学。融入对学生职业道德和职业意识的培养，使学生掌握专业学习方法，提高自主学习能力。

（二）评价方法

要求：描述对本课程学生学习的考核评价方法。

建议：倡导评价主体多元化，坚持学生自评、互评和教师评价相结合。注重对学生动手能力和在实践中分析问题、解决问题能力的考核，加强教学过程环节的考核，结合课堂提问、学生项目制定、项目实施过程、技能竞赛及项目完成情况，综合评定学生的成绩。

（三）教学条件

要求：描述完成课程教学内容所需要的环境教学条件。

建议：教师应尽可能多地进行理实一体化的教学，让学生在实际的生产环境中学习。要重视现代教育技术与课程的整合，充分发挥计算机、互联网等现代媒体技术的优势，提高教学的效率和效果，以利于创建符合个性化学习及加强实践技能培养的教学环境，推动教学模式和教学方法的改革。

（四）教材编写

要求：描述本课程教材编写意见。

建议：教材编写应以本课程标准为依据，合理安排必修和选修内容，可根据不同专业方向或学时安排编写相应教材。教材内容应体现以就业为导向，以学生为本的原则，将知识与生活生产中的实际应用相结合。

（五）数字化教学资源开发

要求：描述完成本课程教学内容所需要配套的数字化教学资源的开发。

建议：为激发学生学习本课程的兴趣，应创设形象生动的教学情境，按照中职学生的认知规律，结合课程教材，尽可能采用现代化教学手段，以制作和收集与教学内容相配套的多媒体课件、挂图、幻灯片、录像带、视听光盘等，提供满足不同教学需求的数字化教学资源，为教师教学与学生学习提供较为全面的支持。

师资配备标准：

类别	标准要求	数量			备注
		合格	规范	示范	
公共基础课教师					
专业技能课教师					
……					
合计					

技能实训室实训设备配备标准：

实训教学分类	实训教学场所	实训教学任务	实训设备						
			序号	名称	单位	数量		参考价格
						合格	规范	示范	

说明：

1. 参照《山东省中等职业学校分级标准》和《山东省中等职业学校专业建设标准》中的有关要求表述。

2. 实训教学类别可分为基础实验室、技能实训室、仿真模拟室等。

3. 实训教学场所是指实训室的名称。

4. 实训教学任务应该与课程教学目标相结合，提出的目标更完整、要求更准确，且具有较强的可操作性。

第12节　典型案例撰写参考要求

一、选题要求

总结提炼学校在改革培养模式、改革教学模式、改革办学模式、创新教育内容、加强队伍建设、完善内部管理、改革评价模式等方面（聚焦在其中某个方面）的典型做法和成效。

标题要鲜明，突出"亮点"，概括案例的核心内容。

二、主要内容

每个案例的结构，建议包括如下内容：

（1）实施背景。简述面临什么问题及其具体表现。要立足于本校的实际和需要，体现"为什么要这么做"。

（2）主要目标。介绍预期成果和创新点。即通过这么做，要解决什么问题，要达到什么样的状态。

（3）工作过程（实施过程）。详述解决问题的思路、方法、程序等。

（4）条件保障（实施条件）。介绍解决问题需具备的保障条件。

（5）实际成果、成效及推广情况。要与实施背景和主要目标等方面相呼应，重点在于具体解决了什么问题，成效如何，而非仅仅谈其外在影响（比如得到了多少荣誉，受到了多少表彰等）。

（6）体会与思考（评价与认识）。即通过具体"做"的过程，反思还存在哪些问题，在哪些方面还有进一步改进的空间，也可进行经验总结。

以上六个方面是撰写案例的建议框架，其具体标题、表现形式、撰写风格视各自案例的特点，可以灵活多样。

每个案例字数控制在 3000 字左右，尽量不超过 5000 字。

三、编写原则

（1）突出典型性。案例要有代表性，反映在项目建设过程中本校最具成效的改革和实践。

（2）突出操作性。案例要细化操作过程和方法，便于其他学校学习借鉴。

（3）突出示范性。案例要体现先进水平，对其他学校能够发挥示范作用。

第 13 节　多元化办学促持续发展

从 2013 年开始，齐河县职业中等专业学校严格按照中考报名志愿和中考分数一次性录取学生，不到一天时间结束 1500 人招生任务。能出现这样的好局面得益于国家大力发展职业教育的好政策，得益于社会各界对齐河县职业中等专业学校办学成绩的认可，得益于学校正确的多元化办学思路和举措。

一、实施背景

走进职业学校的学生参差不齐，有的接近中考分数，升学愿望强烈；有的文化课基础薄弱，但有自己的兴趣爱好和专业特长，希望学习一门技术。随着科技的迅猛发展和经济结构的调整，社会对高级技术型人才的需求愈来愈迫切，大力发展高等职业教育是形势所趋，中职生的就业空间也越来越小。

为了让走进齐河职专的每一名同学各适其性，各得其所，齐河县职业中等专业学校确立了做优做强春季高考班，做大做强"3+2"大专班，做精做强校企合作订单班的多元化办学思路。

二、主要目标

充分满足学生和家长的不同参差需求，使升学的学生考入本科院校和高职院校就读，扩大"3+2"大专班办学规模，使更多孩子接受更高层次的教育，实现高层次高质量就业；加强校企合作，协同育人，强化技能培养，使中职毕业生一毕业即就业。同时发挥自身技术和师资优势，积极开展社会化服务。

三、实施过程

一是抢抓高校转型机遇，做优做强春季高考。抓住国家全力建设现代职业教育体系，引导一批普通本科高校向应用技术型高校转型的机遇，专门组建春季高考升学班，努力让更多的学生升入高职院校，特别是本科院校，以实现更高层次就业。2011 年到 2018 年，齐河县职业中等专业学校春季高考本科升学人数连续保持在 300 人以上，本科升学率 50% 以上。2019 年，学校春季高考本科录取 390 人，全省名列第三。

分类分层指导，实行目标管理。将学生中考和入学摸底考试成绩作为"基数"，按照文化课、专业课将学生划分 ABC 三个层次。推行"月考制"，根据考试成绩对 ABC 三类学生进行动态管理；对不同类别学生采用不同的辅导方法。充分调动教师教和学生学的积极性，使教师的教学目标更加明确，使学生文化课和专业课齐头并进，有利于尖子生的培养，有利于提高本科达线率，有利于对教师教学的目标管理。

把握教学节奏，实施强化训练。低年级学生注意学习习惯养成，学法指导，一二年级抓全体，扣紧教材打基础，并建立错题本。二年级结束课程，三年级全面复习，低起点、小梯度、快进度教学，大容量课堂训练。确定高考辅导教师，确定各专业、班级高考指标，策划好一年的教学进度、月考和质量分析、期中期末总结等，紧紧把握住教学节奏，不断在总结中提高。贯彻"三从一大"的训练原则。针对学生普遍存在的学风"飘""松""粗"的现状，"从严"执教；针对基础好、智力优秀的学生，"从难"执教；针对偏科学生，从实际需要出发，加大训练力度，促进学生学习成绩全面、稳定、均衡提高。

加强实践教学，强化技能训练。严格按照高考大纲实践技能要求，进一步加大资金投入，完善实践技能设备和软件建设，强化技能训练，确保技能考试取得优异成绩。

二是加强与高校合作，做大做强"3+2"大专班。与山东职业学院、山东交通职业学院、山东科技职业学院、山东信息职业学院、山东服装职业学院、潍坊工程职业学院、滨州职业学院 7 所高职院校合作，举办了 10 个专业的"3+2"大专班。

提高认识，走在前列。我们认为，随着科技特别是高科技的迅猛发展和经济结构的调整，社会对高级技术型人才的需求愈来愈迫切，大力发展高等职业教育是形势所趋，谁走在前列，谁就能首先受益。

加强管理，提高质量。"3+2"大专班学生在中职学校毕竟是孩子，接受能力差，坐不住，听不进，小毛病不断，为此，学校对他们严格管理，养成良好的行为习惯和学习习惯，增强可持续发展能力；并组织学生提前到合作高校参观，获得认同感。加强与合作高校沟通，制定五年一贯制的人才培养方案和教学实施方案，强化中高职课程衔接，确保人才培养的连贯性和培养质量。

三是做精做强校企合作订单班，强化实践技能。与山东远大特材、永锋集团、奇瑞新能源汽车、御捷马新能汽车等县内知名企业，北京华拓金服集团、凯恩帝数控、天津光电通信、乐金显示烟台公司等省外知名企业集团签订合作办学协议。先后建立校外实训基地 100 余家，组建华拓金服、山东远大特材、山东坤河旅游等"订单班"20 多个，校企双方量身定做"订单化"培养方案，共建实训基地，互派师资和技术人员，共同制定人才培养方案和教学实施方案，以任务驱动为引擎，引入企业项目和企业文化，推行课题化、案例化教学，优化一体化教学环境，为企业培养"零距离"人才。

学校成功探索出"校企合作、工学结合、以岗定学、项目引领"的人才培养模式和"课堂车间化，车间课堂化"的理实一体化专业教学模式。各专业在充分调研的基础上，分析岗位典型工作任务，打破学科体系框架，建立了"基于典型工作任务的项目化课程体系"，形成了与人才培养模式相适应的 13 个专业教学实施方案，并在实践过程中进行了动态优化；公开出版校本教材 48 本，完成 35 门省市级精品资源共享课程。通过订单培养，校企深度合作，学生实践动手能力和技能水平不断提升，实现了企业、学校和学生"三赢"目标。五年来，学校安置毕业生 5000 余人，对口就业率 95% 以上。

四是开展社会培训，服务百姓。积极开展各种社会化服务，服务广大人民群众，作为德州市人社局定点培训中心和考试中心，先后开展特种安全作业人员培训、短期技能培训、创业培训、家政培训等社会化培训工作，年培训人数 3000 人次以上，社会服务水平不断提升。

四、实施保障

一是统一思想认识，牢固树立需求导向。办人民满意的职业教育首先要满足人民群众的需求，从县一级职业中专来看，人们升学的愿望还是很大的，所以我们必须办好升学班。经济结构的调整和技术的进步，需要提高技术技能型的层次，必须做好"3+2"联合办学。对于想接受中职教育直接就业的学生，必须强化职业技能和综合职业素养。职业教育必须长短结合，做好短期培训，增强社会化服务能力。

二是分部管理，突出各自优势。学校设立了信息工程部、汽车工程部、现代制造工程部、升学一年级部、升学二年级部、升学三年级部、培训部等7个部，分部管理。升学部在保证学生技能过关的基础上，必须培养良好的学习习惯，提高应试能力。"3+2"要贯彻五年一贯制思想，加强与对口院校的合作、沟通和分工。校企合作订单班则需要深化产教融合、校企合作，突出学生实践动手能力，提升综合职业素养，缩短学生岗位适应的周期。短期培训以社会需求为导向，拓宽培训渠道，增加培训数量，增量扩面，提升服务范围和水平。

五、主要成效

一是拉动了招生。"升学有渠道，就业有质量"，由于多元化办学，充分满足了人民群众的多方面需求，全体而多元的成才，学校社会声誉越来越好，招生连年爆满。从2013年开始，学校按照中考报名志愿和中考分数中考后一次性录取学生，形成了良性循环，往往是一上午就结束1500人招生计划，仍然不能满足社会需求。

齐河县委、县政府已经将学校发展列入民生工程，规划占地626亩，建筑面积22万平方米，全力打造万人规模的现代化齐鲁职教名校。

二是春季高考、"3+2"大专班、校企合作订单班、短期培训四轮驱动。2011年到2019年，齐河县职业中等专业学校春季高考本科升学率连续保持在50%以上。2016年至2019年，本科录取372人、348人、363人、390人。"3+2"大专班合作院校由1所增加到7所，由1个专业扩展到10个专业，每年招生人数达到400人，学校的总体办学层次得到了提升。

校企合作订单班实现了协同育人和对口就业。短期培训人数达到每年3000人次以上，学校外部声誉和社会影响力不断增强。

六、体会与思考

职业教育既要保持职业教育的特性，又要做好升学工作，这个度不好把握。有时候升学的规范和安静，与就业的多方联动本身就是一对矛盾，我们要充分处理好它们之间的关系和比例，需要我们不断探索，综合改革。在教学的安排和师资的配备上也需要一致性和灵活性的统一。

升学与就业的沟通与转化，"立交桥"的搭建做得还远远不够，尚未建立可以相互转化的畅通渠道，需要进一步完善。

总之，发展永远在路上。我们将深入研究职业教育发展政策，根据人民群众的需求，进一步加强探索与改革，努力做到人尽其才，人人成才，让走进学校的每一名学生绽放出最美最精致的自我，办领导放心、人民满意、社会认可的职业教育。

第14节　晨读实践探索

清晨，太阳冉冉升起，清风吹拂笑脸，走进齐河县职业中专的大门，教室里书声琅琅，学习氛围浓厚，同学们激情飞扬，热情高涨。"一日之计在于晨"，早晨是一天学习的黄金时间，激情晨读，读出了理想，读出了信念，读出了人生的精彩。

一、实施背景

其实，激情晨读的提出不是偶然的。职业学校的学生学习程度参差不齐，好多学生缺少良好的学习习惯，在初中，尚未养成阅读特别是晨读的好习惯。表现在早自习上，往往是自由松散，处于松垮的状态，没有具体的任务，有的学生就利用早自习补作业。学生每天上早自习，由各班级自己安排，内容五花八门，谈不上思想性、艺术性和实用性，形式各异没有统一要求，想读就读，不想读就不读，想站就站，想坐就坐，想趴下就趴在桌子上，没有起到预期效果。

原因在于，早自习与实际需要结合不紧密，针对性不强，学生兴趣不高。如何充分利用晨读时间，提高学生人文素养和综合职业素养就成为亟待解决的问题。于是，"激情晨读，书香校园"方案脱颖而出。

二、主要目标

努力构建校企文化融合、读训一体的晨读训练模式，努力打造"书香校园"。编制《激情晨读》系列读本，将名家名作、励志故事和职场案例的阅读融入每天的晨读训练之中。通过坚持不懈的晨读，帮助学生读出理想，读出信念，读出人生的精彩，人文素养和职业能力得到全面提升。

三、实施过程

（一）确定晨读内容

为使学生受到潜移默化的文化和德育熏陶，在不知不觉中提高学生人文素养和综合职业素养，我们转变观念，统一思想，多次研讨，编写了与企业文化融合的、适合学生实际的、凸显德育主题的训练读本，名字为《激情晨读》。

1．确定读本编写原则

第一，体现文学欣赏性、思想性，选取古今中外的经典文学作品，围绕提高学生的人文素质来组织内容。第二，体现德育，围绕平凡人的成功来组织内容，包括古今中外的名人名言、格言警句、经典的励志故事与案例等。第三，体现职业性，要有职业素养、职业道德、职业纪律的要求。

2．精心设计读本内容

《激情晨读》读本包括三部分：文化经典、学会做人、企业文化。最大限度地发挥晨读训练的德育功效，使《激情晨读》系列读本的内容最大限度贴近学生生活，贴近职业，贴近社会现实，更具针对性、实效性、时代感和感染力，从而激发学生的学习热情和学习动机，使学生在学习过程中获得经验和体验，让学生在获得技能的同时，培养学生良好的情感态度和价值观。

（二）创新训练形式

要求教室整洁卫生、空气清新，学生服装整洁、声音洪亮、精神饱满。晨读固定时间，形式内容自选，可以采用全班齐读、轮读或个人读的朗读形式，可以采用坐姿，也可采用站姿，每班晨读委员担任领读。

（三）整体推进晨读训练

1．培训晨读委员

为保证晨读的顺利进行，每班确定1名晨读委员，负责带读，班长负责检查晨读的姿态。在正式开始晨读训练前，先对晨读委员进行了集中培训。从读本的内容到训练的形式给予晨读委员全面的指导，保证了晨读训练的顺利进行。

2．固定内容和时间

每周一、三早读时间全校学生朗读《激情晨读》，每周二、四为英语晨读时间，五、六、七由各专业和班级安排与专业有关内容，固定时间和内容的安排，保证了晨读训练的效果，突出职业学校的特点。

3．课堂指导与考核

只是晨读时间朗读还不能完全达到训练的目的，教师在语文和英语课上，对读本内容的难点疑点和朗读技巧进行点拨指导，并逐一考核每个学生的朗读情况，计入平时成绩，每学期团委和教务处还组织全校性的活动,有力地促进了晨读训练活动的开展。课上的指导与考核，引起学生的重视，保证了晨读训练的质量。

4．丰富全校专题活动

每学期组织全校规模的晨读训练成果专题活动，鼓励学生参加晨读训练，提高学生的训练兴趣，如单独举办或与技能大赛、文化艺术节结合组织诗文朗读比赛等。活动的开展，充分展示了学生的风采，营造了良好职业氛围。

5．评比与日常学生管理相结合

学生晨读训练的考勤和质量与日常管理相结合，并在全校开展相关的比赛，于评比评优中体现激励导向，借以鼓励先进，激励后进。

四、实施保障

一是精心设计并不断充实读本内容。"巧妇难为无米之炊""工欲善其事必先利其器"，有内容，是激情早读长效的根本。

二是要形成整体推进模式。班主任，德育、语文、英语教师，团委、教育处老师，各专业部、年级主任和副主任都要参与其中，形成立体整体推进模式。

五、主要成效

（一）促进了学生职业意识的形成，校企文化有效融合

企业文化的有效融入，拉近了学生与企业和社会的距离，使学生在较短的时间内树立了职业意识，逐步地提升了综合职业素养，尤其是学习企业晨会形式，标准站姿，大声朗读，提升了精神面貌。将读与训紧密结合，对学生行为规范养成的训练，是学校全面推行素质教育、给学生提供多元服务与可持续发展的重要载体。通过循序渐进的训练，学生开始树立正确而积极的人生观、世界观和价值观，确立自己的职业目标和职业理想；开始养成良好的阅读习惯、行为习惯，文化素养有明显的提升，以积极健康的心态迎接自己职业生涯的开始。

齐河县中等专业学校一名学生说："老师的教育和《激情晨读》让我进一步认识到礼仪、遵规守纪、吃苦耐劳和诚实守信对于中职生的重要，我也要感恩，将来在工作中做出成绩，汇报父母，让学校以我为荣。"

（二）滋润学生心灵，促进了良好班风的形成

通过反复朗读，学生在优美健康的作品中获得了精神上的愉悦。在琅琅的读书声中，学生的情操得到了陶冶，心灵得到了升华。在晨读训练中，学生获得一份感受，明白了一个道理，收获了一个启迪，养成了一个习惯，实现了一次成功，树立了一份信心，重新扬起生命的风帆，这些体验为学生今后职业生涯奠定了坚实基础。晨读训练让学生不仅学到了知识，感受到了读书的幸福，还在于精神的感化与陶冶，学会了做人，学会了追求人生的理想。激情晨读使班级纪律变好了，同学们懂事了，班级风貌变好了，增强了班级凝聚力和吸引力。晨读训练帮助班级营造良好的氛围，帮助班级形成良好的风气。

（三）营造良好育人环境，达到"润物细无声"教育效果

晨读训练是育人的有效途径之一，营造了良好的育人环境，达到了"润物细无声"的育人作用。晨读训练利用有限的时间，是"教书育人、管理育人、服务育人、环境育人和活动育人"的有效载体，有效地发挥了育人的作用，充分体现了以人为本的原则，和处处有德育、时时

有德育，全员、全方位、全过程育人的要求，成为一个新的育人途径，对学生的教育是潜移默化的，对学生的道德品质和一言一行起到很好的引导作用。

六、体会与思考

晨读训练是拓展中职学校育人的重要途径。学生在晨读训练中，提升了人文素养，形成了职业意识，养成了职业习惯，提升了职业技能，强化了理想、信念和目标。

下一步，在内容的更新上要与时俱进，增强内容的时代感，特别是增加职场小故事。同时要加强对学生普通话表达能力和英语记诵能力的指导。

我们将进一步修改《激情晨读》，进一步完善晨读训练形式，使它在学生德育方面发挥更大作用。"鸟欲高飞先振翅，人求上进先读书"，激情晨读吐故纳新，振奋精神，让这琅琅的读书声飘荡在最美的清晨里，让校园因激情晨读而充满生机与活力，让激情晨读伴随职专学子走在繁花似锦的漫漫求学路上，激情奏响齐河职专清晨的华美篇章！

相信晨读训练一定会成为学生的美好回忆！

第15节　全员全过程全方位育人 提高学生综合素养

近年来，学校以立德树人为根本，以提升人才培养质量为核心，通过推行"德育学分制""全员育人导师制""全员值班制度"等管理制度，建成了从学校领导到班主任、任课教师的全员育人体系，形成了全员、全方位、全过程育人格局，努力提高学生综合素养。

一、实施背景

当前，职业教育正在全面贯彻党的教育方针，落实立德树人根本任务，促进学生健康成长、全面而有个性发展和可持续发展，提高综合素养。

二、主要目标

以培育和践行社会主义核心价值观为根本任务，落实山东省中等职业学校学生综合素质评价要求，广泛开展道德素养教育、文化素养教育、职业素养教育和公民素养教育，构建起全员、全过程、全方位育人格局，形成常态化、长效化的学生综合素养培养体系，不断提高学生综合素养。

三、实施过程

（一）全面加强学生道德素养教育

修订完善制度。修订学生德育教育管理工作实施细则、"德育学分制""全员育人导师制"管理考核办法、学生日常行为规范管理细则等系列制度，推进制度的落实，形成德育素养教育的长效机制。

开展以社会主义核心价值观和"中国梦"为主题的系列主题教育

活动。把培育和践行社会主义核心价值观作为学校建设和发展的基础工程，利用宣传栏、网络、广播、电子屏、漫画展等形式宣扬社会主义核心价值观和"中国梦"主题教育，要求学生全面理解、准确把握社会主义核心价值观的丰富内涵，引导学生掌握主要内容，明晰历史渊源，坚定理想信念，增强民族自信、文化自信和价值观自信。开展主题教育系列活动，组织艺术周、艺术节，利用传统节日和重要纪念日，广泛开展以中国梦为主题的理想教育。开展"我的未来我创造"职业生涯规划比赛，"畅想中国梦"演讲比赛，"激扬中国梦"歌咏比赛，"描绘中国梦"书画动漫比赛，"点亮中国梦"征文比赛，"实现中国梦、青春勇担当"团员实践活动等各种形式教育活动。组织3月雷锋活动月，5月"展技能风采，铸精彩人生"技能周、职业教育活动周，10月"精彩青春"校园文化艺术周；利用五一、五四、建党节、国庆节、纪念一二九运动等重要时间节点，开展"铭记历史、共筑梦想"教育实践活动；引导学生关注社会发展，增强学生爱国主义情感和民族自豪感。

抓好日常行为规范、文明礼仪教育。将社会主义核心价值观教育融入学生日常行为规范，倡导"爱国、敬业、诚信、友善"的精神内涵；实施"文明春风行动"，推行班级规范化、精细化管理，注重良好行为习惯的养成，做到坚守和践行，使社会主义核心价值观成为学生日常行为准则和自觉奉行的理想信念。开展"讲文明、抛陋习、争做文明之星"活动，组织星级班级、星级宿舍、星级实习室、星级团支部创建活动，在学生中评选"文明之星""星级技能标兵""星级团员"，在全体学生中倡导"五个一"（一件公物不损，一件文具不毁，一个脏物不扔，一句谎话不说，一次打骂不沾）、"五个无"（身边无废纸，周围无痰迹，桌面无刻画，墙上无脚印，出言无脏语），编写《职业学校学生文明礼仪手册》。加强法制道德教育，开设《法律与道德》课，每学期开展一次法制教育讲座，聘请法制副校长上法律课。编写针对职业学校学生的学法用法指导用书《法律与道德》。

（二）不断提高学生文化素养

借鉴先进管理模式，推进"123"文化素养教育模式，即突出第1

课堂的主渠道教育作用，组织丰富多彩的第2课堂教育形式，开展社会实践活动、文艺体育活动、各类竞赛活动等3种活动，全面推进学生文化素养教育。

以课堂教学为主渠道，整合文化素质教育课程体系。落实山东省中等职业学校专业教学指导方案，开齐、开足、开好德育、语文、数学、英语、历史、体育与健康、艺术、计算机应用基础等必修课程，增加人文素养内容；积极探索文化课和专业课的渗透融合改革，寓文化基础和人文素养教育于专业学科的课堂教学之中，寻找"切入点""结合点"。遵循"贴近实际、贴近生活、贴近学生"的原则，从学生身心健康发展规律和中职教育培养目标出发，开设《法律与道德》《职业道德》《传统文化》《心理健康》《就业创业指导》等选修课、拓展课程，开发校本课程、校本教材。

组织内容丰富的第二课堂活动。精心打造主题鲜明、形式多样、内容丰富、参与实践的第二课堂活动。根据学生的兴趣、爱好和特长，分别组织文学社、舞蹈、合唱、礼仪、演讲、技能、摄影、篮球、乒乓球等活动社团和兴趣小组。通过开展内容丰富、形式多样、生动活泼的活动，对学生进行身体心理、文化专业和综合能力等方面的培养和训练，充分挖掘和发挥他们的天赋，促进他们德、智、体、美、劳全面发展。

组织社会实践活动、文化体育艺术活动和创新竞赛活动。组织学生进行社会实践活动，各专业、各社团利用专业知识、技术、技能，走进社区、养老院开展社会实践与服务活动等，促进社会实践与思想道德教育相结合、专业知识学习和就业服务相结合。开展校园文化艺术节、技能节、社团文化节，开设读书会、"一月一本书"、征文比赛、诵读比赛、各类知识竞赛、文体才艺展示等多种形式的活动和学生创新创意设计竞赛等丰富多彩的活动，提升学生综合素养。

（三）加强职业道德教育，不断提升学生职业素养

开展职业道德宣传教育活动。开设职业生涯规划和职业道德教育课程，定期开展职业素质培训研讨；利用学生社团活动、专业技能大赛、职业生涯规划、就业指导等丰富多彩的活动载体，使学生的职业发展、沟通协作、组织管理等职业能力得到提高。以"敬业、守信、规范、安全"为主题开展讲座、报告会、征文比赛、演讲等系列职业道德宣传教育活动；分专业聘请企业管理人员开展专题讲座，组织报告会、职业道德征文比赛等活动，使学生的职业发展、沟通协作、组织管理等职业能力得到提高。利用网站、宣传栏、广播等媒体及课堂、车间等文化建设，广泛宣传职业素养教育、安全意识教育，编写安全教育教材。结合社会、行业的要求和学生的发展需要，大力开展以提升岗位适应能力为目标的专业技能大赛，鼓励学生跨专业学习技能，打造良好学风。

引进企业管理制度和文化。引进企业文化、企业兼职教师、企业管理制度进校园，在专业学习、顶岗实习、社会实践过程中进行职业道德教育和安全意识教育，增强学生对职业理念、责任和职业使命的认识与理解，实现职业技能和职业精神的高度融合。推行"6S"管理模式（整理、整顿、清扫、清洁、修身、安全），努力提高学习者的素养，养成严格遵守规章制度的习惯和作风，融入德育（职业道德）、基本文化知识、专业技术技能及制度的素质教育中。加强实习实训、顶岗实习环节过程性管理教育，以企业为主，校企合作考核评价；引进与专业对接紧密的典型企业管理制度，融入日常专业教育教学，纳入班级学生考核和实习实训管理。

（四）积极开展公民素养教育

开设传统文化选修课，开发传统文化校本教材。开设传统文化选修课程，开发优秀传统文化读本，弘扬优秀传统文化。

组织传统文化主题教育活动。贴近生活、继承创新，组织优秀传统文化宣传教育主题实践活动，开设"国学大讲堂"，每学期至少组织一次传统文化报告会、专题讲座、传统文化诵读、演讲、歌咏、征文比赛，开展"七个一"感恩教育活动（算一笔感恩账，写一封感恩信，打一个感恩电话，送一份感恩纪念品，开一个感恩班会，办一件感恩事，写一份感恩心得），义工社团进社区等社会实践活动，形成浓厚的公民素养教育氛围，提高学生传统美德和个人品德。

建设优秀校园文化。推进产业文化进教育、企业文化进校园、职业文化进课堂，加强精神文化、制度文化、行为文化等方面的建设，建设凝心聚力的团队文化、锐意进取的创新文化、知难而进的创业文化、校企合作的实训文化、健康温馨的宿舍文化等文化体系，全面推进校园文化建设。

加大投入，建设校园文化展室、文化长廊、文化墙，通过广播、报刊、宣传栏、教室、实训车间、宿舍、操场、餐厅等空间设计校园文化媒体，开展教室、车间、课堂、宿舍文化创意设计评比活动；开展文化艺术节、技能节、体育竞赛、社团实践等活动，丰富学生的第二课堂，把学生的职业素养提升和丰富多彩的活动有机结合起来；大力表彰先进个人和先进集体，营造良好的校园文化氛围。充分体现职教特色，通过校企合作对各专业主要岗位进行分类，制定行为准则、操作规范、职业操守，在实训基地、车间、订单班设立具有"校企合作、工学结合"特色的文化墙，使企业文化、管理理念、质量标准要求融入学生日常学习和生活。

四、实施保障

制度保障。修改完善各种德育制度，为学生综合素养提升做保障。

修订和落实人才培养方案和教学实施方案。对学生进行综合素养教育，必须发挥课堂主渠道作用，开齐、开足、开好人文素养课程；必须组织好各种第二课堂活动和社会实践活动。这就需要做好教学规划和课程规划。

加强校企合作。要引进企业文化、企业制度，这些必须需要企业的参与。

五、主要成效

（一）建立了常态化、长效化的学生综合素养培养体系

完善了"全员育人导师制""德育学分制""全员值班制度"，严防了学校重大违纪事件的发生；通过广泛开展社会主义核心价值观和"中

国梦"主题教育活动，学生爱国主义、集体主义和民族自豪感显著增强，养成了良好的行为规范和生活学习习惯；通过将职业规范、职业道德融入日常教学、实习实训、顶岗实习和社会实践等各个环节，增强了学生对职业理念、职业责任和职业使命的认识与理解。

（二）学生素养提升，学习态度端正，上进心明显增强

无论是参加春季高考的学生、"3+2"大专班学生还是订单班学生，都能认真学习，良好的学风、教风和校风正在形成，教育教学质量不断提高，春季高考本科录取人数和录取率一直位居山东省同类学校前列，"3+2"大专班学生顺利转段，订单班学生基本实现零距离就业。

六、体会与思考

"人人有才，人无全才；因材施教，人人成才"，只要用心，孩子们还是可以改变，综合素质还是不断提高的。同时，学生综合素养的提高又是一个系统工程，需要学校各部门和每一位教师的持之以恒的理解、支持和参与。时代在改变，在教育方式方法上也需要我们进一步思考，做到与时俱进，避免空洞枯燥的说教，而应该晓之以理、动之以情、以身作则、活动感悟，这样教育效果才是持久的。

第16节　用爱心和责任构筑校园安全保障

一、案例简介

齐河职专从增加安全硬件、落实安全责任、开展安全活动等三个方面，构筑起牢固的校园安全保障，取得良好的成效。

二、实施背景

目前，学校安全工作形势严峻，交通安全、消防安全、食品安全、实习实训安全等都面临很大的压力。齐河职专紧邻黄河旅游大道，随着齐河黄河大桥的通车和黄河北展区的开发建设，学校面临很大的车流、人流压力，学校安全工作非常紧迫。

从2018年1月开始，国家开始扫黑除恶，我们校园安全工作迎来了良好的工作机遇。

三、实施过程与成效

增加安全硬件。学校投入资金近20万元用于校园安全网络建设，实行了教职工车辆、学生出入校门"一卡通"，外来车辆和人员必须门口登记，校园内302个监控摄像头实现了无死角全覆盖，并形成了智能化、网络化管理。学校配备了360个灭火器，80个灭火栓，防爆器械10套。

落实安全责任。2018年元月，学校成立安全科，由安全副校长全面负责校园安全工作和学生安全教育工作。聘请城区分局干警担任学校法制副校长。学校门岗组成人员有5名保安，8名公益岗位安置人员和学校安全科3名同志，安全力量明显加强，24小时随时有4～5人巡逻执勤,严防突发事件发生。安全科、门卫人员认真遵守和不折不扣执行"门卫制度"和"保安职责条例",做好校园内和校门口周边治安工作,杜绝外人无故进入校园及预防滋扰学生的现象发生,使校门口真正成为维护学校安全的首道防线,确保校园内外治安稳定。安全科及保安加强校园巡查,尤其是厕所等安全死角,尽量避免学生寻衅滋事等现象发生。做好校园内和校门口周边治安工作,确保校园内外治安稳定。

学校每逢大休和节假日,安全科都通过学校微信发布大休须知和相关安全工作温馨提示,实现了家校沟通,受到家长的欢迎。

学校实行安全工作目标责任制,规范日常管理;建立健全突发事件处置工作预警预案机制;制定各种管理制度及安全保卫、消防安全工作制度,严格落实领导干部分区值班制度、班主任值班制度、安全保卫值班制度、节假日领导干部值班制度,经常性地进行食堂、宿舍、实习实训室等安全工作检查,以形成有效的领导、管理、监督、检查机制。

签订目标责任书,实行层层安全责任追究制。每学年,校长与分管副校长、班主任、实习实训室管理员、全体教师签订责任书,明确职责,提高责任人的安全责任意识。

开展安全活动。一是安全教育进课堂,一年级所有班级开设一学期的安全教育课,并利用每大周周一升旗、班会课、宣传栏、课堂渗透等途径,定期对学生进行各方面的安全教育。为了有效地开展安全教育,提高学生的安全意识,学校始终坚持以课堂教育为主渠道,各科教学中适当渗透安全卫生、遵守社会公德等教育,通过课堂教育普遍性、连续性、经常性的特点,使安全意识深入人心,全面提高安全意识。二是充分发挥安全平台作用,每次大休,班主任都要在安全平台上布置相关安全作业,进行安全提醒。三是开展丰富多彩的安全教育实践活动,每学期都组织法制教育进校园、地震消防逃生演练、消防知识讲座与演练、徒步拉练、安全知识竞赛与征文比赛等活动,提升学生的安全认识和应对能力。

通过多措并举,学校一年里未发生一起学生校园安全事故,学校被县市教育局评为校园安全工作先进单位。学校各项工作得到社会和家长认可。2019 年 7 月 8 日，学校一上午完成 1600 人招生计划。

特色创新：

编写《安全教育》校本教材，安全教育进课堂。学校组织德育教师，根据中职生实际，编写了《安全教育》校本教材，由郑州大学出版社公开出版，一年级所有班级开设一学期的安全教育课，效果大面积而且明显。

学校领导和班主任 24 小时值班，确保了校园安全。校领导和班主任 24 小时值班，晚上住在学生宿舍，重点时段重点值守。效果良好。大休时，门口道路车辆嘈杂，学生往返途中存在交通安全隐患，为了学生的人身安全，学校实行"班主任护送"的安全管理措施，安排学校值班领导、全体班主任老师和学校保安一起在校门口、路口及公交站点值班，疏导车辆、人流，维持秩序，护送学生过马路。

总之，安全工作只有起点没有终点，必须做到警钟长鸣，防患于未然。今后，我们会继续重视学校安全教育工作，及时解决安全工作中出现的新问题，不断提高学校安全教育工作水平。

第17节 校企共建课岗融合培养
实用技术技能人才

一、实施背景

职业教育必须以立德树人为根本，以服务就业为导向，围绕服务国家战略和新旧动能转换重大工程，不断深化产教融合、校企合作，积极推进人才培养模式和教学模式改革，创新课程体系，积极构建富有职业教育特色的技能人才培养体系，努力做到校企共建，课岗融合，培养实用技术技能人才，这样学校综合办学实力和核心竞争力才能全面提升。

二、主要目标

形成学校、企业和行业人才培养合力，建立协同育人新机制。推动课程改革，提高学生实践动手能力和综合职业素养，培养适销对路技术技能型人才。

三、实施过程与效果

一是多措并举，大力推进校企合作，形成人才培养合力。成立了校企合作理事会，吸收30余家企业和高职院校作为成员单位，两年来，新增校企合作企业12家，已经与32家大中型企业建立起良好的合作关系。校企共建高端装配制造实训中心、机电技术实训中心、新能源汽车实训中心、数字媒体与现代信息技术实训中心、现代服务业实训中心等5大实训中心和24个校外实训基地。组建了"山东远大数控班""山东坤河旅游班""山东吉华大厦班""华拓金服班""奇瑞新能源汽车工程班"等20个冠名班级,校企共同制定人才培养方案,共同研究课程体系,共同修订教学计划和实训方案,提高了人才培养质量。学校先后参与山东远大模具材料有限公司、上海宇龙软件工程有限公司的产品研发,共取得国家知识产权局认定的成果6项,山东省科技厅认证的成果2项,山东省经信委认定的成果1项;与山东润华集团合作的整车故障检测与诊断综合实训台,通过了山东省科技厅认证。学校积极参与企业职工管理和技术培训,充分发挥设备、师资优势,为合作企业开展职工岗位培训、特种安全作业人员培训等各种形式的短期培训,年培训人数2000余人次,深受企业欢迎。"学校不仅为我们提供优秀毕业生,还能送培训进企业,很好地解决了生产和培训的矛盾,我们很欢迎!我们企业也会提供学生培养和师生实习实训的便利条件。"山东远大特材老总曹衍学高兴地说。

二是深入调研,全面推动课程改革,培养"适销对路"人才。学校组织专业教师多次进企业、行业调研,形成专业调研报告25份,对工作岗位和职业能力分析、课程体系设计、课程标准、教学计划和教学项目开发及实训设施建设等进行科学的分析与梳理,形成了清晰的人才培养与专业教学思路。聘请38名职业经理人、生产一线技术骨干和高职院校专业骨干教师,组建了数控、汽修、机电等13个专业教学指导委员会,22次召开专业研讨,修订了13个专业人才培养方案。学校建成了15门市级精品资源共享课程,《数字影音编辑与合成》《计算机应用基础》2门课程获评省级精品课程。开发了80门专业课程标准,编写出版了14本专业教材,教学的针对性、实用性和前瞻性进一步增强。学校成功探索出"校企合作,产教融合,以岗定学,项目引领"的人才培养模式和"课堂车间化,车间课堂化"的专业教学模式,努力做到教学模式对接学生职业发展需求,课程设置对接工作岗位实际需求,人才培养质量不断提高。

三是协同育人,企业参与教学过程,全面提升学生素养。在学生综合职业素养上,同样是校企深度对接,企业高管保驾护航。"企业里有严明的纪律、严格的时间观念、强烈的责任意识、良好的服务态度,这些都是企业发展的基础，也是对每一名员工的要求……"，2018 年 10 月 23 日，来自北京华拓金服数码科技集团的人力资源部总监王海飞正在对齐河县职业中专学生进行为期一周的职业道德培训。

"华拓金服班"是齐河县职业中专"企业冠名班级"之一。从表面上看，"企业冠名班级"只是班级名称上发生了变化，而实质上带来的却是包括职业教育师资、课程设置、校园文化等在内的整个人才培养过程的变化。

"我们的各种设备设施向冠名班级学生全面开放，我们还将和学校一起协商定期分批安排冠名班级学生到企业参观、实践，利用企业先进的生产设备设施，为冠名班级学生开展工学交替。"山东远大特材科技股份有限公司总经理曹衍学道出了企业冠名班级的承诺。

像华拓金服数码科技集团人力资源部总监王海飞一样，山东远大特材科技股份有限公司办公室主任孟超、山东吉华大厦副总王萍萍等多家企业的常务副总、总经理助理、人力资源主管等高管，当上了齐河县职业中专的副班主任。

"一开始企业高管只是隔周来上一次课，到了去年，增加到每周至少上一次课，并且形式也从讲座延伸到专业层面，在专业课程中渗入企业元素。"齐河县职业中专副校长尹鹰说。

"我们计划将企业经营理念、企业文化等知识搬上课堂，储备更多的实用型人才。"身为人力资源部总监的王海飞虽然公司事务繁忙，仍坚持每周抽时间来学校为学生上一次课。"我们还要安排技术专家和业务骨干来学校上课或讲座"。企业专家进课堂不仅加强了学生的技能教育，还加强了学生的职业道德教育，让学生了解了企业需要怎样的员工，懂得了步入社会所需要的基本素质，要经过怎样的历练才能走向成功等。产教融合，校企合作，培养技术技能型人才需要校企协同。在中职学习期间，企业始终参与，包括课程设置、学生管理、教学实训、顶岗实习等，企业选派具有丰富实践经验的管理人员及高技能人才担任或兼任该冠名班级的专业课程教师和实习指导教师，培养针对性较强的企业所需人才，可以提升学生就业竞争力，实现校企双赢。

四、实施保障

一是加强校企合作机制建设。学校通过校企合作理事会，与32家大中型企业集团建立了深度合作机制，校企双方量身定做"订单化"培养方案，共建实训基地，互派师资和技术人员，共同制定人才培养方案和教学实施方案，以任务驱动为引擎，引入企业项目和企业文化，推行课题化、案例化教学，优化一体化教学环境，为企业培养"零距离"人才。

二是需要建设专兼结合的双师型教学团队。校企共建，课岗融合，对教师队伍提出了新要求。学校启动名师工作室、专业带头人、骨干教师培养计划，通过企业岗位实训平台、进修培训平台、校本培训平台、兼职教师带动平台、教育科研提升平台和教学能力大赛平台等"六大平台"和标杆学校学习、"三级优质课评选"等一系列活动，促进了教师整体教学能力和水平的提高，建立一支以高水平专业带头人为领军人物，以中青年教师为中坚力量的教师梯队和专业发展团队，全面提高教师职业能力，形成一支既能上讲台又能下车间，既有专家教授又有能工巧匠的教学名师团队。

五、体会与思考

一是企业行业应该在专业和课程领域发挥主导作用。"产教融合"的标准并不在乎与多少个企业合作，而是在于专业、课程的标准是否代表产业最新的技术水平，办学的体制机制是否符合产教深度融合的要求。企业和行业在职业资格标准制订、技能等级标准制订，对与本行业相关的学校的专业和课程标准制订，及其评估、考核、认证各环节具有实际的权威。学校除完全订单培养和短期单项培训之外，专业和课程建设都应该有较宽的覆盖面，能够适应未来一定时期的需求，不能过于短视和窄视，应该具有"以不变应万变"的潜在势能。因此，在职业教育的专业和课程领域，应该充分尊重企业行业专家的意见，在专业和课程的改革和建设领域，让企业行业发挥主导作用而不仅仅是指导作用。

二是校企深度融合需要找到求同存异的新体制和新机制。"产教深度融合"的困难，从院校角度看，大概有三个原因：一是部分院校对来自行企业的信息关注度不够，缺乏"融合"的积极性；二是专业内容陈旧，课程结构传统，教学方法落后，管理制度僵化，缺乏"融合"的决心；三是师资队伍不具备与行企业对接的基础，大部分教师缺乏行企业的背景和实战经验，缺乏"融合"的基础。当然，各个院校情况不同，但总起来说，职业院校自我创新的环境、动力、机制及人力资源都不足。应当看到，学校与行企的社会责任和基本目标有许多重叠，相互契合的空间是很大的，但是也必须承认，学校与行企之间确实存在不一致之处。如何找到一种求同存异的新体制和新机制，是个亟待求解的难题，也是建设示范校的关键问题。

第18节 "课堂车间化，车间课堂化"
推进教学做一体化课堂教学改革

职业教育教学必须"做中教、做中学"，近年来，学校积极推进"课堂车间化，车间课堂化"教学做一体化课堂教学模式，有效地实现了理论与实践、课堂与车间、教学与生产的有机统一，从而达到教学内容与岗位工作的有效对接。

"课堂车间化，车间课堂化"的实质是教学与生产，课堂与车间，教师与师傅，学生与徒弟，理论与实践的相互融合与统一，从而实现让学生既容易理解理论，又快捷学会实践，培养知识理论和技术能力兼备的复合型人才的目标。

"课堂车间化"要求课堂创设车间的氛围，教师要有师傅的意识和视角，要有师傅的思维和能力，像面对工人一样来谋划教学，要以掌握理论知识为前提来组织教学，讲理论要联系实际，广泛使用生产设备、模型、图片、影像资料和仿真软件，通过实物直观、模像直观和语言直观，来阐述理论传授知识。即理论联系实际，教学结合生产。"车间课堂化"要求车间创设课堂的氛围，教师要有逻辑的思维，要结合学生这一实际来组织实践，并做到以掌握操作技能为前提来组织教学，练技能要实践联系理论，通过实践加深理解所学的理论知识。即实践联系理论，生产结合教学。

一、实施背景与理论依据

职业教育坚持以立德树人为根本，以服务发展为宗旨，以促进就业为导向，完善产教融合、协同育人机制，创新人才培养模式，深化教育教学改革，职业教育人才培养和培训的目标是技术，这样的人才应该是理论知识与实践技能兼备。

如果重理论轻实践、重知识轻技能，忽略以人为本、学生主体、实践当头，再加上少设备，无实习，教师教无亮点，学生学无兴味，致使培养出的学生素质低、技能差，就业单位不欢迎，就业时间不长久，社会、家庭不认同，学校本身就会丧失吸引力，所以要首当其冲进行课堂教学改革。

1. "课堂车间化，车间课堂化"完全符合理论与实践相结合的原则

职业教育具有极强的实践性特点，学生的认识能力只有通过实践才能逐步提高。本教学模式中理论教学与技能培训的有机结合，打破了课堂与实习车间的严格界限，可以使学生很好地掌握理论，并将理论运用于实践，在实践中形成动手能力，并进一步加深对理论的认识。通过加强实习实训，教师（也是师傅）必须要求学生（也是徒弟）严格按照工作规范进行操作，按照质量标准进行检测和评价。真实的生产、科研环境使学生在校期间就可以直接感受到职业氛围的熏陶；真实的岗位实习实训又能有效地强化学生的专业理论及操作技能训练，从而为学生进入职业生涯构筑起了适应企业和社会要求的"匹配性接口"，从而培养既懂理论，又能够真正解决实际问题的技能型人才。

2. "课堂车间化，车间课堂化"是产生"内驱力"的最佳环境

内驱力是学生认识事物的内在动力，它主要表现为主动探究知识的欲望，较高的成就动机和良好的认知结构等形式。抽象的理论通过实践物化为实实在在的成果，能大大激发学生学习的积极性，促进学生主动地学习理论知识，完成学习任务，培养和提高其解决实际问题的能力和创新能力。

3. "课堂车间化，车间课堂化"是对辩证唯物论认识论的最佳体现与实践

在教师（师傅）的指导下，学生（徒弟）能尽快地完成由感性认识到理性认识的飞跃；再回到实践中，完成理性认识的认识论全过程。于是，久而久之学生的创造性即会自然而然地彰显出来。

二、主要目标

让学生既容易理解理论，又快捷学会实践，培养知识理论和技术能力兼备的复合型人才，提高人才培养质量。

三、"课堂车间化，车间课堂化"的内容和操作方法

"课堂车间化，车间课堂化"就是模糊课堂与车间，教师与师傅，学生与徒弟的界限，使课堂与车间，教师与师傅，学生与徒弟，理论与实践相互融合甚至统一。其基本要素是"双师型"教师和实习室及实训基地。其主要特点在于理论与实践相结合，教学与生产相结合。其目的任务是培养知识理论和技术能力兼备的复合型人才。它实现了专业教学的三个转变，即教师由传统的教师特征向教师兼师傅特征的转变，学生由传统的学生特征向学生兼徒弟特征的转变，课堂由单一的教室向实习室和实训基地转变。

【模式特点】车间即课堂，课堂即车间；学生即徒弟，教师即师傅；理论教学与操作技能合一，教学与生产结合。

【模式目标】让学生既容易理解理论，又快捷学会实践，培养知识理论和技术能力兼备的复合型人才。

【模式真谛】无论是教室，还是车间，都以"理论指导实践"与"实践验证理论"作为教学核心。车间课堂一体化，教师师傅一体化，学生徒弟一体化，理论与实践、感性与理性认识螺旋式上升。

【模式要求】"课堂车间化"要求课堂积极创设车间的氛围，教师要有师傅的意识和视角，要有师傅的思维和能力，像面对工人一样来谋划教学，要以掌握理论知识为前提来组织教学，讲理论要联系实际，广泛使用仿真软件、模型、图片、影像资料，通过实物直观、模像直观和语言直观，来阐述理论传授知识。即理论联系实际，教学结合生产。"车间课堂化"要求车间创设课堂的氛围，教师要有逻辑的思维，要结合学生这一实际来组织实践，并做到以掌握操作技能为前提来组织教学，练技能要实践联系理论，通过实践加深理解所学的理论知识。即实践联系理论，生产结合教学。

总之，这一模式要求专业教师必须是基础理论扎实，实践经验丰富，能说会做的"双师型"教师，上讲台能授课，到了一线能操作，既能传道、授业、解惑，又能解决实践问题。而学生则一边学习理论，一边动手实践；一边动手实践，一边学习理论，毕业时成为一名既懂理论，又能实践的技术人才。

所以，这一教学模式研究内容包括以下几个方面：

"一"个核心：教学做合一。

"两"个基本条件："硬件"——实验实习室和实训车间，以及与之相配套的教学媒体；"软件"——"双师型"教师队伍。

四、实施保障

实施"课堂车间化，车间课堂化"教学需要两个基本条件。

一是"硬件"：即健全的实验实习室和实训车间，以及与之相配套的教学媒体，如各种仿真软件、图片、图表、模型、录像、电视、课件、视频、微课、电影片和教学实物等。职业教育对技能人才的培养，必须通过实习实训这个关键教学环节实现。实习室和实训基地是职业学校培养技能型人才的练兵场，没有实习室和实训基地的职业教育就难以实现培养目标，实习室和实训基地的建设是职业学校建设的一个十分重要的组成部分。

二是"软件"：即"双师型"教师队伍，要求专业教师既要具有扎实的理论基础，更要具备丰富的实践经验，既能授课，又能操作。"课堂车间化，车间课堂化"不仅要求专业教师专业理论水平高，而且特别要有较强的实践动手能力，教学中能对学生进行现场指导，能进行实地的生动讲解和真实的操作，能和学生一起实践。当然，工人或技工也完全可以教给学生手艺。但师傅教手艺给学生往往带有经验性质，教的结果是学生只知道这样干，不知道为什么这样干，难以实现培养理论知识和技术能力兼备的复合型人才目标。"课堂车间化，车间课堂化"教学要求我们职业学校的专业教师既具备教师的素质，又具备师傅（或技师）的素质，既能把理论与实际有机结合，能胜任实践教学指导工作，又能有效地结合实践进行理论教学，站在更高层次上做好指导工作。

五、主要成效

"课堂车间化，车间课堂化"教学的大力推进，让学校焕发了勃勃生机。学生愿学了，教师愿教了，课堂活跃了，办学质量提高了，人才培养出来了。

（一）"课堂车间化，车间课堂化"教学模式使传统教学发生了两大转变

1．学生为主

"课堂车间化，车间课堂化"教学最显著的特点，就是课堂上由过去的以知识与技能的传授为主转变成现在的学生主动学习为主。以2015级电工电子班孙秀云老师的理论课《LED流水彩灯》为例，学生在预习后，自己在电脑上编程，电脑和实训台连接，实训台能形象地展示编程效果，整个课堂把时间交给学生、把学习的主动权交给学生。"课堂车间化，车间课堂化"教学要求教师要树立全新的教学观，从过去以教师为主的教学模式中走出来，抛弃过去"满堂灌"的教学方式，实行在教师指导下学生自主学习的新方式，使学生的学习变成主动的、探索性的学习，培养学生的自主创造能力。在教学中，教师能够充分调动学生学习积极性，激励学生参与学习的热情，鼓励学生敢于提问，敢于挑战权威，充分发挥学生的主体作用，培养创新型人才。

2．实践当头

"双化"教学的另一个显著特点，就是将过去的理论传授为主转变成实践当头。课堂上，学生在初步了解理论之后，便马上进入现场，进入实践，让动手成为习惯，更为重要的是让学生通过动手而形成能力，从而更加深刻地理解理论，最终熟练地掌握技术、技能、技巧，学校实现了"黄金素质、钢铁技能"的培养目标。每一个专业，每一位专业既能让学生掌握本专业的实践技能，未毕业前就成为熟练的技术人才，使技能"钢铁化"，又能让学生在实践过程中逐渐形成高尚的职业道德、团结协作精神、环保习惯、丰厚的人文素养等，让素质"黄金化"。

（二）"课堂车间化，车间课堂化"教学模式实现了"教学做合一"

"教学做合一"是指以培养经济社会发展所需要的人才为宗旨，教、学活动必须以作为载体和目标，在做中教，在做中学，在教学中推动做，在做的基础上，实现教学做一体化。在教、学、做三者中，做是核心。做的主体是学生，主导是教师。学生通过亲自做的环节，掌握知识，磨炼技能，发展兴趣，为将来的职业发展打下坚实的基础。"做"不是简单的机械运动，而是知识、技术的应用和创新的过程。对于以培养面向生产、建设、服务和管理第一线需要的技能型人才为目标的职业教育来说，从制度上保证将教和学与做融为一体，有利于技能型人才职业素质的养成和技能的培养，有利于人才培养目标的实现。

陶行知先生认为："教学做是一件事，不是三件事。我们要在做上教，在做上学。不在做上用功夫，教固不成为教，学也不成为学。""在做中学才是真学，在做中教才是真教。"职业学校最大的特点就是要把求知、做人、教学、技能结合在一起，"教学做合一"体现的就是实践性。

"课堂车间化，车间课堂化"这一专业教学模式可以很好地实现"在教中做，在做中学""教学做合一"。

1．"课堂车间化，车间课堂化"教学能使教师树立全新的教学观，突出了职业教育教学特色

职业教育的培养目标是为国家和地方培养适应生产、建设、管理、服务第一线需要的技术应用型人才和管理人才。因此，教学中既要重视专业理论教学，又要通过实践环节，重视对学生专业技能技巧的培养，以提高学生技术应用能力。这就要求教师在选择教学内容上做到理论与实践训练并重，注重理论与实践的紧密联系，以"必需、够用"为原则，通过分析、诊断教材，确定教学内容的重点、难点和关键点，对知识进行合理取舍，同时又要保证各章节之间的知识连贯性。对于一些内容多、容量大的课程，可以选择核心内容、重点和难点内容讲授；对于一些内容类似或相近的课程，可以采用将内容重组后分专题讲授。在教学中要求教师要重视学生实践能力的培养；同时要求教师要不断

提高自己的实践能力，多下实习室、实训基地，深入实际，积极参加生产和工程设计，参与科研活动，将理论、实践与科研有机结合起来。"课堂车间化，车间课堂化"教学能使教师树立全新的教学观，从过去以教师为主的教学模式中走出来，注重理论与实践的结合，注重实践教学，突出实践教学，突出职业教育特色。

2．"课堂车间化，车间课堂化"教学采用的方法，便于实现教学做合一

"课堂车间化，车间课堂化"教学是以能力为中心，突出职业岗位的实用性、技术性、创造性，教学与生产紧密结合，实行教学做循环交替方式，创设了教、学、做合一的特殊课堂。

现场教学法，可以实现教学做合一。具体说就是教师把学生带到实习室、实训基地或生产部门，采取教学做循环教学，利用现场实物在做中教，使学生在做中学，通过学生的不断观摩学习训练，培养学生解决实际问题的综合能力和岗位职业能力。

运用仿真式虚拟化，可以实现教学做合一。学校毕竟不同于工厂，生产设备不可能样样俱全，而且教材内容涵盖的系统领域、时间跨度很大，运用现代先进的教学手段进行仿真式虚拟化可弥补其不足。开辟实训基地实验室，合理开发和使用多媒体电脑技术，运用多媒体软件系统或制作多媒体教学课件教学，创设图文并茂、生动形象的现场感与氛围，建立仿真式的虚拟化场景，学生在教学过程中通过老师的指导，亲自跟进学习电脑实践操作，置学生于一种虚拟化的场景中感受领会，可增强课堂教学的直观性和提高课堂教学效果。数控技术应用、旅游服务与管理等专业都可以用这种方式建立仿真机房进行教学或模拟操作。

案例教学贯穿课堂，可以实现教学做合一。案例教学法是以案例为教材，教师运用多种方式启发学生独立思考，对案例提供的客观事实和问题进行分析研究，提出见解，做出判断和决策，从而提高学生分析问题和解决问题能力的一种理论联系实际的启发式教学方法。案例教学，充分发挥了教师的主导作用和学生的主体作用。教师能根据教材章节，按照教学需要，精选教学案例，引导学生参与案例教学。用于课堂讲授

的案例突出了针对性和典型性，引导、帮助学生理解相应的知识，并诱导学生积极研讨。案例教学突出了学生主体地位，可使学生对来自实际的案例资料进行分析，增进对相关理论知识的理解，学会运用所学的知识解决实际问题，使书本知识和实际问题在课堂上结合起来。

专业课模块式教学，可以实现教学做合一。传统的教学习惯通常是未开设专业课前，先安排好几门专业基础课，所开设的课程是为学生将来学习专业课做准备。可是往往在学习专业课的时候，学生已经将学过的专业基础内容遗忘了许多，因此学习上很难达到预期目的。另外，传统的教学习惯通常是先由理论老师在课堂上讲授理论知识，然后再由实习指导课老师指导学生进行实操训练。由于不同的老师对理论知识的理解、要求和对原理分析方法等不同，学生学习很难达到理想的效果。采用模块式教学法，可以解决这些问题。专业基础课与专业课相结合的模块式教学，针对所学内容，增加相关的专业基础课内容，使学生的知识能够连贯，更好地理解和掌握专业课的内容；专业理论课与专业实操课相结合的模块式教学，先由教师在课堂上讲授理论知识，然后带学生到实习室进行实操训练，使学生能准确地抓住重点、难点一一突破，效果较好；"化整为零"模块式教学，在教学中将较为复杂的内容"化整为零"划分为几个教学单元，逐一介绍，这样做会收到较好的教学效果。计算机技术应用专业、机电技术应用专业、旅游服务与管理等都可采用模块式教学。

（三）"课堂车间化，车间课堂化"教学强化了学生技能训练

职业教育教学以实训为主，其目的主要是：掌握实训方法，培养实训技能，培养学生解决问题的思维能力，而不是验证原理和课题研究。验证原理实验可以是教师做演示实验就可以了，培养学生技能实验就必须让学生动手操作。如，电子电工专业中的"摩擦起电现象"实验，教师演示就可以了，不一定非要学生动手操作。而"示波器的使用"实验就应该让学生亲自动手操作。

"课堂车间化，车间课堂化"教学强调加强实践性教学，开展多层次、多渠道的实践教学活动。如，计算机技术应用等专业可以让学生拆

装旧电脑等活动来训练学生动手操作能力和解决实际问题的能力。通过具体的实践活动，让学生自己去体验每个环节完成的艰辛，这不仅有助于学生懂得各种知识的重要作用，也有利于培养学生从实际出发，掌握解决问题的能力和社会交往的能力。

（四）"课堂车间化，车间课堂化"教学提升了学生整体素质

技能型人才不仅包括宽厚的专业理论知识和高超的技能水平，而且还包括良好的职业道德素养。职业道德教育重在培养学生敬业、诚信和务实的就业创业精神和关心集体、团结互助的奉献精神。教育的本质首先是教会学生如何做人，然后才是做事。许多毕业生正是缺乏这种诚信务实、吃苦耐劳的就业创业精神，就业后不能适应艰苦的工作环境和高标准的技能要求。因此，把职业道德教育融会贯通到教学实践中已成为职业教育的当务之急。职业道德的养成须长期潜移默化，单靠学几门职业道德教育课不能达到目的。推行"课堂车间化，车间课堂化"教学，在平时就把职业道德教育渗透到理论教学和实践教学过程中，可以提升学生的整体素质。

（五）"课堂车间化，车间课堂化"促进了实习实训设施建设，实现了教学生产一体化

推行"课堂车间化，车间课堂化"教学，必须有良好的实习实训条件。学校千方百计筹措资金，陆续建成了103个实验实习室和实训车间，基本完成了设施"硬件"建设，满足了"课堂车间化，车间课堂化"改革需要。学校高端装备制造技术实训中心配备的设备可以为山东远大加工部分产品，保证学生在生产中学习，在学习中生产，使教、学和生产融为一体。

（六）"课堂车间化，车间课堂化"打造了一支高素质的"双师型"队伍

教师是推行教学改革，推动学校持续发展的主力军。实践毋庸置疑地告诉我们，要长期推行"课堂车间化，车间课堂化"教学，必须打造一支强大的既能当教师又能当师傅的"双师型"教师队伍。我们不断运用"走出去、请进来""双考证""传、帮、带"等形式，让一支双师型教师队伍迅速臻成，这也是一个充分地让"课堂车间化，车间课堂化"教学成功实施的过程。目前,全校奋斗在教学一线的140名专业课教师,已有130名(占93%)成为教学、实践中拿得起放得下的"双师型"教师。高洪辉、赵伟成为德州市首席技师,庞新民、高洪辉成为山东省青年技能名师,王延军成为山东省技术能手。

学校的"双师",都是"逼"出来的。一直以来,职业学校的教师,大多数只会动嘴不会动手,再好的设备,教师不会操作,也等于个零。于是,我们提出了:"口硬手更要硬"的口号,五招并举,全力打造"双师型"队伍。一是到企业岗位实践。学校健全了专业教师到企业岗位实践制度,每年分批组织专业教师到企业生产一线,在实战岗位技能的操作过程中学真功夫,企业岗位实践是专业教师业绩考核的重要内容。二是师傅传、帮、带。以专业科为单位,通过新老教师结对子,进行专业技能传授,建立校内专业教师培养机制,通过技能突出的教师来影响带动一大批青年专业教师骨干,使他们迅速成长为学校专业技能教学的中坚力量。先后从济南、青岛聘请理论和实践能力兼备的20多名专业技术人员到校,他们除承担部分专业理论和校内实习课教学外,主要是带动、培训学校专业教师;学校还多次从清华大学、山东巴伐利亚师资培训中心聘请职教专家到校指导教学。三是外派参加省级和国家级骨干专业教师培训。近几年,学校争取所有参加省级和国家级骨干专业教师培训的机会,安排专业教师外出培训,并先后有4名教师出国培训,学习先进的岗位前沿技能。四是强化技能。从事职业教育专业教学,就要做"双师型"教师,就要做"双师型""名师"。学校对专业教师的考核重心,就放在实践操作上。每学期,专业教师在专业理论过关后,还要参加专业技能操作考核。一个一个过关,考核不合格,再练,再补考,一次不行,两次、三次……直到合格为止。五是技能竞赛引导。学校建立师生同台竞赛制度和竞赛辅导机制,对取得或所辅导学生获得省市和国家技能大赛奖项的教师予以重奖,推行绩效考核,调动教师钻业务、提技能的积极性。

总之,"课堂车间化,车间课堂化"教学的大力推进,让学校焕发了勃勃生机。首先是表现在课堂上，学生愿学了，教师愿教了，课堂活跃了。再也看不到专业课，特别是专业理论课上学生听不懂打瞌睡或交头接耳的不良现象了。专业教师也是"八仙过海各显神通"，千方百计让学生喜欢自己的教学，有的先组织学生车间见习，再讲理论；有的在车间挂上黑板，理论和实习同步进行；有的把实物、模型搬进教室，精美课件、仿真软件运用轻松自如。

六、体会与思考

（一）存在的问题

1. 个别教师对"课堂车间化，车间课堂化"的内涵不能深刻理解

有的以为把实物搬进教室就是"课堂车间化"。其实，无论是在教室还是在车间，或者在其他教学场所，只要是以理论知识联系技能实践就是"课堂车间化"，只要是以技能实践验证理论知识，就是"车间课堂化"。一节课，可能有许多次的"课堂车间化"，也可能有许多次的"车间课堂化"。千万不要把"课堂车间化"与"车间课堂化"割裂开来。无论在课堂还是在车间，都应该做到理论联系实际，实际联系理论。"课堂"与"教室"是两个不同概念。"课堂"可以设在教室，也可以设在车间，"课堂车间化"不是"教室车间化"。这说明，极少数专业教师自己不能做到理论和实践技能兼备，职业学校的专业教师必须既理论基础扎实，又具备丰富的实践生产经验，而且做到二者融会贯通，这一要求是很高的，需要不断努力。

2. 实习室和实训基地建设投入问题

职业教育对技能人才的培养，必须通过实习实训这个关键教学环节实现。实习室和实训基地是职业学校培养技能型人才的练兵场，没有实习室和实训基地的职业教育就难以实现培养目标，实习室和实训基地的建设是职业学校建设的一个十分重要的组成部分。

3. 教学与生产的矛盾

"课堂车间化，车间课堂化"这一专业教学模式将教学与生产融为一体。实习室和实训基地在满足学生实习实训的同时，可以面向社会

有偿服务，但有时教学与生产的确产生矛盾。我们应该明确：实习室和实训基地必须首先满足学生实习实训，实习室和实训基地的首要职能是培养人，而不能像企业那样以提高效率和经济利益当作首要目标。当然，我们努力追求教学与生产的有机统一。

4."双师型"教师的培养问题

"双师型"教师队伍的培养是推动"课堂车间化，车间课堂化"的关键。目前，专业教师队伍的培养主要有以下三种途径：一是从社会和企业中选聘工程师、技师、管理人员，担任兼职专业教师；二是从大学中选拔专业对口的毕业生到校任专、兼职教师；三是有计划地选派教师到企业实践、考察，甚至是出国学习。这些方法都是成功的，但不是长远之计、根本之法。

（二）设想

对于教育教学规律的探索是永无止境的，在今后的教学中，还需对这一模式进一步探索，不断完善，去伪存真。

1."课堂车间化，车间课堂化"专业教学模式的发展空间

我们认为，"课堂车间化，车间课堂化""半工半读，工学交替""现代学徒制"都是适合职业教育的专业教学模式。从某种意义上讲，"课堂车间化，车间课堂化"也是"半工半读"的一种体现。"半工半读，工学交替"适合于"劳动密集型"专业，而对于"技术密集型"专业来讲，"课堂车间化，车间课堂化"教学模式则更实际、更有效。它突破了学校到企业寻求实习场所，企业到学校获得廉价劳动力的浅层次合作。并且，鉴于职业教育对于人才培养的技术性、超前性、储备性，和企业效率优先、利润优先的原则性制约，职业教育将专业实训全寄希望于企业，显然是不成熟和一厢情愿的；相反，国家通过税收等有关政策从企业中收取资金，用于学校实习室和实训基地建设，通过实习室和实训基地建设，既能培养合格学生为企业更好服务，也能通过生产获得一定的收入来降低学习成本。所以说"课堂车间化，车间课堂化"这一专业教学模式是一种更有生命力、更为实际的教学模式。但现阶段，

由于建设实习室和实训基地资金投入较大，再加上不是每个"技术密集型"专业都能建成自己的实训基地，所以学校还需要与企业广泛开展多种形式的合作，进一步建立产学研相结合的人才培养机制，作为专业教学实习实训环节不足的弥补和补充。但就中国职业教育的长远和健康发展而言，我们认为，"课堂车间化，车间课堂化"教学模式才是一种有着强大生命力的专业教学模式。

2."双师型"教师队伍的培养是推动"课堂车间化，车间课堂化"的关键

建议可通过以下三两种途径培养聘用专业教师：一是应该设立高等职业本科师范院校，吸收热爱职业教育的高智商学生进入职业师范院校学习，按照职业教育教学的规律和特点，培养大批真正的"双师型"专业教师。二是落实20%编制额，真正落实从企业等工作一线招聘专业教师的路子，在企业中选聘熟练工人来校任教，解决其人事关系和福利工资待遇，对其进行必要的教育学、心理学方面的培训，从而达到低成本较快培养"双师型"教师的目的。三是按照职业教育教学的规律和特点，积极采用"课堂车间化，车间课堂化"教学模式，培养大批"双师型"专业教师。

何谓"双师型"教师？我们认为是指在教室、车间或其他教学场所，既会像传统老师一样教授理论知识，又会像传统的师傅一样会动手操作的老师。他是根据教学目标的需要，科学及时地转换教师与师傅角色的老师。当然，在课堂上，教师为主导，学生为主体。那么学生也要随着教师与师傅转换角色的同时，自己也自然而然地进行着学生与徒弟角色的转换。

3.解决三个模糊认识。一是不要把"课堂车间化"与"车间课堂化"分裂开来

"课堂车间化，车间课堂化"教学的本质是"理论联系实践，实践验证理论，理论与实践紧密结合"。它追求知识与技能相互转化的一种默契，是以培养学生的心智技能与操作技能为目的的一种教学模式。因此，无论是在教室还是在车间，或者在其他教学场所，只要是以理论知识联系技能实践就是"课堂车间化"，只要是以技能实践验证理论知识，就是"车间课堂化。"可见，"课堂车间化，车间课堂化"的本质与时间、地点都没有关系，它是一个"精灵"，活跃到从理论到实践或从实践到理论相互转化的那个契合点上。一节课，可能有许多次的"课堂车间化"，也可能有许多次的"车间课堂化"。例如朱亮德老师那节《高频头检修》一课，"从图纸上看有几个高频头？"（识图）转到"主板上的 V 与 U 高频头（识板）"，这就是典型的"课堂车间化"。"通过检测，判断故障是否在高频头？如果在，对照课本进行检修并填表"，这又从技能训练转换到了课本知识（车间课堂化），然后对照完课本又实际检修（课堂车间化）。"课堂车间化"即理论联系实践，"车间课堂化"即实践验证理论。不要把"课堂车间化"与"车间课堂化"分裂开来，甚至当作两个概念来看待。因为无论在课堂还是在车间，都应该做到理论联系实际，实际联系理论。二是不要把"课堂车间化，车间课堂化"与"半工半读，工学交替"对立起来，认为二者不能兼容。因为所谓"技术密集型"专业和"劳动密集型"专业都是相对的，不是绝对的。而且地区间、学校间，甚至一个学校的不同发展阶段，条件都是不一样的。采用什么专业教学模式，应因时因地而宜。而且两种甚至多种模式可以共用。其实，"双化"教学模式与"半工半读，工学交替"这种办学模式也是有机联系，相互补充的。因为，它俩的本质目的，都在于真正实现"理论联系实践"。第三点"课堂"与"教室"是两个不同概念。"课堂"可以设在教室，也可以设在车间，"课堂车间化"不是"教室车间化"。

4．处理好两个关系

一是教学与生产。"课堂车间化，车间课堂化"这一专业教学模式将教学与生产融为一体。实习室和实训基地在满足学生实习实训的同时，可以面向社会有偿服务，但应正确处理好教学与生产的关系。实习室和实训基地的首要职能是培养人，而不能像企业那样以提高效率和经济利益当作首要目标，这一点是非常重要的。二是生产实践与职业素质培养。应该将职业道德教育融入生产实践中，在实训中让学生接受现代企业文化的熏陶，有意识地培养学生的职业意识与职业道德。必须明白，职业教育如果忽视了学生综合职业素质的培养，学生就会缺乏后继发展能力，难以立足于未来。

总之，职业教育作为现代国民教育体系的重要组成部分，早已经上升为教育工作的战略重点。职业教育要进一步提高办学质量，就必须深化专业教学改革，加大探索力度。我们将进一步探索、充实和完善"课堂车间化，车间课堂化"这一专业教学模式，为职业教育的健康持续快速发展做出应有的贡献。

第19节 "466模式"打造优秀教师队伍

教师是推进教学改革，提高教学质量的关键因素。齐河县职业中等专业学校多措并举，重点培养，整体提高，多层次、多途径、多载体加强师资队伍建设，全面提高教师职业能力，取得了显著效果。

一、实施背景

教师是推进教学改革，提高教学质量的关键因素。在内涵发展、质量提升的职业教育发展新阶段，必须高度重视加强教师队伍建设，以改革教师培养、评聘和考核为核心，注重提高教师的德育工作能力、专业教学能力、实训指导能力等综合素质，落实教师在职进修和企业实践制度，加强专业带头人、骨干教师培养，解决师资队伍建设所存在的新问题，培育一批专业（学科）骨干带头人、教学能手、教学名师、教学团队和职教名家。专业师资队伍素质和水平将直接影响到整个示范校项目建设以及品牌专业建设任务的完成。优质的师资不能完全通过引进人才来解决，必须加强措施，着重培养，使现有教师迅速成为同时具备教师资格和职业资格的"双师型"人才。

二、主要目标

一是形成师资队伍建设机制。进一步完善教师培养、评聘和激励机制，形成新的师资队伍建设体系，尤其在培养机制上有新的突破。

二是优化专业教师队伍结构。建立一支以高水平专业带头人为领军人物，以中青年教师为中坚力量的教师梯队和专业发展团队，全面提高教师职业能力，形成一支既能上讲台又能下车间，既有专家教授又有能工巧匠的"双师型"教学团队。

三是发挥优秀教师的示范引领作用。充分发挥齐鲁名师、青年技能名师和首席技师的标杆作用，促进教师队伍整体水平的提升。

三、实施过程

（一）"四级六类"分层分类培养

成立教师发展中心，面向全体教师，按照"四级六类"分层分类培养，"四级"就是"雏鹰展翅""大雁领航""鹰击长空""鲲鹏翱翔"梯队培育，分别对应"校级学科带头人—市级学科带头人、教学能手—省级职教名师—国家级教学比赛二等奖以上获得者"；"六类"就是把教师分为"专业带头他人、骨干教师、双师型教师、兼职教师、青年教师、文化基础课教师"，多形式、多载体分类培养培训。制定并实施《师资队伍建设三年发展规划》，修订完善《关于鼓励教师进修学习培训的实施意见》《专业带头人遴选和培养方案》《骨干教师培养实施方案》《"青蓝工程"实施方案》《关于鼓励教师进企业挂职实践锻炼的规定》《关于信息化技术应用推广的暂行规定》等相关方案和制度，为教师培养培训提高制度保障，推进师资队伍建设形成良好的体制机制。

首先，选拔领军人物，做好专业带头人培养。学校出台《专业带头人培养方案》，通过层层选拔，确定了在本专业中有较高造诣和声望，能充分发挥作用的专业带头人，大专业和品牌专业 3～4 人，一般专业 1～2 人，制订出了详细的培养培训计划，充分发挥他们在人才培养方案修订、校本教材开发、精品课程、资源建设、青年教师培养等方面的积极作用，带动专业发展。数控专业带头人高洪辉、赵伟老师参与了山东远大模具、上海宇龙的合作研发工作，公开出版校本教材 2 本，获评德州市首席技师；机电专业带头人庞新民、朱慧涛分别入选山东省青年技能名师培养计划和齐鲁名师培养人；计算机专业带头人赵淑娟入选齐鲁名师培养人。

其次，打造中坚力量，做好骨干教师培养。学校高度重视骨干教师的培养，制定方案，出台措施，加快骨干教师队伍的培养。三年来，学校共安排骨干教师外出参加国家和省级培训以及各种进修学习 258

人次，组织业务竞赛 20 余次，安排骨干教师进企业实践锻炼 127 人次，并在校本培训、课程建设、技能大赛中发挥骨干教师的积极作用，推动了专业发展，加快了教师队伍整体素质的提高。

再次，发展专业团队，做到师资队伍整体提高。学校坚持优化结构，提升素质，整体提高的师资队伍建设思路，着力建设专兼结合的"双师型"教师队伍。从经费、政策方面给予了大力支持，出台了专门文件制定了相应措施，专门安排专业教师进企业实践，提高实践教学能力。教师进企业实践，学校进行生活补助。一大批年轻教师走进企业，业务能力得到快速提高。学校还积极创造条件开展校本培训，组织专业教师积极参加"金蓝领"技师培训项目。三年来，学校 81 名教师取得技师和高级技师证书。目前，学校"双师型"教师比例已占到专业教师的 93%。

（二）构建系列化的教师成长"六大"平台

学校构建了系列化的教师成长"六大"平台，即企业岗位实训平台、进修培训平台、校本培训平台、兼职教师带动平台、教学能力比赛平台和教育科研提升平台。

1．企业岗位实训平台

制定《教师进企业实践管理办法》，规范了企业锻炼的实施程序，明确规定所有专业教师每学年必须有一个月以上的实践锻炼经历。教师进企业实践，学校保留所有福利待遇并按企业标准进行补助。三年来，参加企业锻炼的专业教师达 127 人次。

为建设行业企业联合培养专业课教师机制，学校要求教师带着问题或项目下企业，边实践，边调研，边研发，边创新，促使教师与企业的沟通，提高教师实践的针对性和实践性，从根本上保障"双师型"教师建设工作落到了实处。

2．进修培训平台

建立了教师外派进修学习培训制度，有计划地选派教师参加新知识、新技术、新工艺和新方法等方面的培训,使专业教师知识不断更新,掌握最新技术的发展。要求参加培训的教师立足于技能提升,带着课题参加学习,培训结束必须取得"四个一"任务——取得专业技师证书、做一场精彩报告、发表一篇专业论文、上一节公开课。

3.校本培训平台

山东省特级教师于万成、山东省教科院杜德昌等一批知名专家教授到校开展专题讲座,山东技师学院、山东远大模具工程师等一批具有丰富实践经验的高级技师开展技能培训。三年来,共开展校本培训28场次,聘请专家41人次。

4.兼职教师带动平台

建立兼职教师数据库,兼职教师达42人。对于兼职教师,参照其职称与实践水平等,把兼职教师分为兼课教师和实训指导教师,实行分类管理,承担专业建设、课程开发、兼职授课和指导实训等不同教学任务。学校实行弹性灵活的教学时间安排,在晚上和双休日安排课程,为兼职教师来校授课和指导实习实训提供了便利。为改善教师队伍整体结构,采用师带徒的形式,安排本校专业教师与兼职教师一对一结对子,不断提升专业教师的实践教学能力。

5.教学能力比赛平台

高度重视公开课、信息化教学大赛,以比赛为抓手,加强信息化教学改革,全面提升信息技术支撑和引领学校创新发展的能力。进一步提升信息化基础建设水平,建设了高档录播室,购买了功能强大的网络教学平台,开发了丰富的数字化教学资源库。同时,启动学校"精品课程建设工程",开发建设24门校级精品课程,2门入选省级精品资源共享课程,涵盖专业核心课程、专业技能课程等课程类型,初步形成以工作过程为导向,以综合职业能力为核心的课程体系,带动学校课程建设和教学改革,推进教师专业素质发展,全面提高教学质量和人才培养水平。

6.教育科研提升平台

学校把提高教师队伍教科研能力作为提升师资队伍整体水平的重要抓手，出台了《关于鼓励教师参与教科研的意见》鼓励广大教师积极开展教科研工作。三年来，齐河县职业中等专业学校结题2个省级课题和2个教改项目，立项6个教改项目，获得省教学成果一等奖1项，省精品资源共享课程2项。

四、实施保障

一是制度保障。成立师资队伍建设工作领导小组和教师发展中心，制定整体建设规划，出台了一系列制度，为打造一支专兼结合的"双师结构"教师团队提供了保障。强化机制创新，建立教师基本工作量制度，将教育教学改革、教学任务、科研工作、教学团队建设和实践锻炼等均按不同要求纳入岗位职责中，并按工作职责设计了分配系数，使示范校建设任务和学校发展统一起来。

二是经费保障。对于齐鲁名师、青年技能名师等，学校给予资金支持，用于外出培训、企业实践、教学科研项目研究等。

三是创造持续发展的环境。学校根据当地和学校实际，制定和出台了学校中长期发展规划，明确做大做强的专业及将开设的新专业，要求教师根据个人意愿制定自我成长计划，并在实施过程中不断修正自己，完善自己。在培训内容上，广泛开展各种形式的专业理论培训、知识更新培训、教学理论培训、现代化教学技术和方法的培训以及专业实践技能培训等，努力为专业教师提供各种学习的机会和发展空间，营造一种关心与支持的氛围。学校实行绩效考核，按岗聘用，以岗定薪，岗变薪变，激发了专业教师的主动性和创造性。

五、主要成效

通过多层次、多载体培训，促进了教师队伍整体水平的提升。三年来，在市级以上公开课、优质课中获奖127项，其中25人次在全国说课优质课和教学能力比赛中获得一、二等奖，43人次在山东省信息化比赛、教学能力比赛中获得一二、等奖。三年来，4名教师晋升为正高级职称；庞新民、高洪辉、赵伟老师成功入选中等职业学校青年技能名师培养计划；谯健获评山东省特级教师；赵淑娟、朱慧涛入选齐鲁名师候选人；王延军、李建获评山东省技术能手；高茂岭、庞新民主持的机电工作室获得山东省名师工作室；机电专业教学团队获评省级教学团队。

师资队伍水平的提升促进了教育教学质量的提高。三年来，学校春季高考本科录取 1101 人，连续 8 年位居全省同类学校前列；40 多人次在国家和省市技能大赛中获奖；安置毕业生近 3000 人，一次性就业率超过 98%，对口优质就业率达到 95% 以上。

六、体会与思考

打造一支讲理论清晰、实践动手能力突出的"双教型"教学团队是职业学校师资队伍建设的重要任务，"双师型"教师队伍的培养要建立完善的评价机制，评价机制的完善有利于推动培养的质量与效益的提高。

一是构建强有力的"双师型"教师管理体制。"双师型"教师管理体制应该为"双师型"教师的培养与评价提供制度保障，构筑不断创新的平台。首先强调教师管理思想和管理理念的创新。培养"双师型"教师需要学科的交叉和渗透，打破小而全、封闭式办学模式，实行培训人力、物力、财力等资源的有效利用。"双师型"教师的特点必须在培养"双师型"教师的全过程中体现出来，从人员的选拔、政策的制定、培训计划到具体选择培训途径和实施过程，都不能背离这一宗旨。其中应强调指出的是，"双师型"教师的培养涵括校外"双师型"教师的引进和聘用的兼职人员。正因为这一概念的延伸，触及现有"双师型"教师考核、评价制度的滞后性。

二是实现"双师型"教师培养模式的制定与评价机制运作的一致。"双师型"教师的培养和评价都必须制定"双师型"教师队伍的发展计划，分析"双师型"教师的现状，包括数量、年龄、学历、职称、专业、性别，以及现场经历、教学能力、身体状况、组织能力、协调能力、产学研结合能力、思想政治素质和工作态度等方面，拟定具体培训计划，选择管理政策和模式。"双师型"教师的内涵与标准要纳入教师评价指标体系的构建。作为学校，可以尝试考虑根据教师的专业技术职务和技能等级核定相应的岗位工资，鼓励教师主动走入生产第一线，注重实践能力的提升，采用考评体系和资格认证制度，将专业教师的职业水平能力和技术成果有机结合起来，促进教师业务素质和教学质量的提高。

今后，我们将不断完善师资队伍建设机制，做好师资队伍建设规划工作，实施分类培养，优化师资结构，逐步完善绩效考核激励机制，营造有利于专业教师健康成长的氛围，全面提高教师队伍整体素质，不断提高教师队伍的整体水平和实力，以适应中职教育改革和发展的需要。

第 20 节　提高教师信息化教学能力
适应教育变革形势

一、实施背景

当前，国家高度重视教育信息化工作，2018 年 4 月 13 日，教育部颁布了《教育信息化 2.0 行动计划》。教育信息化已经成为教育系统性变革的内生变量。

二、主要目标

提升教师的信息化理念和信息技术应用能力，打造一批信息化教学的领军人物。

三、实施过程与保障

夯实基础，使教师能做"有米之炊"。学校搭乘省示范校建设、品牌专业建设等项目建设的"快车"，进一步提升基础建设水平，建成承载学校优质教育教学资源的公共服务平台，建设了高档录播室和智慧教室，购买了功能强大的网络教学平台，开发了丰富的数字化教学资源库。同时，启动学校"精品课程建设工程"，开发建设 24 门校级精品课程，涵盖专业核心课程、专业技能课程等课程类型，初步形成以工作过程为导向，以综合职业能力为核心的课程体系，带动学校课程建设和教学改革，推进教师专业素质发展，全面提高教学质量和人才培养水平。

外引内联，帮助教师练就"绝活"。借助外力，挖掘潜力，搭建舞台，促进教师教学能力和水平不断提升。

"请进来"，邀请曹在津、于丽、高红霞、周凯、黄秀娟等全国教学能力大赛优秀选手到学校作展示、谈经验，王汉星、杜德昌、魏民、郑银雪等职教专家、企业专家到校举行专题讲座。

"走出去"，安排教师分批参加上海、浙江、江苏等先进地区组织的微课制作、数字资源开发等信息化培训。

"挖掘内力"，安排学校历届获奖比赛选手，对新选手进行"手把手"的指导，解疑释惑，形成良性循环。

学校每学期举办一次全校性的教学比赛，对精心挑选的选手，由教研室牵头，反复"磨课"，并进行精心包装。

团队协作，群策群力来磨课。对每位参赛选手，学校安排两名教师担任师父，从整个教学内容的选取和设计是否合理、清晰，到每个知识点的阐述是否准确、易懂，从讲课时的仪表仪态、手势语言，到习惯性的口头语和小动作，师父都要提出宝贵意见。有时候，师父把选手的参赛作品完全推到，从头重来，目的就是一个，大赛拿奖。学校教研室则组织参赛选手一遍一遍磨课，讲了评，评了讲，再讲再评，再评再讲，反复训练，求得最佳效果。"众人拾柴火焰高"，一遍遍的磨课，一遍遍的精心指导，参赛作品提升到了一个新的高度。

考核奖励，发挥引领作用。为充分调动广大教师特别是青年教师的积极性，学校将参加教学能力大赛的成绩纳入教学能手、学科与专业带头人、教学新秀等评选条件，在评优选模、外出培训等方面优先安排，鼓励大家立足课堂，全面提升教学能力，推进自身专业素质发展，全面提高教学质量和人才培养水平。积极投身教学改革，开展信息化条件下的职业教育教学模式创新研究与实践，推进信息技术与教育教学深度融合，已经成为学校广大教师的共同行动。

四、主要成效

通过努力，三年来，齐河县职业中等专业学校25人次在全国信息化说课和教学能力比赛中获得一二等奖，43人次在山东省教学能力和信息化比赛中获得一二等奖；庞新民、高洪辉、赵伟老师成功入选中等职业学校青年技能名师培养计划；谯健获评山东省特级教师；赵淑娟、朱慧涛入选齐鲁名师候选人；高茂岭主持的机电工作室获得山东省名师工作室。

五、体会与思考

通过信息技术校本培训和参加各级信息化比赛，提高了骨干教师信息技术应用水平，但全体教师的信息技术应用能力和二次开发能力有待进一步加强。教师也不能为信息化而信息化，要把信息技术应用当作自己教学、工作的工具，使现有设备在平时教学中发挥更大作用。

第21节 "45模式"加强师德师风建设

"师德师风"是教师工作的职业道德规范和必备的道德品质，是学风、校风建设的灵魂，是学校办学实力和办学水平的重要标志。齐河县职业中等专业学校以"忠诚、奉献、师表"为核心内容，以"教书育人、管理育人、服务育人"为根本目标，制定并实施《齐河县职业中专师德师风建设实施方案》，修订《师德素养二十条》，以教育促建设，修师德强师能，努力建设一支师德高尚、业务精良的教师队伍。

一、实施背景

百年大计，教育为本；教育大计，教师为本。落实教育的立德树人根本任务，需要全面加强师德师风建设，健全师德建设长效机制，推动师德建设常态化长效化。

二、主要目标

完善师德规范，引导学校广大教师以德立身、以德立学、以德施教、以德育德，坚持教书与育人相统一、言传与身教相统一、潜心问道与关注社会相统一、学术自由与学术规范相统一，争做"有理想信念、有道德情操、有扎实学识、有仁爱之心""四有"好教师，修师德强师能，建设一支师德高尚、业务精良的教师队伍。

三、实施过程

（一）加强师德师风的宣传

组织开展师德师风主题活动月，利用教师节、职业教育宣传周大力宣传中等职业学校师德师风主题教育活动，通过广播、报纸、网络、宣传栏等各种媒体，大力宣传师德标兵、优秀教师、优秀班主任和德育先进工作者等师德先进典型的模范事迹，展现中等职业学校教师的精神风貌，倡导尊师重教的良好社会风尚。

（二）"四个结合""五大活动"，开展师德师风教育

做到"四个结合"：坚持把师德师风建设与学校专业发展相结合，引导教师积极投身学校的专业建设与改革工作；坚持把师德师风建设与校园文化建设相结合，以良好的思想政治素质影响和引领学生；坚持把师德师风建设与党风廉政建设相结合，学习职业教育法和相关文件规定，增强教师法律意识，依法治教，自觉遵守党纪、国法和校纪校规；坚持把师德师风建设与岗位奉献相结合，热爱学生，言传身教，为人师表，乐于奉献，以高尚的情操引导学生全面发展。

开展"五大活动"：一是每学年组织学生开展一次"我最喜爱的老师"征文评选活动，激发学生热爱老师、热爱专业，努力学习；二是以"忠诚、奉献、师表"为主题，在教师中开展"立师德、铸师魂、正师风"的活动，通过专题研讨、演讲等形式，增强教师的责任感、使命感和凝聚力，展示教师的精神面貌；三是组织教师开展"五个一"业务竞赛活动，"读一本教育理论专著、写一篇教育理论研究论文、设计一堂教学改革课、上好一堂教改示范课、开发一个教学资源"，把教学工作与师德师风建设工作紧密结合，通过组织说课竞赛、多媒体课件制作竞赛、优秀教案评选和编辑优秀论文集等方式，增强教师忠诚履职、无私奉献的意识，提升教师职业素质和业务能力；四是开展专题研讨活动。以师德师风建设为主题，在教师中开展师德师风建设的专题研讨与讲座，每年组织国内知名专家和学者、校内专家开展师德师风建设的专题讲座，在校园网上开辟师德师风建设专栏，刊载教师关于师德师风建设的文章，编辑出版教师关于师德师风建设的论文集。通过专题研讨，引导教师自觉提升自身的师德修养，规范教风和工作作风；五是组织教师和学生评选一批师德师风的先进典型，通过学生测评、同行推荐、系部审核、学校审批，每学年评选师德标兵，并在教师节前后召开师德师风建设表彰大会进行表彰，同时，举行师德标兵先进事迹报告会，现身说法。充分利用宣传媒体对师德标兵的先进事迹在校内外进行大力宣传，营

造崇尚高尚师德的浓郁氛围，编写出版了《身边的榜样》校本教材。

四、实施保障

一是组织保障。成立学校师德建设领导小组，全面领导师德建设工作，健全师德师风教育制度，实行师德考核一票否决制。

二是制度保障。把师德师风作为学校教师专业化发展的内在核心，将师德教育纳入教师全员培训、骨干教师培训和班主任培训等各类教师培训工作的首要任务和重要内容。健全师德师风常规教育和学习制度，加强教师的日常思想政治教育、职业理想教育、职业道德教育、法制教育和心理健康教育，强化教师的师德师风意识和从业道德责任，引导教师树立立德树人的职业理想。同时，加强对兼职教师的师德师风教育，将兼职教师纳入学校师德师风建设的范畴，根据兼职教师的实际开展师德师风教育工作。完善师德表彰奖励制度，修订完善《教职工管理考核办法》，把师德表现作为评优评先的首要条件，建立师德考核档案，将师德师风考核作为教师（含专任教师和兼职教师）思想和工作考核的核心内容，作为教师年度考核、职务聘任、进修培训、奖励惩戒、绩效工资分配等的重要依据。

五、主要成效

通过建章立制和多层次的师德师风教育，教职工的职业素养和道德情操不断提高，不断用精神食粮涵养心灵、陶冶情操、塑造人格，在自我修养的提升中实现自身的道德追求，把"敬业爱生"作为自身工作的准则，增强了教书育人的责任感和使命感，不断强化师德修养的自觉性。广大教师自觉履行岗位职责，在教学上全心投入，因材施教，精益求精；在行为上实事求是、作风优良、举止文明；在交往上诚实守信、谦逊乐观、遵纪守法、真诚待人；在科研上努力钻研，追求卓越，恪守学术规范。这些具体的内在要求和外在表现，对学生的言行举止、学业发展、能力养成、视野格局等方面产生了深远影响。

通过加强师德师风建设，涌现了王爱民、刘刚、王学锋、庞新民、赵善慧等一大批优秀教师和师德典型。学校公开出版了《身边的榜样》校本教材，收录了37名教职工的优秀事迹。

六、体会与思考

必须切实加强师德师风建设，培育新时代中国特色社会主义的教育情操。教育情操是教师在从事本职工作中所体现的道德品质和综合素质，它不仅是教师个人形象与学校声誉的反映，更深刻地影响着学生思想素质、道德品质和行为习惯的养成，对学生"立德"起到榜样示范作用，体现了立德树人的核心要求。《礼记·文王世子》中说："师也者，教之以事而喻诸德者也。"教师只有具备高尚的道德情操才能使学生"亲其师而信其道"，达到立德树人的目的，因此教师要坚持亲身示范，将高尚的道德情操贯穿于教育教学过程的始终，应当坚持不断弘扬社会主义核心价值观和中华传统美德，以高尚纯粹的品格、知行合一的精神、渊博扎实的学识等引领学生把握好人生的方向。

必须切实加强师德师风建设，形成新时代中国特色社会主义的教育规范。教师的行为基于教师教育信仰和教育情操，由内而外展现，最终体现在教师的专业态度和教育教学行为上。从教师行为的特征来看，示范性贯穿教师教育人、培养人全过程，是教师行为的核心特征，能够产生潜移默化、深远持久的影响，体现着立德树人在行为规范层面的本质要求。教师行为是可塑的、动态的、需要规范的。学校要引导教师自觉履行岗位职责，并促使教师完成从遵守规范到自觉提升的过程性转变，督促并鼓励教师在工作中将职业道德理论转化为实际行动，努力做到思想与行为相一致。

第22节　大力开展多元职业培训
突出特色服务经济发展

加强职业培训是促进就业和经济发展的重大举措，是提高劳动者技能水平和就业创业能力的主要途径，是贯彻落实人才强国战略，加快技能人才队伍建设，建设人力资源强国的重要任务；是加快经济发展方式转变，促进产业结构调整，提高企业自主创新能力和核心竞争力的必然要求；也是推进城乡统筹发展，加快工业化和城镇化进程的有效手段。

在国家相关政策的指导下，齐河县职业中等专业学校树立"多元办学，突出特色，创新发展，服务社会"的理念，在稳步发展学制教育规模的同时，发挥自身教育教学资源优势，针对性地开展了各类职业培训和创业培训。

一、实施背景

国家高度重视职业培训，要求落实职业院校实施学历教育与培训并举的法定职责，按照育训结合、长短结合、内外结合的要求，紧紧围绕现代农业、先进制造业、现代服务业、战略性新兴产业，推动职业院校在技术技能人才紧缺领域大力开展职业培训。

二、主要目标

面向一、二、三产业开展各种实用技术培训。服务乡村振兴，培养有技术、懂管理、会经营的农村实用技术人才，做好农村富余劳动力转移培训；面向企业开展职工待岗、转岗和技能提升培训，提升职工技能水平和职业素养；开展第三产业培训，服务新市民。

三、实施过程与成效

（一）搭建平台，夯实基础能力

完善基础设施，确保培训与考试开展。学校良好的教学资源和基础设施，为多元职业培训提供了教学和生活条件，满足了多元职业培训的需要。

学校积极争取，多方筹措，投入资金5000多万元，建成近20000平方米的齐河县开放性公共实训基地，建有高端装备制造技术实训中心、汽车（新能源汽车）运用与维修技术实训中心、机电一体化技术实训中心、数字媒体与现代信息技术实训中心、现代服务业实训中心等五大实训中心，可同时承担1000人以上规模的全脱产培训。有103个实习实训室，拥有各种设备1500多台（套），实训工位2500多个，既能满足学制教育学生实习实训的需要，也能为培训学员提供实习实训操作训练，确保培训质量。学校是德州市人社局定点培训中心，德州市技师工作站，德州市安全培训考试中心，德州市特种安全作业人员培训中心。

加强师资建设，确保培训质量。学校坚持专业化的多元职业培训师资队伍建设思路，以"培训培养，吸纳引进"为原则，初步建成了可满足不同层次和不同类型职业培训需求的"师资库"。学校专门组建培训部，先后安排30多名教师参加了特种安全作业人员省级培训、创业培训、电工、焊工、电气、汽修、旅游、酒店、护理、学前教育等专业的业务培训。同时聘请了在农业科技、企业管理、学前教育、养生保健等专业领域具有较高理论水平和技术技能的专业人员共同组成一支数量足、质量高、稳定性强、专业化精的培训师资队伍，丰富了培训内涵，扩展了培训外延，满足了培训需求，提高了培训质量。

构建良性机制，确保培训规范。学校成立培训部，负责培训市场的调研和开发，与政府部门和企业行业建立有效沟通渠道，了解培训政策动态，宣传培训优势，确定培训项目，审定培训计划，提高培训针对性和有效性，共同实施培训教学，全程监控培训过程，健全培训制度，完善培训资料，规范培训行为，构建了多元职业培训良好运行机制。

（二）特色鲜明，突出示范效应

培训种类多，覆盖面广。积极开展了特种安全作业人员培训、社会养老从业人员培训、短期技能培训、创业培训、家政培训、复退军人培训、残疾人培训、函授和网络成人教育等各种形式、各种层次的社会化培训。通过各类培训，使受训人员技能结构得到了明显改善，工作能力得到明显提高，大部分找到了满意的工作岗位。

随着城镇化进程的加快，农村越来越多的劳动力需要转移，转移之前，需要具备一项技能，更有效地获得一份相对稳定的工作，更好地维护自身权益。齐河职业中专"送"技术下乡，开展农村电工、电焊工、计算机、服装和蔬菜大棚培训，深受农民朋友欢迎。

殷吉星，齐河县安头乡京东村人，已经50岁，在接受技能培训前，一直在济南大桥下的劳动市场打零工。"小工一天挣80元，而有技术的农民工，一天能挣到150元，还管两顿饭。这让我感到，没有技术是不行的。因为有了这些经历，我就格外珍惜这次来之不易的学习机会。现在别人一星期学会的技术，我三天就学会了。"学会了焊工，取得了技能证，他和李振振、房国辉、郑麒麟、李付鹏等学员在学校和汤老师的帮助下，在济南巨力集团走上了满意的工作岗位。

对于不愿或者不适合外出务工的农民，齐河职专开展"农村改革发展带头人和农民科技致富带头人培养工程"，"送教下乡"，培养新型农民。

48岁的杨江林像小学生一样，端坐在教室里认真倾听老师讲蔬菜生产技术。"能够在离开学校30年后再次重返课堂，我要感谢齐河职专的老师们。我弄了近20年大棚，可是，一遇上病虫害难题，自己还是没有办法解决。这下好了，通过学习，我系统掌握了蔬菜种植技术。"

"送教下乡"给老百姓带来了实惠。表白寺镇蔡西村有种植蘑菇的传统，过去种植只凭经验不凭科技，种植收益甚微，农民积极性不高。食用菌种植班办起后，全村208户，家家种上大棚，运用科技种植蘑菇，收益明显提高，蔡西村成为远近闻名的食用菌种植专业村，产品直接进了济南。村民李玉英家有5个大棚10万斤的食用菌，上学后，引进了茶树菇、杏鲍菇等新品种，价格比以前的品种高三四倍，一年能多收入 10 多万元。

培训种类多，覆盖面广。根据培训类型和参训学员的不同情况，学校培训部制定了"点餐式"培训，培训单位和参训学员自主选择培训项目、类型和模式，可以脱产式，可以半脱产式；可以来校培训，也可以由学校派出教师到企业和乡镇社区；可以是课堂教学的理论提升，也可以是实训现场的实操训练。形式灵活、菜单多样的模式突出了多元职业培训的特色，满足了培训单位和学员的需求。

"很感谢县职业中专把特种作业人员安全技术培训送到我们企业，让职工不出厂门就能得到系统培训，解决了企业外出培训的交通不便、组织困难、影响生产等诸多实际困难，进一步提高了他们的操作技能和安全意识，为我们企业安全生产提供了保证。"山东永锋集团安全环保部张亮科长高兴地说。

金能科技股份有限公司刚刚成立时，第一批培训了 82 名员工，现在都是企业的生产骨干了。其中有一名学员叫娄磊，他第一批参加了培训，取得了电焊工和电工两个特种作业人员上岗证，他的大专学历也是在齐河职专函授的，现在已经是公司的安全环保部部长。

大众创新，万众创业。2015 年，学校开始创业培训。截至目前，已经开展了 21 期，很多人通过学习，明白了创业程序，增强了创业信心，并开始了创业。也许，创业之路是艰辛的，但创业者的精神是可嘉的，正是我们这个人口大国所必须具备的一个素质。退伍军人陈立华，经过培训，开办了完美新娘婚纱影楼和爱一婚庆，业务量不断扩大，成为当地有名的品牌婚庆公司。

在"送技术"的同时，学校还积极"送岗位"。为建立一个科学化的就业信息网络，将需就业人员情况发送到学校网站上，全部实行动态跟踪管理。3 年来，学校先后帮助 500 多名学员落实了岗位。

培训层次高，示范性强。学校培训工作的开展，以适应市场需求为根本，以服务新旧动能转换和产业结构调整为出发点，以突出高技能人才培养的示范性为着眼点，相继开展了虚拟现实技术 CAD 机械设计、零部件测绘与 CAD 成图、工业产品设计与创客实践、物联网技术应用与维护、网络搭建与应用、计算机检测维修与数据恢复、汽车维修技能等高层次培训，参训学员有院校教师、企业技术能手和事业单位工作人员。这些培训在本地区高层次高技能人才队伍建设方面起到了广泛的示范引领作用。

四、体会与思考

多元职业培训是职业院校可持续发展的重要途径，是学校山东省改革发展示范校建设的内涵之一，它同学校的教学改革、专业建设之间是相辅相成的，互相支撑的。学校丰富的教育教学资源和教学组织是开展多元培训的基础，而逐渐发展壮大的多元职业培训又促进了校企合作关系、校本教材的开发、师资队伍建设和教育教学改革的深入，进一步增强了学校办学功能，确立了学校品牌优势，提升了学校的社会贡献率，助推了区域经济的又好又快发展。

存在的困难和困惑是：一是对农村人才培养不能统一行动，培养规模不大，质量有待提高。建议县政府牵头，人社、财政、农业、教育等各相关部门要统一行动，加强对涉农专业、农村人才培养等工作的领导、支持和协调，确保培养质量。应整合培训资源，成立齐河县培训中心，由具有良好培训资质的单位承担社会培训。依托职业中专国办学校优势，充分发挥技术、师资优势，满足培训需求，使参加培训的学员真正获得一技之长，实现就业创业。二是国家有很多"双创"优惠政策，应该真正落实。开展好返乡农民工、企业职工转岗培训等，关键需要监管部门和用工单位落实，畅通用工和培训渠道。三是学校自身需要改进工作机制。要按照规划科学、治学严谨、机制灵活的原则，精心组织，认真实施。组织专家和教师深入乡镇、村庄、企业进行调研，了解乡镇、企业发展特色以及群众需求，确保所设专业的针对性和可行性。组织成立课题研究小组，根据实际教学发展情况，研究制定和修改教育教学实施方案、教学内容、课程体系等关键环节。加强教学质量管理，制定科学的教育评价体系，确保教学效果，真正使人民群众得实惠、企业和乡镇得发展、培训工作上水平。

第四章

建设过程监管

过程与结果同样重要，有了扎实的推进过程，有了不断总结反思，才有提高提炼和提升，必然有好的建设效果。而且，在项目建设过程中，省市教育主管部门会有几次大的监管和调度，整理出来，希望能有章可循。

第23节　半年阶段性工作总结

自 2016 年 5 月，学校被列入第一批山东省示范性中等职业学校建设工程立项学校以来，我们认真学习贯彻省示范校建设的文件精神与工作部署，全校上下联动，全力以赴，全面开展省示范校建设工作，扎实有效地推进项目建设。

一、推进示范校建设的基本情况

（一）政府支持，优化示范校建设环境

积极争取政府支持，县政府成立了以分管县长为组长，教育、财政等部门负责人为组员的工作领导小组，协调处理示范校建设中的重大问题。县政府配套进行基础设施建设 3.2 万平方米，为学校公开招聘在编教师 19 人；县教育局积极落实了 1500 人的招生计划；县财政局保证项目资金的及时投入。

（二）广泛发动，加强学习，营造全员参与的建设氛围

学校把省示范校建设作为一项事关学校长远发展的系统工程，视为提升师生凝聚力以及全面提高学校办学实力，促进学校全面发展的难得机遇，调动全体教师的参与积极性，下大气力加强组织部署和落实。

1. 召开动员大会，开展讨论

在8月份召开了全校动员大会，鼓励全体教职工深刻认识示范校建设的深远意义，引导大家狠抓机遇，增强责任感、紧迫感和使命感，积极投入到项目建设工作中。学校以党支部名义组织全体党员干部，以"我与创建的关系"为主题，围绕"创建示范校，我该怎么干"开展大讨论，统一思想，明确目标，制定措施，带头实干。

2. 组织专题学习

印发了《学校建设发展参考文件选编》和《省示范校中职建设工作手册》，人手一册，组织专题学习，开通了省示范校建设网站和微信平台，及时发布国家相关政策、建设动态，扩大示范校建设的宣传效果。

3. 举办专家讲座

专门邀请省教科院赵丽萍，山东大学教授、博士生导师邢建平，山师大教授田道勇以及上海、江苏等地职业教育专家到校开展"项目管理""课程建设"等多场专题讲座和培训。组织各项目负责人赴潍坊、上海、江苏等先进学校考察学习，借鉴成功经验，拓展建设思路。

（三）健全机构，完善保障机制

1. 健全组织机构，明确责任制

成立省示范校建设领导小组，设立省示范校建设办公室，建立11个分项目推进工作小组。制定了示范校建设《任务分解表》，规定了责任与分工，明确运行机制，为示范校项目建设提供组织保障。

2. 建立过程管理机构

省示范校建设办公室负责示范校建设日常工作，实行"半月检查、整月调度"制度，组织项目建设研讨，编辑工作简报，召开调度会，通

报工作进度，做到了实施有计划、推进有目标、落实有措施。

3. 建立考核奖惩机制

学校实施目标管理，把建设项目列为各处室、各专业学期工作目标，纳入考核范围，采取集中研讨与专项督查相结合的方式，确保各项任务的顺利实施。

4. 完善工作机制

各建设项目设专人负责示范校建设项目资料的整理、信息汇总，建立动态监控机制。建立专题研讨会制度，召开分项目建设研讨会，及时解决创建工作中遇到的难题。

5. 做好顶层设计

先行修订了《齐河县职业中等专业学校章程》《齐河县职业中等专业学校教师素质提升行动计划（2017—2020年）》《齐河县职业中等专业学校信息化建设规划（2017—2020年）》等规划，分类实施，同步推进。

（四）统筹安排，狠抓落实，确保各项建设任务有序推进

1. 强化综合素养教育

修订德育管理相关制度，优化"德育学分制"和"全员育人导师制"管理考核办法，开足开全德育课程，开设艺术欣赏选修课。11月，启动了校园文化艺术节。先后组织了党史国史教育、法制教育、感恩教育、"中国梦"演讲和征文比赛、"庆祝长征胜利80周年"远足拉练和经典诵读、企业文化进校园等系列活动，不断提高学生的道德素养、文化素养、职业道德和公民素养。

2. 深化教学改革

以"省级品牌专业建设为重点和引领"，确立了专业发展目标。组织教师9次深入企业、行业开展调研，先后到特锐德电气、山东栋梁科技、金鲁班电梯等企业调研，为人才培养方案、教学方案制定、课程建设等搜集整理第一手资料。机电、计算机专业建立了专业建设指导委员会，形成了人才培养方案初稿。围绕课程改革，完成了17项市级课题研究。

投入 117 万元，建设了钳工、电工、电子装配、气动、通用机电设备安装与维护 5 个理实一体化实训室。以建设省级精品资源课程为重点，规划建设学校资源共享性精品课程，初步完成《车工技能训练》《PIC 控制技术》《数字影音编辑与合成》等 4 门省级精品课程立项工作。

3．促进产教深度融合

新增校外实训基地 2 家，邀请山东栋梁科技、远大模具、北斗导航山东分公司、科学出版社等企业到校研讨，商讨专业发展与规划、协同育人机制建设。经德州市人社局批准，设立了德州市技师工作站；成立了德州市特种作业人员安全考试中心。参加了德州职业教育集团第七次会议和第三届创新创业论坛，以及京津冀鲁（德州）职业院校秋冬季毕业生大型招聘月活动。

4．提升师资队伍水平

按照"重点突出，示范先行，全面发展，优化结构"的原则，着力打造"双师型"教师团队。实施"五个一"工程：一是制定一个行动计划，即师资队伍建设三年行动计划。二是继续推进一个工程，即"名师工程"。第三届名师推选已经启动，名师享受学校特殊津贴，承担专业（学科）带头人、课题研究、青年教师指导等多种角色，带动专业发展。三是启动"一个行动"，即"教师进企业实践行动"。四是开展了致力于师能提升的一系列活动。启动专业带头人、骨干教师培养计划，开展了校本培训、过关考试、"青蓝工程"、企业专家到校指导等一系列活动。一学期以来，一名教师获评德州市首席技师。27 名教师获得市级说课和信息化比赛一等奖，5 名教师获得省信息化说课比赛一、二等奖，3 名教师获得全国"创新杯"教师信息化教学说课大赛一、二等奖。五是建设一支过硬的班主任队伍。修订班主任任命和考核制度，开展了 3 期班主任队伍专业化发展专题培训，邀请济南心尚教育咨询有限公司心理专家、道宏教育专家就班主任管理工作做了针对性培训。

5．推进信息化建设

制定《齐河县职业中等专业学校信息化建设规划（2017–2020 年）》，

对学校信息化建设的硬件、软件和操作程序进行整体设计。开展了教师信息技术应用能力培训，学校出台文件，执教各级公开课必须以信息化手段为先导。组织教师参加了德州市、山东省和国家信息化说课比赛并取得优异成绩。

6．完善学校内部管理

加强校长培训，全体校级干部参加了德州市教育局组织的职业教育专题培训班，3名校长参加了山东省中等职业教育校长培训班。启动修订学校章程和学校各项规章制度，完善教职工代表大会、家长委员会等学校内部治理机构。

二、存在问题分析

1．部分教师思想观念还需转变

部分教师思想观念仍较滞后，影响着示范校建设的深入推进，在人才培养模式改革和课程改革方面，还存在着认识不深、工作不细、执行不力的状况。

2．校企深度融合工作运行机制建设迟缓

校企合作难度大，在投资主体、合作层面、合作内容等方面需进行总体规划和深入推进。

3．师资队伍建设进度不均衡

由于学校规模的扩大，在校生人数的增加，使得在职教师教学任务繁重，大部分教师的培训只能安排在寒暑假进行，教师培训工作受到一定影响。

4．信息化建设瓶颈尚未突破

学校信息化建设水平不高，软件硬件环境与先进学校有较大差距，不能满足建设和发展需要，教师的信息化应用与创新能力需要持续提高。

三、今后工作思路

第一，实施"三个结合"。把省示范校建设与落实国家和省市职业

教育发展大政方针和有关文件有机结合，让全体教职工深刻领会国家关于职业教育发展的政策、精神，深入领会省示范校建设的重要意义，调整优化建设进度、方法、途径，确保省示范校建设任务的真正落实。把省示范校建设与全面提升学校管理水平相结合，探索实施管理体制创新，积极推行多元职校管理模式，构建优化内部管理体制，提高管理效能，努力做到"目标明确，方法科学，管理到位，执行有力，效果显著"。把省示范校建设与提升实力有机结合，把示范校建设作为提升学校实力的重要契机，结合实际，全面提升学校综合竞争力。

第二，做到"三个推进一个加快"。深入推进课程改革。建立长效机制，以省级精品资源建设为引领，深入推进课程体系改革，构建适应岗位需求的课程内容。以"数字化校园和信息化教学资源库"建设为重点，提升教学现代化、信息化水平。深入推进产教融合。探索多元办学模式改革，深入推进校企合作，校企合一，加强校企合作机制建设，积极推行认知实习、跟岗实习、顶岗实习，将工学结合、知行合一贯穿教学全过程，实现校企一体化育人。深入推进师资队伍建设。落实教师队伍建设发展规划，做到制度、人员、经费、效果"四落实"，强化培训、科研等手段，提高教师整体水平。加快省示范校建设进度。总结教训、借鉴经验、创新做法、强化建设的过程性管理，实施目标管理、制度管理、过程管理和档案管理，完善考核奖惩机制，确保省示范校建设任务按时、高质量完成。

省示范性中职学校建设是中职教育教学改革的重大工程，为学校质量提升和内涵发展提供了良好机遇。学校将克服时间紧、任务重、观念陈旧等多种因素对项目建设的不利影响，以高度的责任心和积极饱满的热情，努力加快项目建设进度，圆满完成项目建设的各项任务。

第24节 一年专项资金绩效评价

一、省示范校专项资金绩效评价验收专家到校指导工作

2017年6月1日，省财政厅、教育厅专家对学校的省示范性中职学校建设工程的资金使用、项目建设、年度工作任务完成情况进行绩效考核。验收专家对项目绩效自评报告、项目质量控制制度、资金数据、招投标文本材料、活动资料、管理档案等进行逐项验收，并提出了合理化建议。

学校将以该次迎检为契机，积极推进省示范校项目建设进度，持续提升建设水平，为学习的内涵提升夯实基础。

二、工作汇报

（一）项目建设基本情况

1．学校基本情况

学校是首批国家改革发展示范校、国家级重点职业学校，占地250.7亩，建筑面积98128.02平方米，开设有机电技术应用、计算机技术等11个专业；在校生4260人，教职工314人，专任教师299人，双师型教师占专任教师的72.6%。

2．项目建设基本情况

2016年5月27日，山东省教育厅山东省财政厅印发《关于公布第一批山东省示范性中等职业学校建设工程立项建设学校名单的通知》（鲁教职字〔2016〕21号），齐河县职业中等专业学校被列入第一批山东省示范性中等职业学校建设工程立项学校。我们认真学习贯彻有关文件精神于8月11日前上传建设方案、任务书，并于2016年10月通过省教育厅批复。

学校高度重视项目建设，于 2016 年 8 月 27 日召开动员大会，启动项目建设工作；积极统筹建设经费，现地方政府支持资金、学校自筹资金全部到位，省级财政资金已分两次拨付到位。成立机构，明确责任，各项建设工作协调推进，顺利进行。

（二）项目建设方案、目标及其设立依据

根据《山东省教育厅、财政厅关于山东省示范性及优质特色中等职业学校建设工程的实施意见》（鲁教职字〔2016〕12 号）齐河县职业中等专业学校科学规划，制定建设方案、任务书。

1. 总体目标

通过三年建设，构建起全方位育人格局，全面提升学生综合素养；形成校企深度融合的办学体制机制，增强多方共赢的资源整合能力；提升师资队伍水平，使双师结构、双师素质的师资队伍逐步适应中职人才培养和社会服务的需要；教育教学信息化水平明显提高，现代学校制度日益健全，就业水平和就业质量显著提高；将学校建成人才培养质量社会认可度高、服务区域经济社会发展能力强、重点建设专业各具鲜明特色的技术技能型人才培养培训基地，充分发挥示范作用，带动本地区中等职业教育整体水平提升，更好地服务区域经济和社会发展。

根据总体建设目标，结合学校实际，齐河县职业中等专业学校制定了九项具体目标，并根据建设方案制定了年度建设目标（详见建设方案、任务书）。

2. 目标设立依据

主要依据：《山东省人民政府关于加快建设适应经济社会发展的现代职业教育体系的意见》（鲁政发〔2012〕49 号）、《山东省人民政府关于贯彻国发〔2014〕19 号文件进一步完善现代职业教育政策体系的意见》（鲁政发〔2015〕17）、《山东省教育厅、财政厅关于山东省示范性及优质特色中等职业学校建设工程的实施意见》（鲁教职字〔2016〕12 号）、《齐河县职业教育"十三五"发展规划》《齐河县职业中等专业学校"十三五"发展规划》。

（三）项目建设实施措施

1．政府重视，积极支持，优化了建设环境

县政府高度重视，成立了项目建设工作推进领导小组，协调处理示范校建设中的重大问题；给予积极支持，为齐河县职业中等专业学校投资建设基础设施 3.2 万平方米；2016 年为学校公开招聘在编教师 19人；项目资金及时拨付到位，专项资金分别于 2016 年 10 月份和 2017年 3 月份划拨到学校账户。

2．广泛发动，营造全员参与的建设氛围

学校把省示范性中职学校建设作为一项事关学校长远发展重大机遇和系统工程，调动广大教师的积极性，认真组织部署和推进落实。

召开动员大会，开展讨论。2016 年 8 月 27 日，召开项目建设动员大会，引导全体教职工深刻认识示范校建设的深远意义；围绕"创建示范校，我该怎么干"，组织教师开展讨论，统一思想，明确目标，积极投入到项目建设工作中。

组织专题学习。编印《学校发展参考文件选编》和《建设工作手册》，组织专题学习，开通了省示范校建设网站和微信平台，发布建设动态，扩大示范校建设的宣传效果。先后邀请我省以及北京、上海、江苏等地专家开展专题讲座和培训。

学习先进经验。组织项目负责人赴淄博、潍坊、江苏、上海等先进地区考察学习；并与常州刘国钧高等职业技术学校、无锡机电高等职业技术学校结成标杆学校，学习借鉴先进办学经验，拓展建设思路。

3．健全机构，完善保障机制

健全组织机构，明确责任制。成立项目建设领导小组，设立省示范校建设办公室，建立 11 个分项目工作小组。制定管理制度和《任务分解表》，明确任务，落实责任。

根据《建设方案》《任务书》和有关财务制度，学校项目建设领导小组制定了《齐河县职业中等专业学校示范性中职学校建设工程专项资金管理办法》，并在项目建设过程中严格执行。严格管理专项资金，专款专用。严格执行国有资产管理制度，学校资产管理规范化，正确使

用《国有资产管理系统》，并将新增资产按时输入系统。

完善工作机制。实施目标管理，把建设任务、工作目标，纳入考核范围。实行"半月检查、整月调度"，召开专题研讨会，及时解决创建工作中遇到的难题。编辑工作简报，召开调度会，通报工作进度，确保各项任务的顺利实施。

做好顶层设计。按照第一年度规划设计、启动项目建设，第二年度全面推进，第三年总结完善的总体思路，我们先行启动修订《齐河县职业中等专业学校章程》《齐河县职业中等专业学校管理水平提升行动计划（2016-2018年）》《教师素质提升行动计划》《信息化建设规划》等各项规划，分类实施；并完善了部分制度方案，同步推进。

（四）项目年度建设计划完成情况及完成效果

1. 强化综合素养教育

修订优化了"德育学分制""全员育人导师制"等管理制度，开足开全德育课程。2016年11月，组织开展了校园文化艺术节，2017年3月学雷锋活动月，技能节，5月组织职业教育宣传周，学生纷纷走上广场、敬老院、社区，开展各种形式的社会实践服务活动。利用五一、国庆节等时间节点先后组织了歌咏比赛、社会主义核心价值观组歌演唱会、中职生学生公约宣誓签字等活动。开展了党史国史教育活动、法制教育报告会、感恩励志教育大会、"中国梦"演讲和征文比赛、"庆祝长征胜利80周年"远足拉练和传统文化经典诵读等系列活动，组织内容丰富的第二课堂活动，多种形式的职业素养宣传教育活动，开展"中国梦"宣传教育活动，弘扬工匠精神，爱岗敬业精神，强化学生爱国情感、民族自豪感，不断提高学生的道德素养、文化素养、职业道德和公民素养。

2. 深化教学改革

以"省级品牌专业建设为重点和引领"，启动专业优化和调整，修订《齐河职业中专专业建设发展总体规划》。组织专业教师30余人10余次深入企业、行业开展调研。完成机电技术应用、计算机技术两个省级品牌专业强年度建设任务；数控技术应用专业2017年4月被省教育厅批复为省级品牌专业。

以品牌专业建设为引领，召开专业建设指导委员会，修订《人才培养方案的指导意见》《工学结合、顶岗实习管理规定》等相关制度方案，启动修订 11 个专业人才培养方案。教学实施方案、专业课程标准。以 2 门省精品资源共享课程建设为引领，启动课程建设工作，组织教师、聘请专家讨论、论证，启动了 6 门精品资源共享课程建设。

2019 年以来，学校自筹资金投入 117 万元，建设了钳工、电工、电子装配、气动、通用机电设备安装与维护 5 个"基于真实生产环境的教学做一体化"实训室。县政府投资建设的 6700 平方米的学生餐厅已投入使用；总建筑面积 24961.52 平方米的实训中心、4 号教学楼、3 号学生宿舍楼已完成主体建设，预计 9 月份投入使用。

积极开展教科研活动，先后组织教师 50 余人次外出学习培训；每学期开展了一次"三级优质课评选"活动，组织教师积极参加市级以上优质课、信息化比赛，共获奖 98 项，其中市级 85 项，省级 10 项，国家级 3 项，发表论文 41 篇；围绕教学改革，申报市级课题 28 项，立项山东省教改立项项目 4 项，山东省职业教育学会课题 1 项，结题省教育科学研究院科研规划课题 2 项，立项山东省精品资源共享课程 2 项。组织开展青蓝工程，24 名年轻教师与骨干教师结对子，提高教育教学水平。

3．促进产教深度融合

加强校企合作机制建设，完善"三方四维多边"的合作机制，启动了《工学结合、顶岗实习管理制度》《校企人员互派互挂实施意见》等制度的修订工作。

新增校外实训基地 5 家，与山东远大模具、北斗导航山东分公司等企业共同研讨专业发展规划，聘请企业人员参与人才培养方案、管理评价等制度的修订。

发挥德州市技师工作站、德州市特种作业人员安全考试中心的优势，先后为企业开展各类培训鉴定 15 期 2300 余人次；与浙江大学、天津职业技术师范大学津南研究院达成初步合作框架协议；先后参加了德州职业教育集团第七次会议和第三届创新创业论坛，加入京津冀.鲁汽车专业联盟和山东省计算机与数码产品维修联盟。

4．提升师资队伍水平

启动修订《教师素质提升行动计划》《师德建设规划》《教师职称推荐评选办法》等相关制度措施。

2016年，县政府招聘教师19人；开展多形式多层次教师培养培训，先后聘请专家15人次，组织校本培训9次，选送骨干教师50余人次参加业务培训学习。

启动专业（学科）带头人培养计划，遴选出10名专业（学科）带头人进行重点培养。加强双师培训，先后组织20余名专业教师分期进企业实践。

加强师德师风建设，修订了《师德建设规划》《师德修养二十条》。开展师德征文活动、演讲比赛，组织教师观看师德事迹展播等各类活动。

自去年暑假以来，齐河县职业中等专业学校有1名教师被评为德州市首席技师，1名教师被确定为山东省青年技能名师培养对象，2名教师晋升正高级职称；2名教师被评为齐河县金牌职工，11名教师被评为齐河县优秀教师，7名教师被评为德州市教学能手，31名教师获得市级说课和信息化比赛一等奖，7名教师在省信息化比赛中获奖，3名教师在全国教师信息化教学比赛中获奖。

5．推进信息化建设

制定《齐河县职业中等专业学校信息化建设规划（2017—2020年）》《教师信息技术应用能力提升行动计划》等相关制度，更新了学校网站主页，设计山东省示范性中等职业学校建设专题网站。

聘请中国职业教育学会信息化工作委员会副主任魏民等专家开展教师信息技术应用能力专项培训，组织教师参加了德州市、山东省和国家信息化说课比赛并取得优异成绩。

6. 完善学校内部管理

制定《加快现代学校制度建设工作的实施方案》、修订《学校"十三五"发展规划》《学校章程》《学生管理水平提升行动计划（2015—2018年）》，启动教育教学、教师素质提升等部分制度修订工作。

强化学校管理，规范招生、学籍管理、实习实训管理，加强安全教育和管理工作，推进"全员育人导师制""德育学分制"管理办法，推进学校规范管理。

提升学校管理能力，全体校级干部参加了德州市教育局组织的职业教育专题培训班，3名校长参加了山东省中等职业教育校长培训班，校长带队赴潍坊、江苏等先进地区学习，并与先进学校结成标杆学校。

（三）存在的问题及原因分析

第一，项目建设总体进度较慢，部分教师思想观念还需转变。部分教师思想观念仍较滞后，影响着示范校建设的深入推进，在人才培养模式、教学模式、评价模式、课程改革等方面，还存在着认识不深、工作不细、执行不力的状况。

第二，校企合作、产教融合工作运行机制建设缓慢。校企合作共建基地平台、集团化办学、推进现代学徒制建设等方面进度缓慢。主要原因是缺乏整体规划，工作推进力度小，未能实现有效突破。

第三，项目建设资金使用率低。截至4月底，项目省级财政资金总支出18.9937万元。主要原因一是：由于学校实训室拆除重建，至今尚未竣工，因此，省级资金实际支出较少；二是根据建设方案、任务书，齐河县职业中等专业学校项目建设第一年度主要为制定规划、修订制度阶段，项目还未全面推开，部分成果还未呈现。

第四，课程建设还未全面铺开。目前，以省级精品资源共享课程建设为引领启动了6门建设任务，其他专业课程标准、课程资源等还未全面展开。主要原因是：省级精品课程和省级品牌专业建设的龙头带动和示范作用还未显现。待形成一定经验，我们即全面铺开。

第五，信息化建设未全面推进。信息化基础设施建设、数字教学资源库建设等方面还未展开。主要原因为：学校实习实训中心、教学楼还未完工。为避免重复建设造成不必要的浪费，待实训楼、教学楼完工后，进行统一建设。我们已提前着手制定整体规划，9月实训中心投入使用后即进入全面建设阶段。

（四）改进措施

第一，加强学习与交流，借鉴先进经验。积极加强学习，拓展思路，学习先进经验，加强调度考核，按路线图、时间表加快建设进度，全面推进示范性中职项目建设。

第二，加大统筹推进力度，加快项目建设。加强协调推进，统筹建设进度，总结经验教训，推进目标管理、制度管理、过程管理，完善考核奖惩机制，加快建设进度，确保省示范校建设任务按时、高质量完成。

第三，推进重点项目建设。一是以提高学生综合素养为目标，推进常态化、长效化综合素养培养体系构建。二是以省级品牌专业和省级精品资源共享课程建设为引领，全面推进专业和课程建设，构建适应岗位需求的课程内容。三是探索多元办学模式改革，深入推进校企合作，加强校企合作机制建设，积极推行认知实习、跟岗实习、顶岗实习，将工学结合、知行合一贯穿教学全过程，实现校企一体化育人。四是落实《教师素质提升行动计划》，做到制度、人员、经费、效果"四落实"，强化培训、科研等手段，提高教师队伍整体水平。五是以信息化基础设施建设和教师信息技术能力提升为重点，建设"数字化校园和教学资源库"，提升教学现代化、信息化水平。六是以建立现代学校制度为重点，完善各项管理制度，落实《管理水平提升行动计划》推进多元育人机制，加快教学诊断与改进工作，提高学校管理水平。

三、整改工作报告

2017年6月1日，山东省教育厅对齐河县职业中等专业学校省示范校建设工程项目进行了绩效检查，反馈了宝贵的意见。齐河县职业中等专业学校认真研究和分析梳理反馈意见，查找主客观原因，制定措施，进行整改。

（一）资金使用基本情况

1．计划投资

第一年度计划投资 754 万元，计划地方配套投资 639 万元。

2．实际投资

省财政到位资金 500 万元，到位率 100%，其中使用 18.99 万元，支出率为 3.8%；配套资金 1107 万元，配套资金到位率为 173.24%。

（二）发现问题

第一，建设进度未达标。

第二，县级配套资金到位，自筹其他资金未到位。

第三，财政资金使用率较低。

（三）原因分析

学校基础设施建设项目资金使用率低的第一个原因，是自 2016 年 6 月起，学校加大基础设施建设力度，争取县政府投资，为学校增加建筑面积 32000 平方米，其中增加教学楼一栋，学生宿舍楼一栋，实训楼三栋，目前基础设施主体工程已经完工，正在进行内部装修，整个项目计划 2018 年 3 月全部完工。由于工程施工，延缓了省示范校中职学校建设工程中部分项目的建设进度，特别是第一年度中实习实训设备购置及信息化建设，我们延缓了采购，是造成项目资金使用率低的重要原因。

三个年度建设任务侧重点不同是资金使用率低的第二个原因，三个年度建设资金的分配和使用并不是平均用力，任务书在设计时，三个年度是一个相互联系的整体。第一年度是项目建设的第一阶段，主要是规划和初步实施阶段，大部分建设任务未完成，建设成果未呈现，也是资金使用率低的原因。例如制度建设，第一年探索形成初稿，第二年在实践中修订完善，第三年定稿印刷，这样也造成资金支出较少。其他如精品课程资源建设、校本教材、德育建设等，同样存在这个问题。

学校师资尤其是专业师资紧张，教学任务重，大部分教师培训只能安排在暑假进行，也造成了师资队伍建设外出学习培训派出较少，资金支出同样较少。

（四）整改措施

第一，加快建设进度，全面展开实习实训和信息化建设。目前，三栋实训楼基本完工，学校已经邀请专家对实训楼进行了功能区整体规划，计划建设高端装备制造技术实训中心、机电一体化技术实训中心、汽车（新能源汽车）运用与维修实训中心、数字媒体与现代信息技术实训中心、现代服务业实训中心。目前正在进行招标前的准备工作。信息化建设方案已经制定，信息化建设已全面铺开。

第二，多措并举，着力打造"双师型"教学团队，提升师资队伍水平。利用暑假，安排70余人次外出参加各种培训，邀请8位专家来校进行专题讲座和培训；进行为期5天的"强风肃纪"师德师风全员培训；邀请济南心尚教育咨询有限公司心理专家对班主任进行了心理学培训。组织参加了山东省信息化教学比赛、第三届全国信息技术与教学融合优质课大赛"创新杯"、山东省信息化说课比赛，21次获奖。

第三，不断深化教学改革。邀请12位企业行业和高校专家，完成了人才培养方案、教学实施方案和课程标准的修订工作。精品资源课程建设已经有序开展，各项工作进展顺利。制定了教学模式改革方案，正在深入推进。机电品牌专业正在梳理总结，迎接省里验收。计算机品牌专业顺利完成第一年度建设任务，正在迎接中期验收。数控品牌专业，有序开展，扎实推进。

第四，对照任务书，对六大建设任务进行了逐项梳理。制定明细，责任到人，确保完成第二年度建设任务，并对上一年度缺项进行补救。

第五，加强过程管理。实行"每周一查，一月调度"制度，召开调度会通报工作制度，做到实施有计划，推进有目标，落实有措施，确保各项工作任务顺利实施。建立专项研讨会制度，召开分项目建设研讨会，及时解决建设工作中遇到的难题。

今后，学校将严格招标任务书和建设方案，把省示范校建设与提升学校管理水平相结合，努力做到"目标明确，方法科学，管理到位，执行有力，效果显著"，加快推进课程改革和专业建设，深入推进产教融合和师资队伍建设，加快推进省示范校建设进度，确保省示范校建设任务按时、高质量完成此报告。

第 25 节　项目中期检查

一、学校迎接省示范性中等职业学校建设项目中期检查

2017 年 12 月 7 日，受德州市教育局委托，以潍坊商校校长孙中升为组长的山东省 5 名职教专家（潍坊商校校长孙中升，淄博工业学校副校长于孝廉，济南信息工程学校副校长赵素霞，嘉祥职业中专财务室主任王丽丽，潍坊商校示范办主任马俊志）来到齐河县职业中等专业学校，就省示范校建设项目进行中期评估验收，德州市教育局职成教科科长季振国，齐河县教育局副局长柴秋梅陪同，校领导李文祥、谯健、张志民、刘延申参加。

验收组首先听取了示范校建设汇报，随后检查过程性材料，实地查看示范校建设成效，最后进行了意见反馈。

验收组对齐河县职业中等专业学校示范校建设前一段工作给予了充分肯定，示范校建设工作制度到位，扎实推进，成效显著。希望我们进一步优化顶层设计，充分调动全员积极性，提高完善工作标准，把示范校建设和学校日常工作有机结合，抓好教学和管理两条线，顺利完成建设任务，进一步提升学校办学质量和水平，充分发挥骨干、示范和带动作用，为社会输送更多高素质的技术技能型人才。

二、工作汇报

（一）项目建设基本情况

学校是首批国家改革发展示范校、国家级重点职业学校，占地242.2 亩，建筑面积 9.4 万平方米，开设有机电技术应用、计算机技术等 12 个专业；在校生 4364 人，教职工 335 人。

作为第一批山东省示范性中等职业学校建设工程立项建设学校，我们高度重视项目建设，于 2016 年 8 月 27 日召开动员大会，启动项目建设工作；积极统筹建设经费，现地方政府支持资金、学校自筹资金全部到位，省级财政资金已分两次拨付到位。成立机构，明确责任，各项建设工作协调推进，顺利进行。

（二）项目建设实施措施

1. 政府重视，积极支持，优化了建设环境

县政府高度重视，成立了项目建设工作推进领导小组，协调处理示范校建设中的重大问题；2016 和 2017 年为学校公开招聘在编教师 38 人，项目资金及时拨付到位，专项资金分别于 2016 年 10 月份和 2017 年 3 月份划拨到学校账户。

今年 10 月份，县委、县政府决定扩建齐河县职业中等专业学校，把扩建项目列入 2018 年民生工程，按照万人规模、学院标准进行建设，新增建筑面积 15 万平方米，占地达到 620 亩，目前正在进行规划论证，计划年前完成立项、审批，开春开工，2018 年年底前完成主体建筑。

2. 广泛发动，营造全员参与的建设氛围

学校把省示范性中职学校建设作为一项事关学校长远发展重大机遇和系统工程，调动广大教师的积极性，认真组织部署和推进落实。

召开动员大会，开展讨论。2016 年 8 月 27 日，召开项目建设动员大会，引导全体教职工深刻认识示范校建设的深远意义；围绕"创建示范校，我该怎么干"，组织教师开展讨论，统一思想，明确目标，积极投入到项目建设工作中。

组织专题学习。编印《学校发展参考文件选编》和《建设工作手册》，组织专题学习，开通了省示范校建设网站和微信平台，发布建设动态，扩大示范校建设的宣传效果。先后邀请我省以及北京、上海、江苏等地专家开展专题讲座和培训。

学习先进经验。组织项目负责人赴淄博、潍坊、江苏、上海、天津等先进地区考察学习；并与常州刘国钧高等职业技术学校、无锡机电高等职业技术学校结成标杆学校，学习借鉴先进办学经验，拓展建设思路。

3. 健全机构，完善保障机制

健全组织机构，明确责任制。成立项目建设领导小组，设立省示范校建设办公室，建立 11 个分项目工作小组。制定管理制度和《任务分解表》，明确任务，落实责任。完善制度，严格管理专项资金，专款专用。严格执行国有资产管理制度，学校资产管理规范化，正确使用《国有资产管理系统》，并将新增资产按时输入系统。

完善工作机制。实施目标管理，把建设任务、工作目标，纳入考核范围。实行"半月检查、整月调度"，召开专题研讨会，及时解决创建工作中遇到的难题。编辑工作简报，召开调度会，通报工作进度，确保各项任务的顺利实施。

做好顶层设计。按照第一年度规划设计、启动项目建设，第二年度全面推进，第三年总结完善的总体思路，我们先行修订《齐河县职业中等专业学校章程》《齐河县职业中等专业学校管理水平提升行动计划（2016-2018 年）》《教师素质提升行动计划》《信息化建设规划》等各项规划，分类实施；并完善了部分制度方案，同步推进。

（三）项目年度建设计划完成情况及完成效果

1. 强化学生综合素养教育

一是修订优化了"德育学分制""全员育人导师制"管理考核办法，学生日常行为规范管理细则等管理制度，推进制度的落实，形成了德育素养教育的长效机制。

二是开展了以社会主义核心价值观和"中国梦"为主题的系列教育活动。利用五一、国庆节等时间节点先后组织了歌咏比赛、社会主义核心价值观组歌演唱会、中职生学生公约宣誓签字等活动。开展了党史国史教育活动、法制教育报告会、感恩励志教育大会、"中国梦"演讲和征文比赛、"庆祝长征胜利 80 周年"远足拉练和传统文化经典诵读等系列活动。

三是抓好日常行为规范和文明礼仪教育。以"文明行为伴我行"

为主题，综合开展"说文明话，办文明事，做文明人"活动。在全体学生中倡导"五个一"（一件公物不损，一件文具不毁，一个脏物不扔，一句谎话不说，一次打骂不沾），"五个无"（身边无废纸，周围无痰迹，桌面无刻画，墙上无脚印，出言无脏语）。成立学生文明纠察队，倡导健康消费，拒绝垃圾食品。

四是以课堂教学为主渠道，整合了文化素质教育课程体系。开齐、开足、开好公共艺术、体育与健康、法律与道德、安全教育、心理健康教育、就业创业指导等选修课程。

五是开展了丰富多彩的第二课堂活动。根据学生的兴趣、爱好和特长，组织了文学、舞蹈、演讲、书法、篮球、摄影、技能等活动社团和兴趣小组，组织了校园文化艺术节，开展了书法、绘画、演讲、诵读、歌咏比赛等丰富多彩的活动，提升了学生综合素养。

六是加强职业道德教育，不断提升学生职业素养。在日常教学实习中渗透职业道德和职业素养教育。开展了技能节和职业教育宣传周，职业生涯征文比赛和"我眼中的工匠精神"演讲比赛。广泛宣传职业素养教育和安全意识教育，编写出版了《安全教育》校本教材。

七是开展传统文化主题教育活动。组织了传统文化报告会，传统文化诵读比赛，开展"七个一"感恩教育活动，组织学生走上广场、敬老院、社区，开展各种形式的社会实践服务活动，提高了学生传统美德和个人品德。

2．深化教学改革

一是优化调整专业布局。修订了《齐河县职业中专专业建设发展总体规划》，调整各专业结构方向。组织专业教师30余人10余次深入企业、行业开展调研。召开专家论证会12次，成立了各专业建设指导委员会和专家指导委员会。加入了京津冀鲁汽车专业联盟、山东省计算机与数码产品维修联盟等专业联盟和职教集团。

二是加强重点专业建设。完成机电技术应用省级品牌专业建设任务，新增计算机应用和数控技术应用两个省级品牌专业。

三是加强实训基地建设。争取项目资金建设实训基地，增加实训基地建筑面积 1.8 万平方米，争取 2017 年国家产教融合项目，现已进入设备招投标程序。投入 117 万元，建设了钳工、电工、电子装配、气动、通用机电设备安装与维护 5 个"基于真实生产环境的教学做一体化"实训室。与上海宇龙、山东远大模具、天津职业技术师范大学合作共同研讨专业发展规划，成立了德州市虚拟仿真技术师资培训基地，开展了德州市虚拟仿真技术师资培训。

四是完成 12 个专业人才培养方案和教学实施方案的修订，30 门课程标准的修订。组织教师、聘请专家讨论、论证，建设 6 门精品资源共享课程，立项 2 门省级精品课程。校企合作开发校本教材 10 门，完成 4 门。

五是积极推进数字化教学资源建设。完成课堂实录 140 节，微课 600 个，校企合作开发多元评价平台，规划建设数字化教学资源 5TB，增加电子图书 300 万册。

六是积极开展教科研活动。先后组织教师 150 余人次外出学习培训；每学期开展了一次"三级优质课评选"活动，组织教师积极参加市级以上优质课、信息化比赛，共获奖 141 项，其中省级 24 项，国家级 12 项，发表论文 81 篇；围绕教学改革，完成市级课题 28 项，结题省教育科学研究院科研规划课题 2 项，山东省教学改革项目 2 项；学生先后有 247 人次在国家、省、市各项比赛中获奖。

3．促进产教深度融合

一是加强校企合作机制建设，完善"三方四维多边"的合作机制。启动了《工学结合、顶岗实习管理制度》等制度的修订工作。

二是共建实训平台。新增校外实训基地 5 家；与山东远大模具、北斗导航山东分公司、上海宇龙等企业共同研讨专业发展规划，聘请企业人员参与人才培养方案、管理评价等制度的修订；校企合作开发教材 10 本，共同建设教学资源，共同开发多元评价系统平台，形成校企合作互惠双赢驱动机制。

三是完善了工学结合、顶岗实习管理和保障机制。加强工学结合、顶岗实习环节管理，促进学以致用、用以促学、学用相长。各专业按照

"2.5+0.5"模式制定相应顶岗实习方案，学校派专人驻厂全程协同企业进行管理，完善考核评价机制，实现校企一体化育人。

四是校企合作，共同加强"双师型"教师队伍建设。以专业教师到企业挂职锻炼、顶岗实践和企业专家、能工巧匠到学校兼职任教为途径，创建师资互派、联合培养机制。制定了教师进企业实践方案，出台了政策措施，鼓励专业教师带项目进企业锻炼实践，参加岗位技能训练，参与产品生产和企业科研项目。与山东远大、上海宇龙、天津职业技术师范大学津南研究院达成初步合作框架协议。

五是拓展社会服务。发挥德州市技师工作站、德州市特种作业人员安全考试中心的优势，先后为企业开展各类培训鉴定18期3300余人次，为企业提供适合岗位需求的技术技能型人才。

六是发挥集团优势，共建共享。先后参加了德州职业教育集团第七次会议和第三届创新创业论坛，加入中国职业教育微课程及MOOC联盟、京津冀·鲁汽车专业联盟、山东省计算机与数码产品维修联盟和山东省智造职业教育集团，参与共建共享，利用职教集团和专业联盟的平台优势，拓展与企业、学校间的合作。

4. 提升师资队伍水平

一是完善制度措施。完成《教师素质提升行动计划》《教师科研行动提升计划》，修订了《教职工考核办法》《专业带头人、骨干教师培养实施方案》《"青蓝工程"实施方案》《教师职称推荐评选办法》等相关制度措施。

二是优化教师队伍结构。两年来，新招聘教师38人，兼职教师10人，新增正高级教师2人，副高级职称14人，中级职称23人，山东省特级教师1人，山东省青年技能名师1人，德州市首席技师1人，2名教师被评为齐河县金牌职工，25名教师被评为齐河县优秀教师。教师参加市级以上优质课、信息化比赛，共获奖141项，其中省级24项，国家级12项。

三是分层分类培养教师。先后聘请专家25人次，组织校本培训12

次，选送骨干教师 150 余人次参加业务培训学习。培养学校专业带头人 24 人，德州市专业（学科）带头人 13 人。培养骨干教师 24 人。深入推进"教师企业经历工程"，充分发挥校企共同体机制优势，以"专业对口、岗位对应"为原则，与合作企业共同制定教师进企业实践方案，明确专业教师到企业挂职锻炼任务，鼓励专业教师积极开展合作研发、参与技术革新，校企共同对教师进企业锻炼情况实施管理。一年来，30 多名教师在企业实践锻炼，新增高级技师 27 人，技师 83 人，"双师型"教师占专业教师的比例达到 87.6%。学校通过"青蓝工程"，制定出台《"青蓝工程"实施方案》《青年教师成长规划》《关于鼓励教师进修学习的管理办法》等相关规章制度，制定实施方案、计划，提高青年教师的学历层次、业务水平和科研能力，新教师入校后，学校安排老教师与之"一对一"结对子，帮助新教师快速成长。

四是加强师德师风建设。修订了《师德建设方案》《师德修养二十条》。开展师德征文活动、演讲比赛，组织教师观看师德事迹展播等各类活动。进行了为期 5 天的"强风肃纪"师德师风全员培训；邀请济南心尚教育咨询有限公司心理专家对班主任进行了心理学培训。

5. 推进信息化建设

一是统筹规划，做好顶层设计。制定了《齐河县职业中等专业学校信息化建设规划（2017—2020 年）》《教师信息技术应用能力提升行动计划》等相关制度，更新了学校网站主页，设计山东省示范性中等职业学校建设专题网站，进行了 6 门精品资源课程建设，建立了数字化教学平台。数字化教学资源建设积极推进，完成课堂实录 140 节，微课 600 个，校企合作开发多元评价平台，规划建设数字化教学资源 5TB，增加电子图书 300 万册。

二是开展信息技术培训。聘请中国职业教育学会信息化工作委员会副主任魏民等专家开展教师信息技术应用能力专项培训，组织教师参加了德州市、山东省和国家信息化说课比赛并取得优异成绩。一年来，获得全国"创新杯"说课比赛，获得国家一等奖 3 项，二等奖 2 项，第三届全国信息技术与教学融合优质课大赛，一等奖4项，二等奖3项，山东省信息化教学大赛一等奖2项，二等奖7项。

三是制定了学校信息化建设规划方案。学校自2016年6月起，加大基础设施建设力度，争取县政府投资，为学校增加建筑面积32000平方米，其中增加教学楼一栋，学生宿舍楼一栋，实训楼三栋，整个项目计划2018年3月全部完工。由于工程施工，学校信息化建设工作有些滞后，目前信息化建设方案已经制定，正在进行招标前的准备工作，信息化建设即将全面铺开。

6. 完善学校内部管理

一是修订完善各项制度。修订《学校"十三五"发展规划》《学校章程》，启动教育教学、教师素质提升等部分制度修订工作，编印制度汇编。

二是推进规范化管理。依法依规治校，强化学校管理，规范招生、学籍管理、实习实训管理，加强安全教育和管理工作，推进"全员育人导师制""德育学分制"管理办法，推进学校规范管理。

三是提升学校管理能力。校长9人次参加了山东省中等职业教育校长培训班，全体校级干部参加了德州市教育局组织的职业教育专题培训班，全体教职工接受了"强风肃纪"专题培训。校长带队赴潍坊、江苏等先进地区学习，并与先进学校结成标杆学校。

（四）存在的问题及原因分析

第一，项目建设总体进度较慢，部分教师思想观念还需转变。部分教师思想观念仍较滞后，影响着示范校建设的深入推进，在人才培养模式、教学模式、评价模式、课程改革等方面，还存在着认识不深、工作不细、执行不力的状况。

第二，校企合作、产教融合工作运行机制建设缓慢。校企合作共建基地平台、集团化办学、推进现代学徒制建设等方面进度缓慢。主要原因是缺乏整体规划，工作推进力度小，未能实现有效突破。

第三，项目建设资金使用率低。主要原因一是：由于学校实训室拆除重建，省级资金实际支出较少；二是根据建设方案、任务书，齐河县职业中等专业学校项目建设第一年度主要为制定规划、修订制度阶段，项目还未全面推开，部分成果还未呈现。

第四，课程建设还未全面铺开。目前，以省级精品资源共享课程建设为引领启动了6门建设任务，其他专业课程标准、课程资源等还未全面展开。主要原因是：省级精品课程和省级品牌专业建设的龙头带动和示范作用还未显现。待形成一定经验，我们即全面铺开。

（五）改进措施

第一，加强学习与交流，借鉴先进经验。积极加强学习，拓展思路，学习先进经验，加强调度考核，按路线图、时间表加快建设进度，全面推进示范性中职项目建设。

第二，加大统筹推进力度，加快项目建设。加强协调推进，统筹建设进度，总结经验教训，推进目标管理、制度管理、过程管理，完善考核奖惩机制，加快建设进度，确保省示范校建设任务按时、高质量完成。

第三，推进重点项目建设。一是以提高学生综合素养为目标，以多样化活动为载体，推进常态化、长效化综合素养培养体系构建。二是以省级品牌专业和省级精品资源共享课程建设为引领，全面推进专业和课程建设，构建适应岗位需求的课程体系和课程内容。三是以探索多元办学模式改革为指引，深入推进校企合作，加强校企合作机制建设，积极推行认知实习、跟岗实习、顶岗实习，将工学结合、知行合一贯穿教学全过程。四是以落实《教师素质提升行动计划》为依据，以师资培训为抓手，做到制度、人员、经费、效果"四落实"，强化培训、科研等手段，提高教师队伍整体水平。五是以信息化基础设施建设和教师信息技术能力提升为重点，建设"数字化校园和教学资源库"，提升教学现代化、信息化水平。六是以建立现代学校制度为重点，完善各项管理制度，落实《管理水平提升行动计划》推进多元育人机制，加快教学诊断与改进工作，提高学校管理水平。

下一步，我们将抓住学校扩建的重要历史机遇，以这次检查指导为契机，认真总结经验教训，虚心接受专家意见和建议，集中精力研究解决建设过程中存在的问题和不足，充分调动全体教职工，全员参与，加快建设进度，全面推进项目建设，顺利完成示范校建设任务。

三、省厅中期验收评估意见

2017年12月6日，专家组按照验收程序对齐河县职业中等专业学校省示范校建设项目（一批）建设情况进行了中期检查，经听取汇报、实地查看、对照项目绩效评估指标和任务书逐项查阅佐证材料、交流座谈等程序，检查组形成以下意见：

（一）总体评价

齐河县委县政府高度重视职业教育发展，重视项目建设，投资支持学校改建扩建，机制到位，保障有力，学校办学条件将得到根本改善。项目建设期间，学校全员参与，管理理念先进，机制良好，流程规范；学校加强基础能力建设，重视教学管理，强化教师队伍建设，对接社会需求，改善实验实训条件，不断优化人才培养模式，专业课程体系建设和教育教学改革呈持续提高的态势。办学质量不断提升，办学规模不断扩大。顺利完成中期建设目标。

为保障学校高起点、高质量、高标准完成省示范校建设任务，学校成立示范校建设领导小组，组织全体教职工学习示范校建设有关文件，统一思想，统一认识，明确目标。制定了《建设工作手册》，开通了省级示范校建设网站和微信平台，细化示范校项目建设推进表、实施方案、管理制度，实施"半月检查、整月调度"制度，形成了有效的工作机制。学校制定并下发了《山东省示范性中等职业学校建设项目实施管理办法》《山东省示范性中等职业学校建设项目专项资金管理办法》和《山东省示范性中等职业学校建设项目绩效考核暂行办法》等制度。修订《齐河县职业中等专业学校章程》《齐河县职业中等专业学校管理水平提升行动计划（2016-2018年）》《教师素质提升行动计划》《信息化建设规划》等各项规划，做好顶层设计。学校开展了学习调研和对标达标活动。

县委县政府及教育主管部门对学校示范校建设工作给予高度重视并大力支持，对建设过程中存在的问题及时给予指导。学校将示范校建设作为工作重点，实行目标责任制，按阶段制定任务分解表、建设进度表，建设过程全程考核，对建设过程进行动态管理，各项建设工作进展顺利。

（二）建设资金投入与使用情况

认真执行《山东省示范性中等职业学校建设专项资金管理办法》，确保全部项目资金均用于项目建设。

该项目预算投入 2610 万元，其中省专项资金 1000 万元，学校自筹资金投入 1610 万元。

截止到中期评估日（2017 年 10 月 31 日）省财政投入 1000 万元，实际支出 49.7783 万元，预算完成 4.9%；自筹资金投入 1610 万元，实际支出 16.0728 万元，预算完成 1.6%。总体看，省财政资金及自筹资金实际支出速度较慢。

（三）主要成效

1. 基础建设成效

加强基础能力建设。为改善学校的办学条件，营造良好的育人环境，县委、县政府将学校扩建项目列入 2018 年民生工程，按照万人规模、学院标准进行建设，届时将新增建筑面积 15 万平方米，占地达到 620 亩，2018 年年底前完成主体建筑。

学校信息化建设。学校重视信息化建设，建成了功能齐全的校园网，优质教学资源实现了班班通，信息化教学能力得到了较大提升。

教师队伍结构进一步优化。2016 和 2017 年学校公开招聘在编教师38 人，师资队伍结构更趋合理。专业教师由建设前的 273 人增加到 311人。专任教师师生比达到 1∶14。目前，双师型教师占专任教师比例达到 87.6%，高级技师 27 人。教师队伍整体素质不断提升。

专业建设成效明显。目前，学校现开设 12 个专业，3 个专业达到了省示范性，6 个专业达到省规范化。有 3 个省品牌专业。

2. 内涵发展成效

综合素质教育成体系、重实效。学校修订优化了"德育学分制""全员育人导师制"管理考核办法,学生日常行为规范管理细则等管理制度,形成了德育素养教育的长效机制。通过"五个一""五个无"开展日常行为规范和文明礼仪教育。以课堂教学为主渠道,整合文化素质教育课程。根据学生的兴趣、爱好和特长,组织了文学、舞蹈、演讲、书法学生社团,通过开展传统文化主题教育活动,提高学生传统美德和个人品德。开展了以社会主义核心价值观和"中国梦"为主题的系列教育活动。

建立专业动态调整机制和人才培养优化机制。修订了《齐河县职业中专专业建设发展总体规划》,加强重点专业建设。新增计算机应用和数控技术应用两个省级品牌专业。完成 12 个专业人才培养方案和教学实施方案、30 门课程标准的修订,建设 6 门精品资源共享课程,立项 2 门省级精品课程。积极开展教科研活动,组织教师积极参加市级以上优质课、信息化比赛,共获奖 141 项,其中省级 24 项,国家级 12 项,发表论文 81 篇;完成市级课题 28 项,山东省教学改革项目 2 项;学生先后有 247 人次在国家、省、市各项比赛中获奖。加强实训基地建设,建设了钳工、电工、电子装配、气动、通用机电设备安装与维护 5 个"基于真实生产环境的教学做一体化"实训室。

完善"三方四维多边"的合作机制,促进人才培养模式优化。学校与山东远大模具、北斗导航山东分公司、上海宇龙学校等企业共建实训基地、共同开发评价平台、共同开展师资培养、共商课程建设,校企之间形成了深度融合、双主体育人的局面。

建立健全教师培养机制。学校制定《教师素质提升行动计划》《教师科研行动提升计划》,修订了《教职工考核办法》《专业带头人、骨干教师培养实施方案》《"青蓝工程"实施方案》《教师职称推荐评选办法》。新招聘教师 38 人,新增正高级教师 2 人,副高级职称 14 人,中级职称 23 人,山东省特级教师 1 人,山东省青年技能名师 1 人,德州市首席技师 1 人,2 名教师被评为齐河县金牌职工 25 名教师被评为齐河县优秀教师，师资队伍力量长大，教师队伍结构得到优化。教师参加市级以上优质课、信息化比赛，共获奖 141 项，其中省级 24 项，国家级 12 项，形成科研型师资团队。通过分层分类培养，青年教师、专业带头人迅速成长，成为教师队伍的中坚。

以信息化促进教学改革。制定了《齐河县职业中等专业学校信息化建设规划（2017—2020 年）》，建立了数字化教学平台，完成课堂实录 140 节，微课 600 个。获得全国"创新杯"说课比赛，获得国家一等奖 3 项，二等奖 2 项，第三届全国信息技术与教学融合优质课大赛，一等奖 4 项，二等奖 3 项，山东省信息化教学大赛一等奖 2 项，二等奖 7 项。信息化教学手段的运用，提高了课堂教学的可视性、直观性，提高了教学效率。

完善学校内部治理机制，增强学校的内生动力。学校构建了完善的内部治理制度体系，形成了高效的运转机制。学校以教学诊断与改进为契机，正在建立和完善内部质量保证体系，以更好地承担起提高教育教学质量的主体责任。

（四）存在问题

第一，专项资金投入与建设进度缓慢，资金使用、报销档案不完整；会计核算还是用的老的会计制度，已经改了 2 年了，会计科目需要重新设计；固定资产制度陈旧，没有按照新的管理要求设立，没有台账与会计账；生均经费拨付不到位；招标程序待规范。

第二，示范校基础能力建设没有专门建立档案，办学条件相关资料没有提供，佐证材料不充实。

第三，档案整理方面，工作做了，但是没有计划（方案），运行过程、总结、材料散碎，过程性材料较少。

第四，从规划方面来讲，校级规划有，但是专项与专业规划没有。

第五，内涵建设材料档案不全，没有下功夫整理。

第六，个别建设目标还没有达成，有的项目 30% 指标也没有完成。

第七，建设进度缓慢，尤其是产教融合方面没有实质性工作，订单班、学徒制、冠名班都可以做，但是没有做。

（五）改进建议

一是加快建设进度。以学校扩建为契机，在改善办学条件的同时，完善制度、理顺机制、合理规划任务完成的时间节点和质量要求，加快建设进度。

二是以名师带动师资队伍建设。要充分发挥各级名师在专业建设、教师引领、科研中的作用，以名师为核心建立教学团队，尽快提高师资队伍水平，引领学校办学水平的提升。

三是全面加强内涵建设。树立现代职业教育理念和质量意识；加强专业建设，明确人才培养目标，深化课程体系和课程内容的改革；加强课堂教学改革，规范教学过程管理，建立科学的教学、学生评价体系；加强学校信息化建设，以信息化推动学校教学改革，促进学校内涵质量全面提升。

四是项目资金使用方面。进一步建立健全资金管理制度，包括资金预算、资金支出与报销、招投标流程等，做到规范管理，不断提高资金使用管理水平。

五是加强档案管理，从计划、运行、成果体现，形成完整的链条，同时对建设成果进行提炼和提升。

六是把教学诊断与改进提到学校重点工作上来，与示范校建设共同谋划、相互协调、相互促进，为明年的验收打好基础。

四、整改报告

2017年12月7日，德州市教育局职教科牵头，组织山东省知名职教专家孙中升、于孝连、赵素霞、王丽丽、马俊志对齐河县职业中等专业学校省示范校建设项目进行了中期检查。通过听取汇报、查阅资料、实地查看和意见反馈四个阶段，进行了为期检查评估工作，提出了宝贵意见和建设性建议。

我们认真梳理专家意见，总结归纳存在的问题，决心全面改进，科学分工，强化责任，提升标准，提高效率，补齐短板，迎头赶上，扎扎实实地全面推进示范校建设工作。

（一）项目建设存在的问题

第一，项目建设总体进度慢，顶层设计不细，重视不够，调度不力，机制不强。深化教学改革和促进产教深度融合项目，开展工作进度缓慢，档案资料不全，这说明示范校建设还没有深度推进，在强化学生综合素养、人才培养模式、教学模式、评价模式、课程改革、信息化建设等方面，还存在着认识不深、执行不力的状况。

第二，资金使用制度不健全，记账不规范。就学校财务来看，在资金的使用与管理上，没有做到制度先行；会计核算仍然使用两年前的过时的核算制度；固定资产有总账没有明细，缺少分类计算的统计表，缺少具体台账。就示范校专项资金来看，资金使用比例小，管理不规范，没有严格按照计划进行分解落实到位。就地方财政来看，中等职业学校生均公用经费和落实教育费附加用于中等职业教育等相关政策，未落实。

第三，学校层面整体设计不够系统和规范。学校层面没有把示范校建设工作与学校教育教学和管理工作有机融合起来，没有调动起全校教职员工积极参与到示范校建设中来，示范校建设工作没有充分具体落实到各职能部门和相关专业。

第四，档案的整理不规范、不完整，相关资料搜集整理不及时。档案没有严格按照规划方案、执行过程材料和成果展示来及时规范整理，各项目小组的档案资料没有及时留存，缺乏时间节点，与汇报材料相关的佐证材料不够完整。

第五，制度的修订和完善，与上级的政策文件不完全一致，制度执行力差，落实不够。

（二）改进措施

第一，虚心接受意见，进行自我反思。学校领导、示范校建设各项目小组、全体教职工层面分别召开会议，就专家组提出的意见分头讨论，统一思想，提高对示范校建设工作的认识和重视程度。

第二，加强学习培训，聘请专家指导。下一步，充分调动全体教职员工参与示范校建设的积极性和主动性，实现人人参与，全员参与，共同推进提升，要聘请相关领域的专家加强培训，提升工作效率。

第三，做好顶层设计，加大统筹推进力度，加快项目建设。学校大力推进示范校建设各项工作，作为一把手工程，由校长亲自抓，定于每月上旬周三下午为项目建设推进调度会召开时间，协调、推进、落实相关工作，设立督导办公室，督导项目建设进度和落实情况，并将该项工作纳入考核。同时做好顶层设计，系统规划，加强协调推进，统筹建设进度，总结经验教训，推进目标管理、制度管理、过程管理，完善考核奖惩机制，对照建设方案和进度表倒排工期，加快建设进度。

第四，进一步明细化分工、明确任务，落实责任。建设方案和任务书是示范校建设和检查验收的主要依据，我们将对照建设方案和任务书，重新梳理已经完成的建设任务和没有完成的建设任务，再一次进行更加详细的分工，做到科室具体、人员具体、时间节点具体、责任具体，并相互配合，分工协作。建立专项研讨会制度，每隔一周星期天下午为示范校建设工作专题活动时间，召开调度会，汇报半月以来开展的工作，落实下一步工作，出台示范校建设推进工作简报，做到实施有计划，推进有目标，落实有措施，确保各项工作任务顺利实施。召开分项目建设研讨会，及时解决建设工作中遇到的难题。

第五，严格资金管理，规范资金使用。责成财务部门根据现行的财务管理规章制度进一步完善学校内部各项财务的相关制度；进一步细化各子项目建设的预算和决算；进一步建立固定资产的分类明细，按照项目建设方案和任务书要求把资产分类到具体的明细当中。积极争取上级部门的大力支持，申请落实中等职业学校生均公用经费和教育费附加用于中等职业教育等相关政策。

第六，加强档案的规范整理，做到及时、全面、规范。要把示范校建设工作与学校日常教学和管理工作的有机融合协调统一，档案专人收缴、记录、留存、整理制度，按照档案第一责任人与子项目建设实施工作责任人相一致的原则，确保档案的原始性、及时性和准确性。按照方案和任务书重新搭建档案框架，做到工作落实与档案整理同步。

同时借鉴相关先进学校的档案整理方式方法，科学规范整理建设档案，根据计划方案、过程佐证材料、相关成效的有机整体顺序，分门别类系统留存，整理好目录，确保档案的规范性、真实性、完整性和实用性。

第七，进一步修订和完善相关制度。重新查阅和学习最新的上级部门的相关的制度文件，结合学校实际情况，进行修订和完善，聘请专家进行指导，确保学校的制度与上级部门的制度相一致，形成学校层面制度汇编，组织各相关部门进行学习，指导工作的实施，确保各项制度和措施的严格落实。

第八，迎难而上，开拓创新，加强重点任务建设。一是全面落实《关于在中等职业学校实施学生综合素质评价的意见》，以提高学生综合素养为目标，以多样化活动为载体，推进常态化、长效化综合素养培养体系构建。二是以省级品牌专业和省级精品资源共享课程建设为引领，全面推进专业和课程建设，构建适应岗位需求的课程体系和课程内容。三是以探索多元办学模式改革为指引，深入推进校企合作，加强校企合作机制建设，积极推行认知实习、跟岗实习、顶岗实习，将工学结合、知行合一贯穿人才培养全过程。四是以落实《教师素质提升行动计划》为依据，以师资培训为抓手，做到制度、人员、经费、效果"四落实"，强化培训、科研等手段，提高教师队伍整体水平。五是以信息化基础设施建设和教师信息技术能力提升为重点，建设"数字化校园和教学资源库"，提升教学现代化、信息化水平。六是以建立现代学校制度为重点，完善各项管理制度，落实《职业院校管理水平提升行动计划（2016—2018年）》，推进多元育人机制，加快教学诊断与改进工作，提高学校管理水平。

下一步，我们将抓住学校扩建的重要历史机遇，以这次检查指导为契机，认真总结经验教训，虚心接受专家意见和建议，集中精力研究解决建设过程中存在的问题和不足，充分调动全体教职工的积极性和主动性，全员参与，加快建设进度，全面推进项目建设，保证顺利完成示范校建设任务。

第 26 节　项目中期评估

一、学校迎接省级示范校建设项目中期评估验收

为进一步推动山东省首批国家中等职业教育改革发展示范学校建设，2018 年 3 月 19 日，省专家组于家臻、段东威、李春勤、翟道顺一行 4 人莅临齐河县职业中等专业学校，对齐河县职业中等专业学校省级示范校建设情况进行中期检查，德州市教育局局长王学东，齐河县副县长王炜，齐河县教育局局长葛富义等领导陪同检查。

省专家组此行重点检查了项目建设进展情况、资金到位和使用情况及相关佐证材料。整个活动包括分管副县长汇报、查阅佐证材料、核查经费到位及使用情况、现场考察建设成果、检查情况反馈等环节。

在专家检查情况反馈环节，四位专家首先对齐河县职业中等专业学校示范校建设取得的成就予以充分肯定，对学校的基础设施建设、设备投入和教育教学管理工作给予高度赞扬，并分别从不同角度指出了齐河县职业中等专业学校示范校建设过程存在的问题，也提出了具体可行的改进思路、措施和明确的发展方向，这将对今后齐河县职业中等专业学校示范校建设起到重大的推动作用。

齐河县职业中等专业学校将以此次评估验收为契机，扎实推进各项工作，切实做好示范和引领。

二、工作汇报

齐河县创建山东省示范性中等职业学校工作开展情况汇报。

齐河位于德州市最南端，与省会济南隔黄河相望，总面积 1411 平方公里，常住人口 70 万，辖 13 个乡镇、2 个街道、1 个省级经济开发区、1 个省级旅游度假区。近年来，在上级党委、政府的坚强领导下，我们

以全面建成小康社会为目标，认真践行"五大发展理念"，抓党建、促发展、惠民生，从严从实、奋发有为，全县经济社会发展取得长足进步。连续八年蝉联德州市科学发展综合考评第一名，连续四年跻身全国综合实力百强县。

　　齐河素有"崇文重教"的优良传统，历届县委、县政府高度重视教育事业发展，特别是县职业中专创建山东省示范性中等职业学校工程开展以来，我们抓投入、强基础、促规范、提水平，举全县之力打造具有竞争力和影响力的现代职业教育品牌。县级层面，成立了以我任组长，财政、国土、规划、教育等有关部门负责同志任成员的创建工作领导小组，不定期召开现场办公会、工作调度会，及时解决资金、土地、基建、师资配备等问题，统筹协调推进项目建设工作。硬件上，将示范校创建工程纳入县"十三五"发展规划，先后投资 6000 余万元实施职业中专扩建项目，新增实训楼、教学楼、学生餐厅、学生公寓建筑面积 3.2 万平方米，目前已全部投入使用。今年，县委县政府高瞻远瞩，投资 4.5 亿元重点实施职业中专改扩建民生工程，按照万人规模、学院标准进行重新规划设计，新建图书信息楼、教学楼、实训楼等综合体，力争用两年时间将学校打造成占地 600 亩，建筑面积 22 万平方米，在校生近万人的现代化职业教育名校。目前，该项目地勘工作已完成，正在设计施工图纸，预计 5 月份开工建设。软件上，2016 年以来，针对专业短缺问题，县里积极为学校增加教师编制，适当放宽标准，连续招聘教师 38 人，提升了整体教学水平。将学校招生工作纳入全市中考统一录取平台，根据学生兴趣和志愿组织填报，中考后一次性录取。协调县经济开发区、黄河国际生态城两大园区企业和县直部门搭建"三方四层多边"的合作平台，鼓励引导企业与职专强化合作，参与办学，实现共赢。校级层面，设立省示范校建设办公室，成立了 11 个分项目工作小组，制定了项目管理制度和任务推进分解表，定期召开项目建设研讨会，协调解决有关问题，督促调度工作进度，推动了各项任务的顺利实施。省示范校到位资金 1000 万元，学校成立了资金管理领导小组，设立资金专户，专款专用。新购设施设备全部采用政府集中采购，提高了资金使用效益，降低了采购成本。通过以上措施，经过两年多的建设，学校整体实力和内涵发展取得显著成效。

一是学生综合素养大力提升。县职业中专通过优化"德育学分制""全员育人导师制"等学校管理制度，将教育贯穿到入学至毕业的整个教育过程以及学习、生活到德育的各个环节，全面贯彻落实全员育人、全过程育人、全方位育人的现代教育理念。编写德育教材5本，出版1本，优化整合了文化素质教育课程体系。组建学生社团30个，广泛开展丰富多彩的社会活动，组织以社会主义核心价值观和"中国梦"为主题的系列教育活动10余次，抓好日常行为规范和文明礼仪教育，努力培养有思想、有素养、有担当的中职生。两年来，学生247人次在国家、省、市各项比赛中获奖，学校管理水平和学生综合素养明显提升。

二是教育教学改革不断深化。围绕齐河经济发展和主导产业修订完善了《职业中专专业建设发展总体规划》，调整专业方向，重点做大做强新能源汽车、高端装备制造、现代物流等专业品牌。圆满完成机电技术应用品牌专业建设任务，新增计算机应用和数控技术应用两个省级品牌专业，汽车运用与维修专业获评山东省现代学徒制试点项目。成立12个专业建设指导委员会，召开专家论证会22次，完成12个专业人才培养方案和30门课程标准的修订工作。建设精品资源共享课程6门，立项省级精品课程2门，编写校企合作校本教材10门，推动了教学内容和教学方法改革。

三是产校企协同育人得以创新。学校加入中国职业教育微课程及MOOC联盟、京津冀鲁汽车专业联盟、山东省计算机与数码产品维修联盟和山东省智造职业教育集团，利用职教集团和专业联盟的平台优势参与共建共享，拓展与企业、学校间的合作。投入600万元购置实习实训设备400台套，新增上海宇龙、山东远大特材、天津职业技术师范大学等校外实训基地5家，成立了德州市虚拟仿真技术师资培训基地，开展了系列培训活动。"工学结合、顶岗实习"管理和保障机制更加完善，各专业按照"2.5+0.5"模式制定相应的顶岗实习方案，学校派专人驻厂全程协同企业进行管理，确保学生实习安全和实习质量，实现校企协同育人。充分发挥德州市技师工作站、德州市特种作业人员安全考试中心的优势，先后为企业开展各类培训鉴定18期、3300余人次，为企业培养了专业技术技能型人才。

四是教师队伍素质整体提高。完善《教师素质提升行动计划》《教师科研行动提升计划》《专业带头人、骨干教师培养实施方案》等相关制度，通过内引外联，搭建平台，打造了一支由专业带头人引领，以双师素质骨干教师为主力，结构合理、专兼结合、校企互通的"双师型"教师队伍。两年来，新增正高级教师2人，副高级教师7人，培养学校专业带头人24人，德州市专业(学科)带头人13人，专业骨干教师24人。深入实施教师企业经历工程，30多名教师在企业实践锻炼，新增高级技师6人，技师23人，"双师型"教师占专业教师的比例达到87.6%。

五是职业教育信息化加快推进。出台《齐河县职业中等专业学校信息化建设规划（2017—2020年)》《教师信息技术应用能力提升行动计划》，投入150万元在校园内按照"三网并行，千兆主干"的网络架构建立了数字化教学平台，完成6门精品资源课程建设，2门入选省级精品资源课程，极大地推动了教育内容、教学手段和教学方法的现代化。开展信息技术应用能力专项培训3次，29人次在山东省和国家级信息化比赛中取得优异成绩。

六是内部管理水平全面提高。完成学校"十三五"发展规划和学校章程修订，健全内部管理制度，规范招生与就业，严格教育教学管理，不断加强资产、财务和安全等管理服务。校长9人次参加了山东省中等职业教育校长培训班，全体校级干部多次参与市级职业教育专题培训，校园管理更加精细，社会声誉越来越好，近年来，学校一次性就业率保持在97%以上，本科上线人数连续七年位居全省前列，生源质量和教学质量明显提升。

虽然，齐河县在推进中等职业学校师范校创建方面取得了一定的成绩，但与上级的要求相比，与教育发展的新形势和群众对优质教育的需求相比，还存在不少的差距。下一步，我们将以此次中期验收为契机，认真吸取各位专家对齐河县创建工作提出的意见建议，以立德树人为根本，以服务发展为宗旨，以促进就业为导，全面推进各项目标任务建设，做大做强职业教育品牌，全力打造优质特色现代化中等职业名校。

三、整改报告

2018年3月19日，省教育厅专家组于家臻、段威、李春勤、翟道顺一行4人，对齐河县职业中等专业学校省示范校建设项目进行了中期评估验收。专家组听取汇报、查阅资料、实地查看和意见反馈。

（一）项目建设存在的问题

第一，项目建设总体进度慢，顶层设计不细，重视不够，调度不力，机制不强。深化教学改革和促进产教深度融合项目，开展工作进度缓慢，档案资料不全，这说明示范校建设还没有深度推进，在强化学生综合素养、人才培养模式、教学模式、评价模式、课程改革等方面，还存在着认识不深、执行不力的状况。

第二，资金使用制度需要进一步完善，固定资产管理需要加强。就学校财务来看，在资金的使用与管理上，要加快建设进度，确保完成率；固定资产有总账更要完善明细，补全验收入账凭证；培训费、技术服务费、开发费等项目要补全通知、合同等支撑材料。就地方财政来看，中等职业学校生均公用经费和落实教育费附加用于中等职业教育等相关政策，未落实。

第三，学校材料不够系统、齐全、规范、美观，没有严格按照任务书进行归类。档案没有严格按照规划方案、执行过程材料和成果展示来及时规范整理，各项目小组的档案资料没有及时留存，缺乏时间节点，与汇报材料相关的佐证支撑材料不够完整。

我们认真梳理专家意见，总结归纳存在的问题，全面改进，科学分工，强化责任，提升标准，提高效率，补齐短板，迎头赶上，扎扎实实地全面推进示范校建设工作。

（二）改进措施

第一，虚心接受意见，进行自我反思。学校领导、示范校建设各项目小组、全体教职工层面分别召开会议，就专家组提出的意见分头讨论，统一思想，提高对示范校建设工作的认识和重视程度。

第二，做好顶层设计，加大统筹推进力度，加快项目建设。每周三下午召开项目建设调度会，督导项目建设进度和落实情况。同时做好顶层设计，系统规划，加强协调推进，统筹建设进度，总结经验教训，推进目标管理、制度管理、过程管理，对照建设方案和进度表倒排工期，加快建设进度。

第三，进一步明细化分工、明确任务，落实责任。建设方案和任务书是示范校建设和检查验收的主要依据，我们将对照建设方案和任务书，重新梳理已经完成的建设任务和没有完成的建设任务，再一次进行更加详细的分工，做到科室具体、人员具体、时间节点具体、责任具体，并相互配合，分工协作。要根据验收要点，一个一个落实到具体科室和人员，并进行指导，教给做什么，怎么做，做到什么程度。

第四，加强学习培训，聘请专家指导。下一步，充分调动全体教职员工参与示范校建设的积极性和主动性，实现人人参与，全员参与，共同推进提升，要聘请相关领域的专家加强培训，提升工作效率。

第五，严格资金管理，规范资金使用。责成财务部门根据现行的财务管理规章制度进一步完善学校内部各项财务的相关制度；进一步细化各子项目建设的预算和决算；进一步建立固定资产的分类明细，按照项目建设方案和任务书要求把资产分类到具体的明细当中。积极争取上级部门的大力支持，申请落实中等职业学校生均公用经费和教育费附加用于中等职业教育等相关政策。

第六，加强档案的规范整理，做到及时、全面、齐全、规范、美观。要把示范校建设工作与学校日常教学和管理工作，有机融合，协调统一，档案专人收缴、记录、留存、整理，按照档案第一责任人与子项目建设实施工作责任人相一致的原则，确保档案的原始性、及时性和准确性。按照方案和任务书重新搭建档案框架，做到工作落实与档案整理同步。同时借鉴相关先进学校的档案整理方式方法，科学规范整理建设档案，根据计划方案、过程佐证材料、相关成效的有机整体顺序，按照年度分门别类系统留存，整理好目录，确保档案的规范性、真实性、完整性和实用性。

第七，迎难而上，开拓创新，加强重点任务建设。一是全面落实《关于在中等职业学校实施学生综合素质评价的意见》，以提高学生综合素养为目标，以多样化活动为载体，推进常态化、长效化综合素养培养体系构建。二是以省级品牌专业和省级精品资源共享课程建设为引领，全面推进专业和课程建设，构建适应岗位需求的课程体系和课程内容。三是以探索多元办学模式改革为指引，深入推进校企合作，加强校企合作机制建设，积极推行认知实习、跟岗实习、顶岗实习，将工学结合、知行合一贯穿人才培养全过程。四是以落实《教师素质提升行动计划》为依据，以师资培训为抓手，做到制度、人员、经费、效果"四落实"，强化培训、科研等手段，提高教师队伍整体水平。五是以信息化基础设施建设和教师信息技术能力提升为重点，建设"数字化校园和教学资源库"，提升教学现代化、信息化水平。六是以建立现代学校制度为重点，完善各项管理制度，落实《职业院校管理水平提升行动计划（2016—2018年)》，推进多元育人机制，加快教学诊断与改进工作，提高学校管理水平。

下一步，我们将抓住学校扩建的重要历史机遇，以这次检查指导为契机，认真总结经验教训，虚心接受专家意见和建议，集中精力研究解决建设过程中存在的问题和不足，充分调动全体教职工的积极性和主动性，全员参与，加快建设进度，全面推进项目建设，保证顺利完成示范校建设任务。

第27节 项目市级终期验收

一、德州市教体局市级复评

2019年11月15日上午，德州市教体局职成教科科长季振国，公共实训管理中心主任马超带领4名省级职教专家（赵丽萍、王丽丽、郑银雪、王旭生）对学校"第一批山东省示范性中等职业学校建设工程项目"进行市级复评，齐河县教体局党组副书记刘方红、职成教科科长孙娟娟，学校党支部书记李文祥、校长谯健、副校长张志民、刘延申，以及各项目负责人参加活动。

领导和专家观看了学校省示范校建设成果宣传片；接着，校长谯健做了工作汇报，介绍了学校的基本情况和三年省示范校建设来取得的累累硕果。

专家组组长赵丽萍代表专家组对检查工作做了分工和要求。评估组专家按照《山东省示范性中等职业学校建设工程项目绩效评估指标》要求，对学校省示范校建设项目过程性材料进行了认真详细的查阅，进行了意见反馈，提出了中肯的建议。

评估专家组对学校示范校建设情况给予了高度评价，充分肯定了建设过程、建设成果。同时，也指出了存在的问题和不足，提出了具体的指导意见。

齐河县职业中等专业学校作为首批国家改革发展示范校、国家级重点职业学校，第一批山东省示范性中等职业学校，按照"多元办学、质量提升、内涵发展、行稳致远"办学思路，在品牌专业建设、教师队伍建设、春季高考、技能大赛、合作办学、社会培训等方面取得了优异成绩，办学声誉越来越好。

下一步，我们将以市级复评为契机，继续守正创新，立德树人，改革创新，深化人才培养模式、教学模式改革，提高教师队伍整体水平，推进多元育人机制，提高学校管理水平，努力打造齐鲁职教名校，为社会培养更多优秀的技术技能型人才。

二、工作汇报

近年来，在省市教育部门和县委、县政府、县教体局的正确领导和关心支持下，齐河县职业中等专业学校守职教初心，担育人使命，立德树人，守正创新，扎实工作，内涵发展，省示范校建设取得了累累硕果。

（一）学校基本情况

学校是首批国家改革发展示范校、国家级重点职业学校。目前，占地 262 亩，建筑面积 9.2 万平方米，开设机电技术应用、计算机技术等 14 个专业，其中省级品牌专业 3 个，山东省现代学徒制试点专业 1 个，示范性专业 6 个，规范化专业 8 个；在校生 4511 人，教职工 328 人。

（二）总体建设成效

省示范校建设以来，学校综合办学实力明显增强。三年来，争取中央省市县投资累计 9100 万元，新增土地面积 39.8 亩，新增建筑面积 3.2 万平方米；建成高端装备制造实训中心、现代服务业实训中心等五大实训中心，新建和改造实习实训室共 103 个，新增实习实训设备 1618 台套，新增实训设备总值 2373.6 万元；建设了"三网并行、双路核心、千兆主干"的高速网络，建成仿真实训室 6 个，智慧教室 2 个。

三年来，教师教育教学水平和教科研能力显著提升。培养省特级教师、省优秀教师、齐鲁名师等 9 人。教师获得全国教学能力大赛国家二等奖 2 项，省一等奖 5 项，在省级一类教学比赛中获奖 12 项，在全国"创新杯"等二类比赛中获奖 11 项，省级获奖 18 项。2019 年，齐河县职业中等专业学校建筑专业教师 4 位教师荣获山东省教学能力大赛一等奖，代表山东参加全国比赛，已经入围决赛。

三年来，学校 4 名教师晋升为正高级讲师，17 人晋升为副高级讲师，高级技师达到 42 人，技师 76 人，获得山东省名师工作室 2 个，山东省优秀教学团队 1 个，山东省技能技艺传承创新平台 1 个，指导学生 2 人次获得技能大赛国家级奖项，20 人次获得省级奖项。刚刚结束的山东省技能大赛分布式光伏发电系统安装与维护项目，荣获省赛一等奖。

三年来，校企合作开发软件平台 21 项；完成数字化教学资源 14 门，校企合作修订课程标准 80 个，公开出版教材专著 34 本；新增校外实训基地 24 个，建成 3 个校内生产性实训基地和"真实应用驱动"教学项目"小智商城"；学校牵头组建了德州市计算机和数控专业教学联盟，实现了资源共享和优势互补。三年来，共开展各种技能培训 120 余期，培训 9000 余人次。

学校充分发挥示范引领作用，开展人工智能与虚拟现实技术培训、信息化教学培训等省市级培训和比赛 12 次；26 所学校 32 次到学校参观考察交流学习。

三年来，春季高考本科升学率连年提高，2019 年春季高考本科录取 390 人；与山东科技职业学院等 7 所高校开办 10 个专业的"3+2"大专班，年招生 500 余人；新增校企合作订单班 8 个。学校年招生 1500 人，与普通高中一个平台一天完成招生任务，部分专业录取分数超过部分县市高中招生分数，生源质量逐年提高，办学声誉越来越好。县委县政府把学校扩建列为民生工程，计划投资 5 亿元，按万人规模、学院标准扩建。

（三）多措并举，完成项目建设

县委、县政府高度重视职业教育发展，加大资金投入和政策支持，将省示范校建设纳入"十三五"规划，成立领导工作小组，指导项目建设，协调解决土地、师资等问题。为学校新增土地 39.8 亩，新增建筑面积 3.2 万平方米；配备在编教师 42 人；项目资金及时拨付到位。县教体局大力支持，在招生、人才培养、课程建设、师资培训等方面给予政策支持。

学校成立项目建设推进工作领导小组，成立项目办公室，建立 8 个分项目工作小组。制定各项管理制度；设立专账，专款专用，会计核算规范；设备全部实行公开招标采购。

（四）改革创新，内涵建设成效显著

1."德育学分""三全"育人，学生综合素养不断强化

一是推行"德育学分制"学生评价模式和"三全"管理育人机制。开展丰富多彩的主题教育活动40余次，形成"两操宣誓""激情早读"等多个亮点。二是推进了"123"文化素养教育模式。突出第一课堂，开齐开全德育课，增设选修课，出版德育教材7本；开放第二课堂，组建了20个学生社团，组织丰富多彩的第二课堂活动；开展了多种形式的社会实践活动、特长展示活动和创新竞赛活动。三是"校企对接、专业融合、课程渗透、交叉培育"。职业文化进教育，企业文化进校园，专业文化进课堂，提高学生职业素养和职业能力。四是开展"传统文化洗礼""国学大讲堂""七个一"感恩教育等活动40余次，学生综合素养不断提升。3年来，学生先后247人次在国家、省、市各项评选中获奖。

2.调整提升，深化改革，人才培养质量明显提高

一是服务新旧动能转换，"发展巩固、带动提升、以优势培植特色、以特色强化优势"，优化专业设置。全部专业达到规范化专业，建成机电、计算机、数控3个省级品牌专业，6个示范性专业，汽修专业成为省级现代学徒制试点专业；计算机专业增加物联网和网络搭建与应用方向，汽车运用与维修增加新能源汽车专门化方向，机电技术应用增加工业机器人和光伏发电方向，数控技术应用专业增加逆向工程与3D打印方向；大力发展了旅游、护理、物流、电子商务等专业。二是深化了"校企合作、项目引领、工学结合、以岗定学"的人才培养模式。召开校企合作理事会3次，专业论证会24次，成立12个专指委。校企合作建成齐河县开放性公共实训基地，新增价值2373.6万元的实习实训设备1618台套。三是深入推进"课堂车间化，车间课堂化"理实一体专业教学模式改革，构建了基于"典型工作任务"的项目化课程体系。完成12个专业人才培养方案、12个教学实施方案和80门课程标准的修订；建成数字化教学资源14门，2门获评省级精品资源共享课程；出版校本教材34本。

四是共同参与，多元一体，建立多元质量评价体系和反馈机制。承办省市职业院校技能大赛和职工职业技能大赛6次，师生100余多人次在国家和省市大赛中获奖。2016年到2019年四年期间，春季高考本科录取1473人。五是常态化开展了"四个教研""五个优"评选教研活动。三年来，在市级以上优质课、信息化和教学能力大赛中获奖161项，其中，国家级24人次，省级43人次。在省级以上教学成果评选、教改项目、课题研究等方面均取得了突破性进展，共获得13个项目。六是积极开展国际和地区合作办学。与泰国博仁大学和格乐大学达成合作办学意向。

3. 共建共享，一体育人，产教融合不断推进

一是"四个对接"，联动发展，共建教学标准体系和基地平台。校企合作修订人才培养方案12个、教学实施方案12个、课程标准80门，合作开发教材22本，共同建设教学资源达到4.5TB，开发软件平台21项，建成了4个技能大师工作室和名师工作室。校企合作新增和改造校内实习实训室103个，新增校外实训基地24个，与山东远大特材科技股份有限公司、济南优上优机电设备有限公司、济南数控模具科技研究所共建校内生产性实训基地，与山东智捷电子商务有限公司合作，校企共建"真实应用驱动"教学项目"小智商城"。二是"四渠道"保障，"三阶段"实施，共同教育培养。与山东坤河旅游、山东远大、蓝海大酒店、吉华大厦、华拓金服等企业联合培养，共同开办8个订单班。三是整合资源，集团办学。牵头成立了计算机、数控技术应用专业联盟，参与了京津冀-鲁汽车职教联盟、山东省智能制造职业教育集团等8个职教集团和专业联盟。

4. "四级六类""六大平台"，师资队伍水平显著提升

通过"四级"分层，"六类"培养，构建"六大平台"，多形式、多载体分类培养培训。三年来，新进在编教师42人，新增高级技师和技师29人，正高级讲师4人，副高级讲师17人；培养德州市专业带头人15人，培养山东省青年技能名师、齐鲁名师、特级教师、技术能手等

9人,省优秀教学团队1个。教师获得全国教学能力大赛2项全国二等奖,5项省级一等奖,在省级一类教学比赛中获奖12项,在全国"创新杯"等二类比赛中获奖11项,省级获奖18项。公开发表论文300余篇,出版教材34本,获得省级教学成果一等奖1项,完成省级课题和教改项目12个。"四结合五活动",开展多层次多形式的师德师风教育,出版《身边的榜样》一书。

5."点圆效应""一体两翼",信息化水平不断提升

一是整体规划,加大投入,推进信息化基础设施建设。投资547万元,建设信息中心,新增电脑637台,搭建网络平台,建设了"三网并行、双路核心、千兆主干"的高速网络,实现了校园网络无线和有线全覆盖,实现了优质教学资源班班通、学习空间人人通和全网统一的安全认证;建成了网络教学平台和教学资源平台,各教学场所均配备了触摸一体机。二是共建共享,平台支撑,积极推进数字化教学资源建设。完成了14门数字化教学资源,完成课堂实录140节,微课600个,校企合作开发软件平台21个,仿真系统7个,仿真实训室6个,新增数字化教学资源3TB;新增印刷图书1.1万册,增加电子图书300万册。三是点圆效应,以赛促教,打造信息化教学领军人物推进信息技术应用。积极探索了"全员培训、专题培训、请进来培训、走出去培训"的信息化推广应用模式。先后开展信息化应用能力培训10余次,组织教师参加各级信息化教学能力大赛,取得优异成绩,国家级获奖24人次,省级获奖43人次。四是一体两翼,活动引领,提升信息素养。以信息化教学为主体,以信息化兴趣活动小组和信息化竞赛活动为两翼,全面提升学生信息素养。3年来,在省市级信息化比赛中获奖42项。

6.建立体系,多元管理,管理水平不断提高

一是建章立制,规范运行,落实管理水平行动计划。先后修订完善学校制度、方案68个,聘请山东财经大学教授李晋,完善内控机制建设,规范财务管理、教学标准和顶岗实习等;成立了教代会、家长委员会、民主理财小组,校务公开进一步制度化、规范化;完善了校部二级管理,

成立7个教学专业部,各教学部主动性、积极性逐步释放。二是多方参与,多元治理,建立学校管理与质量监控运行机制。构建了多元育人平台,通过校企合作理事会、家长委员会、教职工代表大会等构建了开放的"政校行企家"多元治理机制,开展各种活动40余次;建立了教学诊改制度和常态化的人才培养质量诊断机制,为学校内涵发展、质量提升提供了重要保障。

(五)下一步努力方向

目前,职业教育已经进入高质量发展的新阶段,内涵发展、质量建设永远在路上,齐河县职业中等专业学校的省示范校建设项目还存在不少问题。

下一步,我们将继续守正创新,在学生综合素养提升方面打好"组合拳",深入落实立德树人根本任务,加强社会主义核心价值观教育;继续以省级品牌专业、骨干专业和省级精品资源共享课程建设为引领,全面深化"校企合作、项目引领、工学结合、以岗定学"的人才培养模式,深入推进"课堂车间化,车间课堂化"理实一体专业教学模式改革,继续构建基于"典型工作任务"的项目化课程体系;进一步探索"四个对接"、联动发展的校企合作、产教融合工作运行机制,将工学结合、知行合一贯穿人才培养全过程;以"四级六类六大平台"为载体,以"双师素质"提升为重点,做到制度、人员、经费、效果"四落实",强化实践、培训、科研等手段,提高教师队伍整体水平;继续通过"点圆效应""一体两翼",以教师信息技术能力提升为重点,提升教学和管理现代化、信息化水平;继续以建立和完善现代学校制度为重点,多方参与,推进多元育人机制,提高学校管理水平,努力打造齐鲁职教名校,为社会培养更多优秀的技术技能型人才。

三、市级终期复评评估意见

(一)总体评价

立项以来,该项目学校严格按照任务书和建设方案要求,举全校之力扎实推进。根据建设目标做好顶层设计,成立项目建设领导小组,设立省示范校建设办公室；建立 8 个分项目组，制定项目建设管理制度和任务分解表，明确任务，落实责任；实行了"半月检查、整月调度"，召开专题研讨会，统筹建设进度，推进目标管理、制度管理和过程管理。经过三年建设，学校从基础设施建设和内涵建设等各方面均取得明显成效。

经评估，该校验收评估市级复评 973 分。其中资金投入与管理 198 分，基础建设成效 235 分，内涵发展成效 540 分。

（二）建设资金投入、使用及管理情况

1．建设资金投入情况

该项目总投入共计 3920.8 万元。其中：省财政专项资金投入 1000 万元；县财政投入 1101.8 万元；学校自筹资金投入 1919 万元。

2．资金使用情况

截至 2019 年 10 月，该项目投入的 3920.8 万元，支出 3690.7 万元。学校财务管理、资产管理制度健全，制定了项目经费管理实施细则。严格按省示范校资金管理办法要求使用资金，专款专用，重点突出，会计核算规范，设备采购实行公开招标，程序规范。

（三）主要成效

基础建设成效：

（1）办学规模：建设成果为 4511 人。

（2）教师队伍建设：专任教师 308 人，师生比 1∶14.62；专任专业教师 194 人，占专任教师数的 62.99%；双师型教师 146 人，占专任专业教师的 75.1%；技师以上占比 52.4%；高级技师 42 人。

（3）学校占地：建设成果为 262 亩。

（4）校舍面积：总面积建设成果为 91967 平方米。生均校舍面积建设成果 20.39 平方米。

（5）实训条件：实训设备建设成果为 5628.91 万元。

（6）信息化建设：学生用计算机达到了 1 台 /7 人，教师用计算机达 1 台 /1 人；有功能齐全的校园网，基本实现数字化管理；有数字化教学平台，实现优质资源班班通，网络学习空间人人通；建成了56门课程的教学资源库，容量达到了4.5T，信息化教学达到一定水平。

（7）图书配备：印刷图书的建设成果14.8万册，生均32.8册；专业图书建设成果6.9万册。

（8）体育、卫生等设施：实地查看，篮球场15个，排球场10个。

（9）专业建设：该校共14个专业，6个示范性专业，8个规范化专业，3个省级品牌专业。

（10）经费保障：经查工资发放明细和生均公用经费拨款凭证，教师工资按时足额发放，生均公用经费拨款达到省定最低生均公用经费拨款标准。

内涵发展成效：

（1）学生综合素养教育。

以社会主义核心价值观教育为根本任务，实施了全员、全过程、全方位育人机制，不断提高学生综合素养。"德育学分制"，"全员育人导师制"，系列主题教育，习惯养成教育等常态化开展。整合课程体系，丰富第二课堂，开展了三大活动，全面推进学生人文素养教育。按照课程渗透，专业融合，校企对接的原则，实施了企业文化进校园，不断提升学生职业素养。通过国学讲堂，感恩教育，校园文化建设等不断提高学生公民素养。

（2）深化教学改革。

形成了"品牌专业为龙头、骨干专业为支撑，相关专业为补充"的特色鲜明、优势明显、与区域产业发展相适应，与技术技能型人才培养相吻合的专业发展格局。深化了"校企合作，项目引领，工学结合，以岗定学"人才培养模式改革，形成了校企合作、人才共育、过程共管、责任共担的校企协同育人格局。完善了课程建设相关制度，形成了课程建设制度汇编。开发了12个专业的基于典型工作任务的项目化课程体系，修订了12个专业的教学实施方案、80门专业课程标准，编写并公开出版了校本教材34本，以核心课程为依托开发了精品课程资源14门1TB，总量达到了56门4.5TB。完善了教学模式改革的制度文件，形成了长效机制，积极推进"课堂车间化，车间课堂化"教学做一体化教学模式，各专业探索出了适应专业人才培养的教学做一体化教学模式。完善了相关制度和文件，在校企合作委员会和专业建设研讨的基础上搭建起了政府、学校、行业企业、家庭、学生等多元质量评价制度，形成了长效机制。"三级评选、四个教研、五个优评选"教科研活动得到了有序开展和落实，持续开展了各类教科研培训、学习、竞赛等活动。

（3）促进产教深度融合。

召开了3次校企合作理事会；各专业建设研讨会，形成了共建标准体系的意见和方案。与50多家企业建立稳定的合作关系，建成校外实训基地24个；引厂入校工作有序开展，建成3个校内生产性实训基地和"真实应用驱动教学"项目"小智商城"。5个专业8个班实现了订单培养，校企共同制定培养方案，实现了协同培养，工学结合、顶岗实习。牵头成立的德州市职业教育集团运行良好，共参与职教集团5个；牵头成立计算机专业教学联盟和数控专业教学联盟2个，参与专业联盟3个。在实践和研讨基础上，学校在制定了现代学徒制培养相关制度文件；汽车运用与维修专业立项为山东省现代学徒制试点专业。

（4）提升师资队伍水平。

制定和完善了教师聘任、评价、激励培养的制度汇编；积极争取教师编制，专任教师师生比达到了1∶14.6 师资水平整体提升，结构更加合理。建立和逐步完善了兼职教师聘用管理的各项制度。成立教师发展中心，按照"四级六类"分层分类培养，"四级"就是"雏鹰展翅""大雁领航""鹰击长空""鲲鹏翱翔"梯队培育，"六类"就是把教师分为"专业带头人、骨干教师、双师型教师、兼职教师、青年教师、文化基础课教师"，多形式、多载体分类培养培训。角色互换，校企人员交流常态化。坚持把师德师风建设与专业发展、校园文化建设、党风廉政建设和岗位奉献相结合，组织师德征文、演讲、五个一业务竞赛、专题研讨和先进典型评选等活动，大力宣传职业学校教师自己的故事，营造崇尚高尚师德的浓郁氛围。

（5）推进信息化建设。

制定了《齐河县职业中等专业学校信息化建设规划（2017—2020年)》《教师信息技术应用能力提升行动计划》等相关制度。建设了"双路核心、千兆主干"的高速网络，配置高性能服务器、中高端网络存储设备，实现了校园网络无线和有线全覆盖，实现了优质资源班班通，网络学习空间人人通。建立了数字化教学平台，完成了14门精品资源课程建设，建成仿真实训室6个。积极探索了"全员培训、专题培训、请进来培训、走出去培训"的信息化推广应用模式。制定并逐步落实了学生信息素养提升管理制度、活动方案；每学年信息化培训活动常态化开展、学生信息技术比赛全员参加，学生信息素养能力明显提升。

（6）完善学校内部管理。

制定《学校章程》，完善学校管理规章制度，明确学校岗位职责。制定了学校《管理水平提升行动计划实施方案（2016—2018年)》《校级领导班子轮训、培训管理规定》，形成校级领导自我专业发展、开展管理实践、自我评价、自主研修机制。制定学校《"十三五"发展规划》《中长期发展规划》，成立学校理事会、家长委员会、教职工代表大会，完善现代学校制度。

（四）存在问题

第一，学校对《任务书》部分项目建设没有达到要求。突出表现在：新增专业没有调整论证记录、无教师国外培养，教学诊改只停留在方案制定阶段，教师企业实践、校企双向互兼工作有待加强等。

第二，德育制度汇编等内容不规范、《专业建设发展规划》等内容与学校建设不一致，兼职教师补充未按任务书规划进行等。

第三，部分专业指导委员会等佐证材料真实度不够。

第四，经验做法总结系统性、典型性不明显，缺少就业满意率等成果统计表。

第五，各材料中的数据口径不一致，如实有教师人数不一致。

（五）改进建议

第一，提炼整理佐证材料，提高佐证力度。迎接验收材料制度性材料不够规范，应做成红头文件形式；原始材料要进行提炼整理，统计分析。教师企业实践材料缺失、校企人员交流制度材料缺失。师德师风建设中建议补充党建材料。

第二，重新研究建设文件，明确建设方向。

第三，逐项对比验收条目，序化佐证材料。按照评估内容和查验内容和验收评估计分办法准备材料，不要缺项。

四、整改报告

2017年12月7日和2018年3月19日，德州市教育和体育局组织省内5位专家和山东省教育厅组织省内4位专家分别对齐河县职业中等专业学校省示范校建设工程项目建设情况进行了中期检查和抽查。

2019年11月15日，德州市教育和体育局又组织省内4位专家对齐河县职业中等专业学校省示范校建设工程项目建设情况进行了终期评估。

根据三次检查评估情况，德州市教育和体育局分别下发了"山东省示范性中等职业学校建设工程项目中期检查评估报告"和"山东省示范性中等职业学校建设工程项目市级复评报告"，在肯定成绩的同时提出了学校示范校建设中出现的问题并给出了整改意见。

学校示范校建设领导小组高度重视评估中出现的问题，多次召开专题会议，结合专家反馈意见和示范校建设期间出现的问题，按照评估反馈意见制定了齐河县职业中等专业学校省示范校建设整改方案并上报市局。要求各项目建设组对照专家建议逐条进行认真整改，责任落实到人；材料准备精准对接任务书和验收要点，做到材料规范齐全，成果凸显。

校级领导分别负责多个项目建设的整改工作，另外指定副校长刘延申等3人专门督促各建设组整改落实情况。目前正在紧张整改过程中，确保到12月2日保质保量完成整改任务。现将整改情况报告如下：

（一）建设工程项目中期评估整改报告

1．存在的问题和不足

项目建设总体进度慢，顶层设计不细，重视不够，调度不力，机制不强。深化教学改革和促进产教深度融合项目，开展工作进度缓慢，档案资料不全，这说明示范校建设还没有深度推进，在强化学生综合素养、人才培养模式、教学模式、评价模式、课程改革等方面，还存在着认识不深、执行不力的状况。

资金使用制度需要进一步完善，固定资产管理需要加强。就学校财务来看，在资金的使用与管理上，要加快建设进度，确保完成率；固定资产有总账更要完善明细，补全验收入账凭证；培训费、技术服务费、开发费等项目要补全通知、合同等支撑材料。就地方财政来看，中等职业学校生均公用经费和落实教育费附加用于中等职业教育等相关政策，未落实。

材料不够系统、齐全、规范、美观，没有严格按照任务书进行归类。档案没有严格按照规划方案、执行过程材料和成果展示来及时规范整理，各项目小组的档案资料没有及时留存，缺乏时间节点，与汇报材料相关的佐证支撑材料不够完整。

我们认真梳理专家意见，总结归纳存在的问题，全面改进，科学分工，强化责任，提升标准，提高效率，补齐短板，迎头赶上，扎扎实实地全面推进示范校建设工作。

2．整改措施与要求

各项目建设组要按照省市两级专家建议认真整改，同时要做到举一反三。严格按照任务书验收要点保证质量准备材料。各建设组要尽快召开专题会议，研究整改前期问题和后期建设工作。学校领导小组尽快启动教学诊改和国际交流建设工作。

3．整改情况

虚心接受意见，进行自我反思。学校领导、示范校建设各项目小组、全体教职工层面分别召开会议，就专家组提出的意见分头讨论，统一思想，提高对示范校建设工作的认识和重视程度。

做好顶层设计，加大统筹推进力度，加快项目建设。每周五下午召开项目建设调度会,督导项目建设进度和落实情况。同时做好顶层设计,系统规划,加强协调推进,统筹建设进度,总结经验教训,推进目标管理、制度管理、过程管理,对照建设方案和进度表倒排工期,加快建设进度。

细化分工、明确任务,落实责任。对照建设方案和任务书,重新梳理建设任务,根据验收要点,一个一个落实到具体科室和人员,并进行指导,教给做什么,怎么做,做到什么程度。

严格资金管理,规范资金使用。完善学校内部各项财务制度;细化各子项目建设的预算和决算;建立了固定资产分类明细。积极争取上级部门的大力支持,申请落实了中等职业学校生均公用经费和教育费附加用于中等职业教育等相关政策。

加强档案规范整理,做到及时、全面、齐全、规范、美观。把示范校建设工作与学校日常教学和管理工作有机融合,协调统一,工作落实与档案整理同步,确保档案的原始性、规范性、真实性和完整性。

迎难而上,开拓创新,加强重点任务建设。一是全面落实《关于在中等职业学校实施学生综合素质评价的意见》,以提高学生综合素养为目标,以多样化活动为载体,推进常态化、长效化综合素养培养体系构建。二是以省级品牌专业和省级精品资源共享课程建设为引领,全面推进专业和课程建设,构建适应岗位需求的课程体系和课程内容。三是以探索多元办学模式改革为指引,深入推进校企合作,加强校企合作机制建设,积极推行认知实习、跟岗实习、顶岗实习,将工学结合、知行合一贯穿人才培养全过程。四是以落实《教师素质提升行动计划》为依据,以师资培训为抓手,做到制度、人员、经费、效果"四落实",强化培训、科研等手段,提高教师队伍整体水平。五是以信息化基础设施建设和教师信息技术能力提升为重点,建设"数字化校园和教学资源库",提升教学现代化、信息化水平。六是以建立现代学校制度为重点,完善各项管理制度,推进多元育人机制,加快教学诊断与改进工作,提高学校管理水平。

(二)建设工程项目终期评估整改报告

1. 存在的主要问题

学校实施的山东省示范性中等职业学校建设工程项目因实施前期

预算金额未充分合理设置，导致各建设任务实际资金支出金额与预算资金额存在偏差；明细单据和装订成册不规范；运用项目系统上报项目进度的材料缺失佐证。

学校对《任务书》部分项目建设没有达到要求。突出表现在：新增专业没有调整论证记录、无教师国外培养，教学诊改只停留在方案制定阶段，教师企业实践、校企双向互兼工作有待加强等。

德育制度汇编等内容不规范、《专业建设发展规划》等内容与学校建设不一致，兼职教师补充未按任务书规划进行等。

部分专业指导委员会等佐证材料真实度不够。

经验做法总结系统性、典型性不明显，缺少就业满意率等成果统计表。

各材料中的数据口径不一致。比如实有教师人数不一致等。

2．整改措施与要求

提炼整理佐证材料，提高佐证力度。迎接验收材料制度性材料不够规范，应做成红头文件形式；原始材料进行提炼整理，统计分析。教师企业实践材料缺失、校企人员交流制度材料缺失。师德师风建设中建议补充党建材料。

重新研究建设文件，明确建设方向。

逐项对比验收条目，序化佐证材料。按照评估内容和查验内容和验收评估计分办法准备材料，不要缺项。

3．整改情况

资金投入与管理及基础建设整改情况：

（1）对项目未完成的内容与项目负责人进行了对接；财务根据各项目组开支的情况，分年度分项目地进行了资金的汇总，经汇总后的报表清楚地将各项目开支进行了列示；将项目组上报的各项支出进行了合理的调配；要求各项目组在规定的时间内（12月10日前）完成省级经费1000万元的任务。

（2）固定资产管理已做到按笔做账，并规范了明细单据。增加了示范校新增固定资产的相关佐证材料。土地证齐全，既有建筑房产证正在咨询积极办理中；400米环形跑道和标准塑胶运动场正在向县教育和体育局、县政府汇报，进行规划中。

（3）进一步修改完善学校规章制度68个，形成了《学校规章制度汇编》和《学校内控管理制度汇编》。

（4）自学校被确定为第一批山东省示范性中等职业学校以来，学校及时运用项目系统上报了申报书、任务书、建设方案、与标杆院校差距分析报告和大事记等项目进度的材料，正按照专家建议把相关材料放入档案盒。

内涵发展整改情况：

（1）强化学生综合素养教育：重新修订完善德育管理制度；对三年度开展的各种教育活动、学生征文和职业生涯规划等进行编辑印刷；完善相关过程性资料和照片、视频、证书等相关佐证材料；安排学生填写综合素养评价手册，提供荣誉和活动佐证材料；丰富强化职业素养教育的过程性材料，"6S"管理制度实训楼上墙。

（2）深化教学改革：重新修订完善学校专业发展规划；落实新增专业调整认证记录；增加实施人才培养方案和深化教学模式改革的教学安排表、教师教案、工作页等过程性资料；增加实施项目化教学的佐证材料；在评价模式改革方面实施学生综合素养评价过程性材料和多元化评价材料，进一步完善了行业企业和其他社会组织等多方共同参与、多元化的专业教学评价机制，并引入行业企业第三方评价；修订学生顶岗实习管理与考核评价制度、实训项目考核制度及过程性资料；在教科研工作方面，增加"四个教研"的过程性材料；按照"五个优"评选和展示活动进行成果展示，增加了理实一体化教学中相关的教科研工作的资料。

（3）促进产教深度融合：补充增加了产教融合的相关制度、工作流程等材料；增加校企合作共建教学标准体系、共建基地平台、共同教育培养企业参与成分的材料；根据校企合作协议内容，体现了企业的参与，吸收了行业企业的意见；完善了学校参与集团化办学活动的材料和现代学徒制试点指标过程性材料。

（4）提升师资队伍水平：对双师型教师进行了重新统计；补充了专任教师职称评聘、年度考核、师德考核、出勤管理等管理制度；补充了兼职教师管理办法和聘书、教案、课表等凭证；完善了学校对各级各类教师的管理办法，补充了部分技能大师和名师工作室材料；补充完善了校企人员双向交流的材料；补充了师德师风中的党建材料，发挥了党建工作在师德师风建设中的核心和引领作用，完善了师德考核评价手册；对教师三年来获得的成果进行充分展示。

（5）推进信息化建设：将建设方案、招标合同、验收报告和使用情况总结报告等材料全部整理齐全；将信息化应用材料进行截屏；丰富完善教师参加信息化比赛的证书、部分比赛作品等标志性成果性材料；充实完善学校开展学生信息素养提升的过程性和成果性佐证材料。

（6）完善学校内部管理：学校制度修订中增加体现"现代"内涵的校企合作理事会、教职工代表大会的相关制度；补充教代会和工会相关材料，包括教代会代表名单、分组、议程、会议通过的文件、工会工作章程、学校工会工作有关规定、教职工活动方案、教职工福利发放表等材料；在学校管理水平提升中增加了"德育学分制""全员育人导师制"过程性材料和成果材料；在校长治校能力提升中增加了增加学校荣誉成绩、办学成果和媒体宣传报道；在学校治理机制创新中增加校长办公会和党支部的相关材料；学校组织各部门进行初级教学诊断与改进工作，各部门提供教学诊改工作总结，学校诊改办写出了三个学年度的教学诊断与改进诊改报告。

（三）今后努力的方向

第一，提高认识，认真反思，促进学校内涵发展。多向先进学校取经，进一步加强学校自身内涵建设，提高学校社会知名度，增加学校吸引力。继续守正创新，在学生综合素养提升方面打好"组合拳"，深入落实立德树人根本任务，加强社会主义核心价值观教育；继续以省级品牌专业、骨干专业和省级精品资源共享课程建设为引领，全面深化"校企合作、项目引领、工学结合、以岗定学"的人才培养模式，深入推进"课堂车间化，车间课堂化"理实一体专业教学模式改革，继续构建基于"典型工作任务"的项目化课程体系；进一步探索"四个对接"、联动发展的校企合作、产教融合工作运行机制，将工学结合、知行合一贯穿人才培养全过程；以"四级六类六大平台"为载体，以"双师素质"提升为重点，做到制度、人员、经费、效果"四落实"，强化实践、培训、科研等手段，提高教师队伍整体水平；继续通过"点圆效应""一体两翼"，以教师信息技术能力提升为重点，提升教学和管理现代化、信息化水平；继续以建立和完善现代学校制度为重点，多方参与，推进多元育人机制，提高学校管理水平。

第二，积极向上级主管部门反映，争取政策和资金支持，早日建成400米环形跑道和标准塑胶运动场，进一步为师生创造良好的校园环境。

第三，力争建设诊断平台，扎实推进教学诊断改进工作，发挥教学诊断改进工作在改进学校高质量发展中的引领和保障作用。

第五章

计划方案举例

项目建设中，会修订完善许多制度，也会制定许多的规划和方案。在制定过程中，我们一定要熟悉国家政策，了解社会需求，还要结合学校实际制定，做到"顶天立地"。

第28节　学校管理水平提升工程实施方案

为进一步提升职业院校管理水平，加快实现学校治理能力现代化，教育部印发了《职业院校管理水平提升行动计划（2015—2018年）》（以下简称《行动计划》）。山东省教育厅结合《行动计划》制订了《山东省贯彻落实教育部＜职业院校管理水平提升行动计划（2015—2018年）＞实施方案》和《山东省职业院校基本工作规范》。德州市教育局下发了《关于印发＜学校管理提升工程实施方案＞通知》（德教办字〔2106〕40号）《关于转发山东省贯彻落实教育部＜职业院校管理水平提升行动计划（2015—2018年）＞实施方案和＜山东省职业院校基本工作规范＞两个文件的通知》（德教职字〔2016〕1号）。为深入贯彻落实《行动计划》，提升齐河县职业中等专业学校理水平，增强核心竞争力，加快推进依法治校和治理能力现代化，根据文件要求，自2016年9月起，全面实施学校管理水平提升行动计划，建立和完善现代职业学校制度，实现学校治理能力现代化，提高学校管理科学化、规范化、精细化、特色化水平。现对照《行动计划》《山东省职业院校基本规范》和《实施方案》，结合学校实际，制定本实施方案。

一、总体目标

通过三年努力，使国家、省、市有关职业教育的政策、法规、制度和标准在齐河县职业中等专业学校得到全面落实。自主办学、依法治校、民主管理的运行机制和现代职业学校制度基本建立，多元参与的办学质量评价与保障体系不断完善，学校办学行为更加规范，办学活力显著增强，办学质量不断提高，办学水平明显提升，办学吸引力、核心竞争力和社会美誉度明显提高。

二、重点任务

（一）开展突出问题专项治理行动

1. 诚信招生承诺活动

面向社会公开承诺诚信招生、阳光招生，校长和招生工作相关人员签订责任书，严格执行国家、省、市有关招生考试政策规定和招生程序，规范制作招生简章和开展招生宣传活动；实行诚信招生、阳光招生，规范操作，切实做到应公开的全部公开，接受考生及其家长、社会监督；报名、考试、招生全过程资料必须全部归档保存。

责任主体：招生与就业指导办公室。

完成时限：从2016年9月开始，按年度组织实施。

2. 学籍信息核查活动

全面落实学籍电子注册和管理制度，严格执行《中等职业学历教育学生学籍电子注册办法》，充分利用学生管理信息系统，加强学籍电子注册，对学籍异动、学生信息变更及时更新，确保学籍电子档案数据准确、更新及时、程序规范，杜绝虚假学籍、重复注册等现象。

责任主体：学籍管理与学生资助办公室。

完成时限：从2016年9月开始，按年度组织实施。

3．教学标准落地活动

严格执行国家和省、市制定的教学文件，完善教学管理机制；分专业制定、完善人才培养方案，并随着培养对象的变化而进行修订完善；开发具有地方特色的教学指导方案和符合学校、专业实际的专业教学实施方案；强化教学过程管理，组织开展教学计划执行情况专项检查，注重教学效果的反馈与改进，杜绝课程开设与教学实施随意变动、无教学计划或有教学计划不执行等现象。

责任主体：升学部、就业部。

完成时限：2016 年 9 月开始，按年度组织实施。

4．实习管理规范活动

严格执行职业院校学生实习管理相关规定，按照专业人才培养方案开展实习实训工作，落实专业实践性教学、顶岗实习时间，努力做到学生顶岗实习的岗位与其所学专业面向的岗位群基本一致；加强对学生进行岗位安全教育、职业道德教育，强化以育人为目标的实习过程管理和考核评价；完善学生实习责任保险、信息通报等安全制度，杜绝学生顶岗实习的岗位与其所学专业面向的岗位群不一致等现象。

责任主体：升学部、就业部、招生与就业指导办公室。

完成时限：从 2016 年 9 月开始，按年度组织实施。

5．平安校园创建活动

加强安全管理，增强学生安全意识、纪律意识，落实"一岗双责"责任制；建立健全校园隐患排查整治机制、安全应急处置机制和人防、物防、技防"三防一体"的安全防范体系，消除水电、消防、餐饮、交通和实训等方面的安全隐患；组织开展安全教育宣传活动，集中开展交通安全、防溺水、消防、防灾减灾等专题教育，定期组织消防和防震等应急演练。开展平安校园、文明校园创建活动。

责任主体：安全科、升学部、就业部。

完成时限：从 2016 年 9 月开始，按年度组织实施。

6．财务管理规范活动

严格执行国家财经法律法规，建立健全学校财务管理制度，防止和杜绝虚报虚列、违规使用资金等现象的发生。严格预算管理，强化预算约束；夯实会计基础工作，完善内部控制机制，加强财务风险防范；健全学生资助等专项资金管理办法，加强过程控制，规范财务行为；完善财产管理制度，加强财产管理，提高使用效益。

责任主体：财务科。

完成时限：从 2016 年 9 月开始，按年度组织实施。

（二）学校管理制度标准建设行动

1．加快学校章程建设

依法制定和完善学校章程，按要求及管理权限履行审批程序并组织实施，完善学校治理结构和决策机制。

责任主体：办公室。

完成时限：2016 年 12 月。

2．完善管理制度标准

适应现代职业学校制度建设，以学校章程建设为基础，理顺和完善教学、学生、后勤、安全、科研和人事、财务、资产等方面的管理制度、标准；建立健全相应的工作规范和流程，形成系统科学的内部管理制度体系。强化管理制度、工作标准和规范执行的监督、检查、评估、奖惩。

责任主体：办公室。

完成时限：按年度组织实施，2018 年 6 月底完成。

3．强化制度标准落实

明确落实管理制度、标准的奖惩机制，健全教学管理机构，建立行业企业深度参与的教学指导机构，完善教学运行机制和管理机制，进一步加强教育教学常规管理，严格教学纪律和课堂纪律管理，完善教学管理、学生管理基本规范和教师教学工作常规制度。强化管理制度、标准执行情况的监督、检查。

责任主体：督导办公室。

完成时限：按年度组织实施。

（三）管理队伍能力建设行动

1. 明确岗位能力要求

结合学校实际和不同管理岗位特点，围绕学校发展、育人文化、课程教学、教师成长、内部管理等方面，结合学校实际和不同管理岗位特点，细化校长、中层管理人员和基层管理人员等能力要求，引导管理人员不断提升职业素养和岗位能力。

责任主体：人事科。

完成时限：按年度组织实施。

2. 加强培养培训

科学制订各类管理人员培养培训方案，坚持日常学习与专题培训相结合、在职学习与脱产进修相结合、理论学习与经验交流相结合、学校学习与企业挂职相结合，实施管理人员全员培训，完成一轮管理人员全员培训；搭建学习平台，组织学校管理人员参加国家级、省级、市级培训，选派管理人员到企业和发达地区职业学校挂职，建立分层次、多形式的培训体系。

责任主体：教务处。

完成时限：按年度组织实施。

3. 强化激励保障

深化探索内部人事管理制度改革，拓展管理人员的发展空间和上升通道，形成有利于优秀管理人才脱颖而出的机制；积极推进以岗位能力要求为依据的目标考核，把考核结果与干部任免、培养培训、收入分配等结合起来。

责任主体：人事科。

完成时限：按年度组织实施。

（四）管理信息化水平提升行动

1．强化管理信息化整体设计

制订和完善数字校园建设规划和设计，加快数字化校园建设，实现教学、学生、后勤、安全、科研等各类数据管理的信息化和数据交换的规范化。

责任主体：信息科。

完成时限：按年度组织实施，2017年12月底完成。

2．健全管理信息化运行机制

建立基于信息化的管理制度，建立健全管理信息系统应用和技术支持服务体系；成立以校长为组长的数字校园建设领导小组和工作组，设立信息化主管，加强由行业企业专家参与、专兼结合的专业化技术支撑队伍建设，聘请健全管理信息系统应用和技术支持服务体系，承担学校信息化软、硬件系统维护和应用培训等任务，保证系统数据的全面、及时、准确和安全。

责任主体：信息科。

完成时限：按年度组织实施。

3．提升管理信息化应用能力

组织开展全员培训学习，着力增强教学及管理人员信息化意识和应用能力，提高运用信息化手段对各类数据进行记录、更新、采集、分析，以及诊断和改进教育教学、学校管理的能力。组织开展信息化管理创新经验交流与研讨活动，举办教师信息化教学研讨与竞赛活动，组织参加各级各类职业学校教师信息化大赛，提高教师教育技术应用能力和信息化教学水平。组织开发各类教育教学资源，建设网络课程、精品课程以及微课等课程资源，实现优质资源共建共享。

责任主体：信息科、教研室。

完成时限：按年度组织实施。

（五）学校文化育人创新行动

1．凝练学校核心文化

系统设计学校文化，总结体现现代职教思想、职业特质、学校特色、可传承发展的校训和校风、教风、学风等核心文化；加强校徽、校歌、校旗、LOGO、校报、校刊以及广播站、校园电视台等建设，形成独特的校园文化标识，并通过板报、橱窗、走廊、校史陈列室、文化墙、文化景观、广播电视、门户网和新媒体等平台进行传播，发挥其在学校管理中的熏陶、引领和激励作用。

责任主体：宣传科。

完成时限：按年度组织实施。

2．精选优秀文化进校园

深化中国特色社会主义和中国梦宣传教育，培育和践行社会主义核心价值观。弘扬中华传统文化和现代工业文明，开展劳模、技术能手、优秀毕业生等进学校活动，促进产业文化和优秀企业文化进校园、进课堂。加强校园技术技能文化积累。设立校园开放日，开展便民服务活动，加强学生企业岗位实习工作。定期开展劳动模范、技术能手、优秀毕业生进学校等活动，促进产业文化和优秀企业文化进校园、进课堂，引导学生树立立足岗位培训、增强本领、服务群众、奉献社会的职业理想，培养崇尚劳动、敬业守信、创新务实的职业精神。

责任主体：升学部、就业部、宣传科。

完成时限：按年度组织实施。

3．培养学生自主发展能力

完善学校德育工作制度，创新德育形式，充分利用重大纪念日、节日等时间节点，广泛组织开展丰富多彩的德育主题教育活动，深入开展文明礼仪教育、行为规范教育，培养学生社会责任感和自信心，提升学生自我教育、自我管理、自我服务的能力。加强学生社团组织建设，丰富学生社团活动，深入开展文明礼仪教育、行为规范教育以及珍爱生命、防范风险教育，培养学生社会责任感和自信心，促进学生守规、节俭、整洁、环保等优良习惯的养成，提升学生自我教育、自我管理、自我服务的能力。

责任主体：升学部、就业部。

完成时限：按年度组织实施。

（六）质量保证体系完善行动

1. 建立教育教学质量监控体系

发挥教育质量主体作用，建立并完善分专业的人才培养质量评价标准，把毕业生职业道德、技术技能水平和就业质量作为人才培养质量评价的重要标准，完善由学校、行业、企业和社会机构等共同参与的质量评价、反馈与改进机制。

责任主体：升学部、就业部。

完成时限：按年度组织实施。

2. 完善职业教育质量年度报告制度

加强职业院校人才培养状态数据采集与分析，建立中职学校质量年度报告制度。实施中等职业学校学生学业水平和综合素质评价，利用数据平台加强职业学校人才培养状态数据采集与分析。

责任主体：信息科。

完成时限：2016 年 9 月开始，按年度组织实施。

三、强化保障，确保《行动计划》顺利有效实施

（一）强化组织领导

成立以校长为主任、分管副校长为副主任、职能处室为成员的行动计划指导委员会，统筹指导行动计划的组织实施，强化考核。各处室落实主体责任，根据本方案要求，对照《重点任务分工及进度安排表》（见附件），制订具体工作方案和年度推进计划，明确目标任务和路线图、时间表、责任人，全员参与、全程管理，有序组织实施。

（二）强化宣传引领

综合利用各类主流媒体和网站、微博、微信等新媒体，组织全体教职工学习讨论，分层次、多形式地宣传解读行动计划，营造舆论氛围。采用专家解读、集中培训、研讨交流等多种方式，进一步提高认识、统一思想，全面理解和把握实施中等职业学校管理水平提升行动计划的总体要求、重点任务和保障措施等，切实推进学校提升管理水平。

（三）强化督查指导

建立《行动计划》实施进展情况通报和重大问题限期整改报告制度，并视情况组织专项督查。建立督查调研、情况通报、限期报告、跟踪问效等制度，为学校制定章程搭建交流、咨询和服务平台，推动一校一章程建设。自觉接受上级部门及第三方机构的监督考核，确保工作取得实绩，争创全省职业院校中职学校管理30强。

附件：重点任务分工及进度安排表

序号	重点任务	责任主体	时间进度	保障措施
一、突出问题专项治理行动				
1	诚信招生承诺活动	招生与就业指导办公室	2016年12月底前完成	学校主要领导和招生工作相关人员签订招生责任书。严格执行招生考试政策规定和招生程序，规范制作招生简章和开展招生宣传活动；实行诚信招生、阳光招生，接受考生及其家长、社会监督
2	学籍信息核查活动	学籍管理与学生资助办公室	2016年9月开始，按年度实施	明确校长为第一责任人，严格执行《中等职业学历教育学生学籍电子注册办法》，对学籍异动、学生信息变更及时更新，确保学籍电子档案数据准确、更新及时、程序规范，杜绝虚假学籍、重复注册等现象
3	教学标准落地活动	教务处	2016年12月底前完成	完善教学管理机制；分专业制定人才培养方案；开发教学指导方案和专业教学实施方案；强化教学过程管理监督
4	实习管理规范活动	教务处、招生与就业指导办公室	2016年12月底前完成	严格执行实习管理相关规定，落实专业实践性教学、顶岗实习时间；加强对学生进行岗位安全教育、职业道德教育，强化实习过程管理和考核评价；完善学生实习责任保险、信息通报等安全制
5	平安校园创建活动	安全科教育处	2016年12月底前完成	加强安全管理，落实"一岗双责"责任制；建立健全校园隐患排查整治机制、安全应急处置机制和人防、物防、技防"三防一体"的安全防范体系；组织开展安全教育宣传活动，定期组织消防和防震等应急演练；开展平安校园、文明校园创建活动
6	财务管理规范活动	财务科	2016年12月底前完成	建立健全学校财务管理制度，严格预算管理，强化预算约束；完善内部控制机制，加强财务风险防范；健全学生资助等专项资金管理办法；完善财产管理制度，加强财产管理，提高使用效益

续表 -1

序号	重点任务	责任主体	时间进度	保障措施
二、管理制度标准建设行动				
1	学校章程建设	办公室	2016 年 12 月底前完成	依法制定和完善学校章程，按要求及管理权限履行审批程序并组织实施，完善学校治理结构和决策机制
2	完善内部管理制度	办公室	2018 年 6 月底前完成	以学校章程建设为基础，完善教学、学生、后勤、安全、科研和人事、财务、资产等方面的制度、标准；强化管理制度、工作标准和规范执行的监督、检查、评估、奖惩
3	强化制度标准落实	督导办公室	2018 年 6 月底前完成	健全教学管理机构，建立教学指导机构，加强教育教学常规管理，完善教学管理、学生管理基本规范和教师教学工作常规制度；强化管理制度、标准执行情况的监督、检查
三、管理队伍能力建设行动				
1	明确岗位能力要求	人事科	持续实施	细化校长、中层管理人员和基层管理人员等能力要求，引导管理人员不断提升职业素养和岗位能力；制订各类管理人员培养培训方案，实施管理人员全员培训；搭建学习平台，建立分层次、多形式的培训体系
2	组织开展管理经验交流和培训活动	教务处	持续实施	
四、管理信息化水平提升行动				
1	强化管理信息化整体设计	信息科	2017 年 12 月底前完成	制订完成数字校园建设规划和设计，加快数字化校园建设；成立专门机构，配备专职人员；建立基于信息化的管理制度，建立管理信息系统应用和技术支持服务体系，保证系统数据的全面、及时、准确和安全
2	健全管理信息化运行机制	信息科	持续实施	
3	提升管理信息化应用能力	信息科教研室	2017 年 12 月底前完成	组织全员培训学习。组织开展信息化管理创新经验交流与研讨活动，举办教师信息化教学研讨与竞赛活动，组织参加各级各类职业学校教师信息化大赛；组织开发各类教育教学资源，建设网络课程、精品课程以及微课等课程资源，实现优质资源共建共享
五、学校文化育人创新行动				
1	凝练学校核心文化	宣传科	持续实施	系统设计学校文化；形成校园文化标识；深化中国特色社会主义和中国梦宣传教育，培育和践行社会主义核心价值观；弘扬中华传统化，加强校园技术技能文化积累；加强学生企业岗位实习工作，促进产业文化和优秀企业文化进校园、进课堂；完善学校德育工作制度，创新德育实现形式，广泛开展丰富多彩的德育主题教育活动；加强学生社团组织建设，丰富学生社团活动，提升学生自我教育、自我管理、自我服务的能力
2	精选优秀文化进校园	宣传科、教务处	持续实施	
3	培养学生自主发展能力	教育处	持续实施	

续表-2

序号	重点任务	责任主体	时间进度	保障措施
六、质量保证体系完善行动				
1	建立健全质量监控体系，发布质量年度报告	教务处	持续实施	建立并完善分专业的人才培养质量评价标准，完善由学校、行业、企业和社会机构等共同参与的质量评价、反馈与改进机制
2	建立和完善预警机制，编制、发布职业教育质量年度报告	信息科	持续实施	加强职业院校人才培养状态数据采集与分析，建立中职学校质量年度报告制度。实施中等职业学校学生学业水平和综合素质评价，利用数据平台加强职业学校人才培养状态数据采集与分析
七、加强组织领导				
1	负责行动计划的总体设计、全面部署和监督指导	校委会	持续实施	成立以校长为主任、分管副校长为副主任、职能处室为成员的行动计划指导委员会，统筹实施、强化考核。制订具体工作方案和年度推进计划，明确目标任务和路线图、时间表、责任人，组织有序实施
2	制订工作方案和年度推进计划	办公室	持续实施	
八、加强宣传发动				
1	开展行动计划以及国家职业教育政策法规和制度标准的宣传解读活动	办公室 宣传科	持续实施	综合利用各类平台进行政策宣讲，组织全体教职工学习讨论，宣传解读行动计划，营造舆论氛围。采用专家解读、集中培训、研讨交流等多种方式，全面理解和把握实施中等职业学校管理水平提升行动计划的总体要求、重点任务和保障措施等，切实推进学校提升管理水平
2	设立"职业院校管理水平提升行动计划"网络专栏，专家辅导、专题研讨活动	宣传科 信息科	持续实施	
九、加强督促检查				
1	建立督查调研、情况通报、限期报告、跟踪问效等制度	督导办公室	持续实施	建立《行动计划》实施进展情况通报和重大问题限期整改报告制度，组织专项督查；建立督查调研、情况通报、限期报告、跟踪问效等制度，推动形成一校一章程；自觉接受上级部门及第三方机构的监督考核，争创全省职业院校中职学校管理30强
2	建立进展情况简报、通报和重大问题限期整改报告制度，组织专项督查，争创全省职业院校管理30强。	信息科 督导办公室	持续实施	

第29节　学校专业建设发展规划

一、建设单位概况与必要性分析

齐河县职业中等专业学校始建于 1982 年，是国家首批中等职业教育改革发展示范学校，国家级重点中等职业学校，中央职业教育示范性数控技术专业实训基地。齐河县职业中等专业学校占地较大，大约251 亩，建筑面积为 6.28 万平方米。齐河县职业中等专业学校师资非常健全教职工 315 人，其中专任教师 273 人，专业专任教师 168 人；"双师型"教师占专业教师的 72.6%，其中技师以上专业教师 83 人，占专业教师的 49.4%，兼职教师 43 人；有国家级优秀教师、先进个人 2 人，省级优秀教师、教学能手 5 人，市级优秀、教学能手 58 人。齐河县职业中等专业学校开设了机电技术应用、数控技术应用、汽车运用与维修、计算机应用、服装制作与生产管理、建筑工程施工、护理、会计、旅游服务与管理、学前教育、化学工艺等 11 个专业；有 2 个省级特色品牌专业，3 个省级教学示范专业，4 个市级骨干专业，建有 42 个实验实习室和实训基地。

专业建设是学校最重要的教学基本建设，决定着学校人才培养的规模、结构、质量和水平。如何根据地区经济和社会发展的需要设置专业，如何强化专业建设以彰显学校专业优势和特色，是关系到学校可持续发展的关键所在。

就目前齐河县职业中等专业学校专业建设的现状看，齐河县职业中等专业学校专业建设有了很大发展，但仍然存在专业发展不均衡，专业结构和布局不合理，专业建设水平不高的问题，特别是重点专业建设内涵、特色及辐射作用有待加强，省级以上精品课程和教材建设有待开发。另外,专业人才培养模式与课程设置及师资队伍结构有待完善,实验实训条件、教学仪器设备和图书专业资料等硬件设施仍显不足。

为主动适应区域经济社会发展的需求,使学校专业建设与地区产业结构调整、产业化规模提档升级相匹配,加快学校专业建设步伐,促进学校教育教学质量的提高,实现学校全面健康协调可持续发展,需要特制订专业发展规划。

二、指导思想

认真贯彻落实《国务院关于加快发展现代职业教育的决定》《国家中长期教育改革和发展规划纲要（2010—2020年）》以及教育部、山东省政府关于职业教育改革与发展的一系列重要文件精神,遵循职业教育发展规律,进一步提升职业教育理念。

本着面向社会市场需求,紧贴区域和地方经济发展需要,坚持服务地方经济社会发展的原则,科学规划和调整专业布局,协调推进,突出特色,提升整体办学水平。

以主动适应国家及地方经济结构战略调整为出发点,以主体专业建设为龙头,优化专业结构布局,加强专业内涵建设,夯实办学基础,促进可持续发展,实现高素质技术技能型人才的培养目标。

三、专业建设目标与思路

对接区域产业布局,确定"以省级品牌专业建设为龙头、重点建设产业为支撑,相关专业为补充"的专业统筹思路,在对覆盖职业岗位群调研的基础上,各专业根据自身基础条件,明晰发展定位。重点建设以省级品牌专业为主的对接区域主导产业的骨干专业,提升改造部分传统专业,布局发展对接新兴产业的专业,通过持续的投入与建设,使齐河县职业中等专业学校的专业布局和专业结构更加合理,水平显著提高,专业与课程建设在省内享有一定的知名度,努力为行业和区域经济社会发展做出更大贡献。

一是加强以省级品牌专业为龙头的重点专业建设。加强省级品牌专业——机电技术应用、计算机应用专业,完成建设任务,顺利通过省教育厅验收，并积极争取将数控技术应用专业列入山东省品牌专业建设工程；以省级品牌专业建设为龙头，建设期内，重点建设机电技术应用、计算机应用、数控技术应用、汽车（新能源）运用与维修专业、建筑工程施工、护理专业等六个重点建设专业。通过加大投入，加强实习实训设施建设，推进课程体系改革，深化校企合作，强化专业核心课程和教学资源建设等渠道，建成示范性专业。

二是布局发展对接新兴产业的相关专业。紧紧抓住我县黄河国际生态城旅游区和济南北部新区旅游产业的蓬勃发展，大力发展旅游服务与管理专业。针对我县经济开发区盖世物流园和普锐斯物流园区等物流产业的快速发展，申请新增物流服务与管理专业。加大这两个专业投入，增加实习实训设施，加强校企合作，推进两个专业快速发展，达到规范化专业建设要求。

三是适应产业向高端化、低碳化、智能化转型升级的需要，调整专业发展方向。适应我县作为新能源汽车生产基地和快速发展的新能源汽车产业发展需求，作为传统专业的汽车运用与维修专业增加新能源汽车技术专门化方向，培养从事新能源汽车装配与调试、性能检测、维护工作的技能型专门人才。机电技术应用专业则适应现代装备制造业高速发展的需要，增加工业机器人专门化方向，培养工业企业机电设备和智能设备（机器人）生产、系统运行、维护、安装、调试的技能型人才。适应化工产业迅速向精细化工、高端化工升级的形势，齐河县职业中等专业学校化学工艺专业对接金能科技集团，与金能集团合作紧随企业升级改造，校企共同调整专业发展方向，向高端化、精细化、低碳化转移；服装制作与生产管理专业与山东服装学院合作，加强中高职衔接，共同探讨提升服装专业发展质量与层次。

通过3年的时间，通过课程改造，加强与行业企业的对接，紧密围绕产业发展和学生需求，深化校企合作，强化实习实训设施建设，推进人才培养模式与课程体系改革，形成特色鲜明、优势明显、与区域产业发展相融合、与技术技能型人才培养相吻合的专业发展格局，全部专业均达到规范化专业标准，实现山东省示范性中等职业学校建设要求。

四、主要措施

（一）合理调整专业布局，建立专业动态调整机制

专业设置和人才培养符合行业和地方经济发展需要，进一步加强专业内涵建设，强化专业带头人培养，产学研协调发展，规划建设课程体系，着力强化实践实训教学，形成一些教学研究成果，继续促进传统特色专业创新发展，采取强有力的政策措施，建设新的高水平的省级品牌专业，使得齐河县职业中等专业学校办学优势更加明显，进一步提升整体办学水平。"十三五"期间，争取建成省级品牌专业3个以上，示范性专业6个以上。

针对现有专业，以省级品牌专业建设为龙头，建设期内，重点建设机电技术应用、计算机应用、数控技术应用、汽车（新能源）运用与维修专业、建筑工程施工、护理专业等六个重点建设专业。紧紧抓住我县旅游产业、物流产业的发展，做大做强旅游服务与管理专业，新增物流服务与管理、电子商务专业，服务乡村振兴战略，新增植物保护专业。

（二）创新产教融合、校企合作制度

建立专业建设与产业发展同步协调的运行机制，以重点专业为依托，整体推进与行业龙头企业或骨干企业合作，将企业资源、标准融入人才培养全过程。

（三）加大投入，改善教学条件，丰富教学资源

按照专业群内共享和"理实一体"的原则，整合校内实践教学资源，校企共建真实、仿真的项目教室和现场教室，确保专业技能训练项目都有对应的实训室。学校在"十三五"期间，计划投入600万以上，用于专业校内实习实训条件建设。

（四）深化教育教学改革，提升专业竞争力和人才培养质量

以立德树人为根本，以促进就业为导向，以提升学生思想道德修养、人文修养和综合职业能力为核心，以适应经济新常态和技术技能人才成长成才需要，完善产教融合、协同育人机制为突破点，按照"基于

岗位职业活动，引入职业资格标准，以能力递进构建课程体系、推行以项目为载体的课程改革"理念，通过校企共同开发，形成集学生学习、教师教学和行业、企业培训于一体的网络课程教学资源。

1．深化"校企合作、工学结合、以岗定学、项目引领"人才培养模式改革

以省级品牌专业为试点，建成省内先进、富有特色的课程体系；对接最新职业标准、行业标准和岗位规范，紧贴岗位实际工作过程，调整课程结构，更新课程内容，深化课程改革。

2．加强教学资源库和学习平台建设

建设在线开放课程；建立基本覆盖专业核心、主干课程的数字化资源，实现校内开放，集团和校外共享；建设覆盖主干课程重要知识点的微课程；积极参与各类课程建设，并实现共享，积极参与数字化教学资源建设项目。按照省级精品资源共享课的标准建设3～4门课程，建设校级精品资源共享课程10门以上。

3．校企共同开发专业课程体系

按照确保学生职业能力、人文素质、职业素养整体提升的要求，以"基础模块＋专业模块"的形式，注重专业群内相通或相近的专业基础课程和相关或相近的专业技能课程建设，校企共同构建专业群课程体系，并通过校企合作平台、校外实习实训基地等手段加强群内专业课程内容整合，实时引入行业企业的新知识、新技术、新标准、新设备、新工艺、新成果，动态更新教学内容。同时采用微课形式，将专业群平台课程、专业核心课程、新技术课程建成融培养专业技术与技能、职业核心能力于一体的项目化网络在线共享课程，促进课内、课外学生学习效率与质量的不断提高。

4．改革教学方法和教学手段

着眼于学生职业能力培养，结合不同课程教学内容与教学要求，普及推广项目教学、案例教学、情景教学、工作过程导向教学，广泛运用启发式、探究式、讨论式、参与式教学，充分激发学生的学习兴趣和积极性；以学生为主体、教师为主导，充分利用信息化教学手段来提高教学效果，让学生在主动参与过程中获得知识和技能；利用信息化教学设计大赛平台，提高教师资源建设能力和信息化教学设计能力。

5.健全教材建设与管理

统筹安排公共基础课程、专业基础课程、专业课程和实践课程，合理确定课程内容的难度、深度、广度和能力要求，推进课程的综合化、模块化和项目化，鼓励开发校本教材和教学资源。

五、保障机制

（一）组织保障

为了在专业建设、课程建设、教材建设、教学研究与教学改革等方面形成有计划有步骤、持续有力、长期有效的思路和统筹规划部署，全面做好全校专业建设质量提升工作，学校成立专业建设领导小组，各专业科建立专业带头人和责任人负责制具体落实专业建设整改措施，加强对规划实施的组织领导，明确规划责任分工，为专业建设提供坚强的组织保障。

（二）制度保障

修订和完善各项规章制度，建立健全齐河县职业中等专业学校教育办学标准和质量标准体系，建立和完善结构合理、相互关联、良性互动的制度体系。为专业建设质量提升制度保障，保证专业建设任务如期完成。

（三）人才保障

改善师资队伍结构，加强师资队伍建设。坚持"引进、培养、聘用"并举的方针，制订相关政策，吸引优秀人才来校任教，聘用有实践经验和理论水平的工程技术人员担任专业课或实践课教师，鼓励教师提高学历层次，有计划地鼓励和选派青年教师到企业参加实训，提高青年教师实践能力，将青年教师实训计划及其落实情况将作为特色专业检查验收的必要内容之一。按基础课程、专业课程和实践课程群开展教学团队建设，提高双师素质教师比例，努力造就一支师德高、结构优、业务精的专业教师队伍，全面提高教学质量。

完善齐河县职业中等专业学校专业带头人和负责人制度，强化专业建设责任意识。为进一步加强培育品牌和示范专业，提高专业人才培养质量，完善齐河县职业中等专业学校专业带头人和负责人制度。每个专业设一名专业带头人和负责人，负责起草本专业建设规划，组织拟订或修订本专业人才培养方案、教学实施方案等教学文件，具体执行培养方案，组织开展本专业的课程体系、教学内容、教学方法和教学手段改革和科研工作，抓好课程建设和教材建设；开展与其他学校同类专业的横向交流与合作，努力提高本专业的办学水平，扩大社会辐射作用和影响。

完善教职工激励和考核机制，调动教师教学积极性。加大青年教师培养与培训工作力度；进一步完善教学业绩考核办法，鼓励教师把主要精力投入到教学工作上，将教学态度、教学水平、教学效果作为职称评聘的重要依据。

（四）经费保障

坚持教学工作中心地位，经费投入向教学倾斜，不断加强基础设施建设，办学条件特别是实习实训条件得到较大改善。建立与地方政府建立常态化的联系机制，努力争取省、市政府专项资金的投入和政策支持；充分利用社会资源，拓宽办学经费来源，保证教学经费的投入逐步加大，提高内涵建设经费投入力度。重点加大对优势和品牌专业建设的投入，对学校重点建设项目，资金及时安排到位，专款专用，确保重点建设项目按计划顺利进行。

第 30 节 推进"校企合作、工学结合、以岗定学"人才培养模式改革实施方案

校企合作、工学结合人才培养模式是利用职业院校和企业不同的教育资源和教育环境,发挥院校和企业双方在人才培养方面的优势,实现学生职业能力与企业岗位要求之间的无缝对接,培养高素质技术技能型人才的人才培养模式。

为贯彻和落实《国家中长期教育改革和发展规划纲要(2010—2020年)》和《国务院关于加快发展现代职业教育的决定》(国发〔2014〕19号)等文件要求,进一步深化人才培养模式改革,继续巩固和提高教育教学质量,学校在充分考虑各专业现有条件的情况下,结合"十二五"期间的建设成果,特制定本实施方案。

一、指导思想

以党的十八大精神为指导,坚持党的教育方针,遵循职业教育发展规律,创新人才培养模式,深化教育教学改革,把职业教育与经济社会发展紧密地联系在一起,产学合作、工学结合、双向参与,提高学校的人才培养质量和企业的人才竞争优势,最终促进社会经济的发展,

二、建设目标

坚持把不断提高人才培养质量放在首位,以职业能力培养为核心,以分类分段培养为特色,以校企联合培养为手段,通过调整阶段培养方式和目标促进学生岗位技能和职业素养的可持续发展;在教学管理方式、课程体系、教学方法和手段等方面,深化改革,不断创新,办出特色,提高水平,构建具备时代特征、符合现代职业教育要求、适应社会和企业的发展需要、充满生机和活力的人才培养模式。

三、改革意义与坚持的基本原则

（1）校企合作、工学结合体现了职业教育的办学宗旨，是职业教育的特色与优势。要积极推行与生产劳动和社会实践相结合的学习模式，把校企合作、工学结合作为学校人才培养模式改革的重要切入点，带动专业调整与建设，引导课程设置、教学内容和教学方法改革。

（2）校企合作、工学结合人才培养模式改革的重点是教学过程的实践性、开放性和职业性，校内实习实训和企业顶岗实习是两个关键环节。要重视学生校内实训的针对性和效果，探索工学交替、任务驱动、项目导向等有利于增强学生能力的教学模式；加强学生顶岗实习的指导和管理，保证条件成熟的专业有半年时间到企业等用人单位开展顶岗实习。

（3）校企合作、工学结合的本质是教育要与企业、与社会需求紧密结合，要培养符合企业和社会需要的人才。根据各专业的特点进行分类，并根据对应岗位的要求设置不同的培养阶段，通过调整不同阶段的培养目标来满足不同岗位的需要。对于不适合大面积顶岗实习的专业，应延长校内学习阶段的时间，通过夯实专业基础提高学生的综合竞争力。

四、组织机构

学校成立校企合作、工学结合人才培养模式改革领导小组，全面指导和统筹改革工作。领导小组成员如下：

组长：李文祥

副组长：谯健、尹鹰

成员：刘宜强、刘延申、孙强、于志磊、陈亚楠

各专业科、年级部成立本项目工作组，工作组年级主任或者专业科长担任组长，由各专业教研室主任、专业带头人、骨干教师作为成员。各项目工作组应配合学校做好人才培养模式改革的组织和协调工作，努力营造好良好的氛围，开展教师和实习指导教师的培训工作，加强与学生及家长之间的联系，做好各项信息的传达和解答工作，确保各项改革工作稳定、有序开展。

五、改革的实施范围

此次实施的人才培养模式改革面向从 2016 级开始的所有专业。

校企合作、工学结合的人才培养模式更强调学生在企业的能力培养，在实施过程中应根据专业的性质选择不同的方式。对于条件成熟的专业应建立"2.5+0.5"的人才培养模式，其中顶岗实习包括综合实训和生产实习。对于不适合大面积顶岗实习的专业应考虑引入企业项目在校内开展教学和实践活动。

六、主要内容

（一）有计划地开展市场调研工作，校企双方签订合作协议

各专业要根据专业培养目标要求，在充分调研和论证的基础上，选择校企合作意向强、企业生产装备先进、能为学生提供足够实习实训工作岗位的企业作为合作企业，共同组织实施校企合作、工学结合人才培养工作。

（二）调整人才培养方案

校企合作、工学结合的实质就是将教学过程与生产劳动和社会实践紧密结合，以企业实际生产过程和真实生产任务为载体，现场培养学生的职业应用能力。校企合作、工学结合的人才培养方案突出强调工作与学习结合，理论与实践结合，融"教、学、做"为一体的教学模式。专业课程体系应符合技能人才培养目标和专业相关技术领域职业岗位（群）的任职要求。

各专业要根据校企合作、工学结合人才培养模式的特点和要求，通过专业指导委员会，联合企业人员，根据企业发展需要和完成职业岗位实际工作任务所需要的知识、能力和素质要求，以岗位工作任务为中心，共同制定适应企业需要和有利于提高学生技能的专业人才培养方案。课程的设置以及实习实训的安排，以任务为中心，以岗位需求为基础，以综合职业能力为本位，构建具有职教特色的课程体系。采用模块化、层次化和综合化等多种课程模式，优化课程结构，努力把知识传授和

技能培养紧密结合起来，增强课程的灵活性、适应性和实践性，并为学生可持续发展奠定良好的基础。

（三）人才培养方案的组织实施

1．建立校企合作、工学结合管理机构

校企双方要根据校企合作协议，在各专业建立校企合作、工学结合管理机构，明确专门负责人和管理人员的职责，完善相应的管理制度，以保障校企合作、工学结合人才培养工作的有效实施。

2．加强综合实训教学环节的指导

顶岗实习是学校借助企业资源来实施职业教育、彰显办学特色、提高教学质量的重要手段。为期半年的顶岗实习包括综合实训和生产实习两个阶段，它们都是三年职业教育不可缺少的教学组成部分。要强化综合实训和生产实习的过程指导，促进学生的动手能力、分析和解决问题能力的提高。

3．加强"双师"队伍建设与管理

（1）配备专职指导教师。

各专业要配备专职指导教师，负责校企合作、工学结合人才培养工作的组织实施与管理。指导教师主要职责：协助企业兼职教师做好学生实习实训期间的组织管理与考核工作；定期到企业与兼职教师、学生进行沟通交流，掌握学生的思想动态和实习实训情况，维护学生在企业的合法权益，帮助学生解决实习实训中存在的问题；建立学生实习实训档案，记录学生在企业实习及各方面的表现；与企业兼职教师共同指导学生撰写实习报告并做好学生实习报告的检查与评价工作，做好学生顶岗实习鉴定等。

要切实加强教师实践技能的培养。一是充分利用合作企业的条件，有计划地派遣青年教师到对口企业生产第一线进行实践锻炼，培养双师素质。二是有目的地让青年教师承担校内外实习实训基地的实践指导任务，通过实践教学活动，深入生产实际，提高专业技能。三是鼓

励教师参与企业科研及科技项目研发和推广工作，在科技研发推广和技术服务中丰富和发展基础理论，提高业务能力和横向科研开发能力。

（2）聘用兼职指导教师。

要聘请企业一线管理、技术人员和能工巧匠，建立一支实践经验丰富、具有较高教学水平、相对稳定的兼职教师队伍，以保证专业人才培养质量。各专业要根据合作企业提供的岗位情况和顶岗实习学生的分布，聘用责任心强，业务素质符合要求的企业管理和技术骨干作为兼职教师，负责实习实训学生的指导和管理。每个学生都要有对应的兼职教师，并接受兼职教师的指导与管理。

（3）教师管理。

各专业要加强对校内专职指导教师的管理，主动了解校内专职指导教师和企业兼职教师工作开展情况，校内指导教师开展巡回式指导工作前，必须提前进行报批，并以保障校内正常教学和管理工作为前提。

4.改革课程考核方式

制定校企合作、工学结合人才培养模式下的教学质量评价体系、学生综合素质评价体系、实习实训评价与考核制度。各专业要积极探索多形式、多元化的考核方式，尤其对顶岗实习的考核，应根据两个不同实习阶段的主要目的分别考核，要加强对职业能力的测试与考核，要突出企业对学生的考核。学生在顶岗实习阶段，综合实训和生产实习按照课程进行管理和成绩评定。

（1）综合实训期间，由企业兼职教师按照学生在学习期间的技能发挥、劳动态度、纪律性等综合评定成绩，该成绩占顶岗实习成绩的50%。

（2）生产实习期间，专职指导教师应对学生的实习周志和实习报告的质量、内容进行评阅，并结合巡视检查情况给出成绩。该成绩占顶岗实习成绩的50%。

（四）加快校企合作、工学结合课程及配套教材建设步伐

第一，在推行校企合作、工学结合人才培养模式改革的实施过程中，要以职业能力培养为重点，与行业企业合作进行基于工作过程的课程开发与设计。针对合作企业的先进实用技术、实际生产过程，与行业企业人员共同分析工作岗位所需的知识、能力与素质要求，选择确定课程设置，实现工作岗位要求与开设课程相对应，实践训练项目与企业的生产作业接轨的课程和教材建设目标。

第二，加强优质核心课程建设。以骨干教师为课程负责人，联合行业企业，根据技术领域和职业岗位（群）的任职要求，共同制订职业岗位标准。要积极吸纳企业管理和技术骨干共同参与课程建设，将岗位标准、职业技能鉴定标准有机结合，开发校企合作、工学结合的课程标准，确定教学内容，合作完成相应教材与课件的编写与制作。

第三，积极开发专业网络课程，利用网络技术，实现校外开放，满足校外顶岗实习学生的网络学习要求。各专业要建立网络教学资源库，有效满足在学生自主学习的需求。

七、管理措施

（一）建立和完善各项管理制度

应根据各专业校企合作、工学结合开展的实际情况，及时总结经验，建立健全各项管理制度，完善校企合作协议、学生与学院签订的在企业顶岗实习的协议等。

（二）加强对学生的安全管理

学生参加顶岗实习前，要与学校签订安全教育责任书，切实加强学生校外实习实训的安全管理，保证学生在校外顶岗实习过程中的人身、财产安全。进行校外顶岗实习的学生要严格遵守学院和实习实训单位的规章制度，服从学校和实习实训单位的工作安排和管理，按照劳动规程办事，确保劳动安全。

（三）加强校企合作、工学结合质量监控

第一，教务处主要负责对各系开展的顶岗实习工作进行监督和检查，重点对实习计划、指导教师工作记录、学生顶岗实习周志、实习

报告和批改情况等进行检查，并不定期安排专人参与教师的巡回检查工作，了解学生实习过程中的问题。

第二，各专业要加强对校企合作、工学结合人才培养工作的管理，专职指导教师要认真履行管理职责，及时深入企业进行巡回检查，每月向专业负责人和系领导汇报一次学生实习实训情况、企业管理情况、兼职教师履行职责情况。

第31节　学校理实一体化
教学模式改革实施方案

教学改革是学校改革的核心，是提高教学质量，提升人才培养工作水平，顺利实现学校人才培养目标的唯一途径。为进一步贯彻落实人才培养模式改革方案，强化学生职业能力、职业素养的培养，提高教育教学质量，根据齐河县职业中等专业学校专业特点和学生的实际，特制定教学做一体化的教学模式改革实施方案。

一、指导思想

根据齐河县职业中等专业学校人才培养模式的要求，以"让教学更贴近学生"的目标为指导，以职业岗位需求为导向，加强实践教学，促进知识传授与生产实践紧密衔接。以能力为本位，创新教学理念。以任务为引领创新教学手段，改革教学方法。建立多样性与选择性相统一的教学机制，在教学中采用现代信息技术，多渠道系统优化教学过程。通过综合、具体的职业实践活动帮助学生积累工作经验，突出职业教育特色，全面提高学生素质和综合职业能力。

二、总体思路

以齐河县职业中等专业学校人才培养目标为指导，以适应职业岗位需求为导向，以培养学生岗位职业能力和综合素质为核心，强化知识传授与实践技能紧密结合。在专业建设指导委员会的统筹指导下，改革教学模式，建立教学做一体化的教学模式。

在教学做一体化的教学模式建立中，坚持以能力为本位、以职业实践为主线、以项目课程为主体，加强校企合作，建立真实应用驱动教学改革机制，突出学生自主学习能力和解决实际问题能力的培养，在实践教学中突出以学生"做"为主的项目任务驱动模式，以激发学生的学习兴趣为目的，采用项目教学、案例教学等多种以工作为导向的教学法，坚持理论教学与技能训练相融合，从而提高齐河县职业中等专业学校专业教学的质量。

三、教学目的

第一，实施教学做一体化教学的目的是更好地培养学生自主学习能力和解决实际问题的能力。具体表现为：①在原来教学模式的基础上实施新的教学模式，改进教学方法，采用多种教学方法相结合提高教学质量。②通过改进教学模式，增强学生的学习兴趣、提升学生的学习能力、扩大学生的知识范围。

第二，实施一体化教学，强调做和学，即强调学生的主体性和能动性的培养，既是技能技术的学习训练，更是创新思维与综合能力的培养，目的是为了学生综合素质的提高。

第三，实施一体化教学，深入开展项目教学、案例教学、场景教学和岗位教学等灵活多样的教学方法，在实施过程中始终以促进学生学习为出发点实施有效教学。

四、教学模式的实施

依据以岗位为目标、任务为引领、能力为本位、项目为载体的教学模式的构想，各专业根据专业不同性质、特点，运用模块化教学、项目教学等教学方法，创新教学方法，开展教学活动；加强师资队伍建设，打造一支"双师型"的教学团队；同时，开发项目任务式的教学内容，改善一体化教学环境，为教学做一体化教学模式的实施奠定坚实的基础。

（一）创新教学方式

1. 模块化教学

模块化教学法，是以现场教学为主，以技能培训为核心的一种教学方法。该教学方法以其灵活性、针对性、现实性、经济性的特点，越来越受关注。

模块化教学的具体方式：

（1）划分小组。小组人数以3～6人为宜，确定组长，组与组之间大体上要平衡，控制小组成员的变量很多，如学习者的学习成绩、知识结构、认知能力、认知方式等。

（2）确定内容。一节课的教学目标、教学内容，需要通过完成一项或几项具体的任务融合到教学过程中，从任务中引出教学目标，使学生产生学习知识的兴趣。

（3）布置任务。确定要完成的任务后，教师要向学生具体详细地讲清任务，充分调动学生学习的积极性。

（4）学生实施。向学生讲明要做什么后，教师不能采取"放鸭式"不管。教学组织者、实施者是教师，教学的指挥、调度仍掌握在教师手中，还要让学生知道怎么做，指导学生想办法、找出路，特别是对有困难的学生要给予必要的指导，使每个学生都能顺利完成任务。

（5）评价结果。学生完成任务之后，教师要展示其作品，进行讨论、总结、评比，使教材内容得到进一步的强化。评价包括学生对知识的掌握程度、运用知识解决新问题的能力以及学生在活动中的表现等。

2．项目教学

项目教学是让学生在一段时间内解决一个问题的教学方式，项目可以由教师提出，也可由学生自己提出。项目教学的重点在于通过项目在应用中学习知识与技能，而不是简单的间接经验的传递，它有助于提高学生的学习动机、培养学生的独立思考、自信的品质和岗位职业能力。项目教学特点：以项目为主线、教师为引领、学生为主体。

项目教学实施步骤：

（1）教学目标的确定；

（2）工作任务的确定；

（3）编制项目计划；

（4）项目实施；

（5）检查评估；

（6）项目展示。

3．岗位教学

岗位教学是特定的模拟或真实工作环境条件下，分岗位模拟或实际处理该岗位的基本业务与事务，在教学中根据本专业的岗位，选择几个主要典型岗位，进行分岗位轮换教学。

实施步骤：

（1）教学目标的确定；

（2）在岗位群中选择几个岗位（模拟岗位的确定）；

（3）编制岗位工作、岗位职责、轮岗计划（根据自己的所见所闻和专业知识，制作该岗位的工作方案，确定考核标准）；

（4）编制岗位任务（根据自己现有知识，发表不同意见，确定岗位所需工作任务）；

（5）编制任务书（分组）；

（6）岗位教学实施（根据所确定的任务目标，进行实际操作）；

（7）检查评估（根据制定的考核标准进行评估）；

（8）岗位轮换（不同的岗位进行轮换，继续操作练习）。

4．案例教学

案例教学以理论与实际有机结合为主线，根据教学目的要求，以案例为基本素材，将学生引入真实情景中，通过师生、生生间的多向互动、积极参与平等对话和讨论，重点培养学生的批判反思意识及团体合作能力，并促进学生充分理解问题的复杂性，变化性和多样性等特性。

案例教学的特征：

（1）案例组织的目的性。

无论是对一门课程众多案例的组织，还是对某一案例教学的具体设计，都应当紧扣一定的教学目标来进行，都要通过一个个独特而又组织严密的案例或案例体系，最终达到教学目标。

（2）案例陈述的真实性。

案例是对已发生的典型事件的如实陈述，所描述的实践是完全真实的，完全依照事件发生的实际状况进行陈述，对所发生的实践的时间地点、具体情节及过程都应如实记录。

（3）案例内容的仿实践性。

案例教学的内容主要是针对实践中的问题，案例的展示不是简单地告诉学生一个真实的社会群体在干什么，而是通过再现或模拟方式把学生带到一个真实、典型、具体的"现场"，让学生置身其中，充当角色，进行"实践"操作，增进"实践"经验。一般来说，案例都要选择较为新近的实践活动或事例作为素材，这样才会更加突出案例教学与现实实践活动的相关联性。

（4）案例设计的问题性。

案例一般都蕴含着可供学生分析和思考的问题。有些问题看上去是明显的，有的可能较为隐蔽，需要学生通过对案例情景的仔细思考才有可能辨明；有些甚至在表面看去较为明显的问题，背后实际还隐含着更为深层的问题。案例设计带有问题性就是要使学生在接触到案例后，产生疑惑，由此引发思考，当然案例设计所涉及的问题，既可以是给人以正面启迪的，也可以是提供反面教训的。

（5）案例性质的典型性。

教学案例的选择要精心筛选。筛选案例的一个重要原则，就是要考虑案例是否具有典型性或代表性。每一个案例都是一个相对完整的"故事"叙述，都会反映或折射出一定的主题。成功的教学案例必须要考虑案例的典型性，使每一个案例的学习都尽可能地能够代表与学科的内在逻辑相关的那一部分学习内容，并通过这些典型的案例将各部分内容联系起来。

案例教学的实施步骤：

①确定教学目标；

②案例编写或选择；

③制定案例教学计划（包括分组等）；

④案例实施阶段（案例阅读分析、案例讨论）；

⑤案例总结和反思；

⑥案例学习报告。

5．场景教学

场景教学是以实现特定技能教学目的为出发点，运用现代教学理念、技术手段和方法，创设出与教学内容相对应的各类典型场景，使学生熟练掌握技能的一种教学模式。

场景教学的实施步骤：

（1）确定教学目标；

（2）确定项目、实施项目主导；

（3）场景设置：大胆设想，联系实践中可能出现的问题设计角色和场景；

（4）物品准备：准备进行项目实践可能需要的物品；

（5）课前预习：课前对所做的项目进行了一定的了解和调查，做好相应的准备工作；

（6）任务分解：对操作的项目进行分工；

（7）角色扮演：联系生活，展现生活情境，让学生站在该角色的立场上体验和深入专业知识和技能的应用；

（8）六步教学法：提出问题、分析问题、解决问题、总结规律（知识和技能）、扩展知识和技能、解决类似问题（迁移）；

（9）评估总结：①工作经验②职业素质③团队协作④动手能力⑤学习能力。

6．模拟教学

模拟教学是一种以教学手段和教学环境为目标导向的行为引导型教学模式。模拟教学分为模拟设备教学与模拟情景教学两大类：①模拟设备教学主要是以模拟设备作为教学的支撑，其特点是不怕学生因操作失误而产生不良的后果，一旦失误可重新来，而且还可以进行单项技能训练，学生在模拟训练中能通过自身反馈感悟正确的要领并及时改正。②模拟情景教学主要是根据专业学习要求，模拟一个社会场景，在这些场景中具有与实际相同的功能及工作过程，只是活动是模拟的。

模拟教学的实施步骤：

（1）情景创设。教师根据教学目标和要求，并结合学生的实际情况和教学条件，进行情景创设。

（2）模拟执行。学生在教师的指导下，发挥学习主体的作用，进行模拟操作或表演。

（3）模拟检查。学生针对预定的模拟学习目标，按照实际工作的要求，对照模拟结果，自主进行模拟学习的检查和总结，改进自己的操作和行动。

（4）模拟评价。教师对模拟的全过程进行评价与反馈，通过教师的综合点评，学生进一步发现问题，明确下次模拟中学习的内容。

7. 翻转课堂教学

翻转课堂教学是指学生在家完成知识的学习，而课堂变成了老师学生之间和学生与学生之间互动的场所，包括答疑解惑、知识的运用等，从而达到更好的教育效果。

翻转课堂教学的实施步骤：

（1）在课前准备环节，主要分教师备课及学生自评。教师在教学资源管理平台收集整理教学资源，然后在课程开发平台中设计学习任务单并在微课程制作平台制作微课，再发布到学习平台，学生在"学习系统"上自主学习任务单、观看微课视频并查看借鉴其他资源。学生可以通过学习课本、观看听讲、阅读材料、交互训练、独立探究、完成作业、问题记录、在线交流八个环节，进行自主学习，为课堂内化做准备。

（2）在课堂内化环节，课堂内化就是要让学生对学到的知识进行系统掌握，形成新的认知结构；对学习中遇到的问题获得圆满的解决等。教师在翻转课堂备课系统导入备课及相关多媒体资源，学生就课前自主学习的问题与小组成员和教师进行协作探究，教师进行交流指导，主要包含相互交流、个性辅导、协作探究、完成作业、知识深化及交流反馈等内容。

（3）在评价点拨环节，学生完成作业后，教师合理安排学生进行展示，在学生上台展示学习成果之后，教师选定其他学生评价前面学生的展示成果，并回答全班其他同学的发问，最后对于展示的成果做出相应的评分。

（4）在总结提升环节，教师针对前面三个环节中出现的疑难点再次进行点拨，同时对指导学生学习过程中发现的问题，比如学生理解起来比较难的地方、学生讨论问题时意见不统一的地方等等，都可以给予指导或再次组织学生讨论。教师引导学生对所学知识进行系统化的总结和反思，梳理学习内容，强化对知识点的理解，形成全面、合理的知识树结构，使学生在头脑中构建清晰、完整的知识框架，而不是只获得零散的知识点。

（二）打造双师型教学团队

师资是教学模式改革的主体，引导教师转变观念，是确保一体化教学模式实施的关键。一体化教学模式改变了传统教学理论课教师与实践课教师类型界限分明的特点，要求教师既能讲授专业理论知识，又能指导实习操作，对教师的课程开发能力、专业教学能力和操作技能提出了更高要求。齐河县职业中等专业学校为确保教学做一体化教学模式的顺利实施，认真贯彻落实《中等职业学校教师专业标准》，建立健全师资队伍建设长效机制；优化教师队伍结构，改善教师特别是专业教师紧缺局面；开展多层次、多形式、多载体培养培训，促进教师队伍素质整体提升；积极开展校企合作交流，"身份互认、角色互换"，共同培养专业师资；强化师德师风建设，推动学校持续健康发展。努力打造出一支"双师型"教学团队，为教学做一体化教学模式的顺利实施奠定良好的基础。

（三）开发项目任务式教学内容

为配合理实一体化教学模式改革，学校组建了由行业企业专家、校内教师组成的教材开发团队，并以能力培养为目标，以职业实践为主线，结合行业企业人才需求调研、工作任务和岗位职业能力分析结论，确定学生应具备的能力结构与知识结构；以知识应用为目的，以工作任务为载体，以"实用为主，够用为度"为原则，设计项目任务式的教学内容，力争实现教学做一体的教学模式，实现理论知识与技能训练的有机结合。

（四）改善一体化教学环境

一体化教学场地要求将理论教学教室和实训场地合一。在建设期内，学校应加大对实训基地建设的投入，建设既能满足理论教学，又能具备技能训练的一体化教学场地，实现理论教学与技能训练融合进行，为学生提供体验实际工作过程的学习条件。从而使实践教学形式更加丰富，教学手段更加先进，教学效果更加显著。

同时，学校应重视职场氛围的营造，一是专业文化环境建设。实训基地通过文化墙和多媒体形式呈现行业的发展历史、未来的发展趋势及行业领军、知名企业等专业文化知识，对学生进行形象直观的入职教育。二是职场文化环境营造。一体化教学实训室引入企业目视化管理模式，利用形象直观而又色彩适宜的展板将实训管理制度、操作程序、工作职责、工艺流程等条例规范进行展示，打造一目了然的工作现场，创设真实的职业环境。

五、教学模式保障措施

（一）制定一体化教学的管理制度，教学评价标准以及激励机制

结合教学工作的具体要求和一体化教学改革的实际需要，建立一体化教学管理制度，维护一体化教学秩序，保障一体化教学效果。规范教学计划、教学大纲、教案，规范教师的教学行为和学生的学习行为，健全教学考核制度，对一体化教学的组织、管理、质量等进行监控。

为更好地推进一体化教学进程，及时评价教师的教学能力和学生的学习效果，建立一套覆盖课堂教学、实践教学、顶岗实习和订单培养全过程、体现理论与实践结合的教学质量评价标准和学生考核标准。

完善专业内部管理制度及激励机制，将教师参与改革取得的成绩，作为评价教师能力和水平的重要内容，列入职称评定、职务晋升的重要条件，建立与人才培养模式和教学模式相适应的分配制度。

（二）合理安排教学过程，构建教学时间、场地一体化

传统的教学模式采取理论课程在先、实践课在后，这使得理论教学和实践教学不能很好地融为一体。通过教学模式改革，采用教学做一体化，使得理论教学和实践教学的时间、教学场地融为一体，整体提升了教学质量。在教学内容上，以掌握实践技能所必需、够用为原则，对实际中采用的新技术、新内容、新设备，必须在实际操作和实训中有所反映，重视理论教学对实践的指导作用，做到理论联系实际，学以致用。

六、预期目标

通过改革教学模式，使学生的专业能力、方法能力、社会能力等得到提高，进而促使学生在动手操作的实践活动中，从被动地接受到主动动手创造，在愉快的气氛中获取知识。动手能力强的学生，不仅在做的过程中真正学到知识，同时还可以指导别的同学操作；动手能力差的学生，通过做，找出自己的差距，及时弥补不足，从而形成一个集体学习的过程，有效解决学生由学校向社会过渡的问题。

第32节 构建"基于典型工作任务的项目化课程体系"实施方案

为深入贯彻《山东省中长期教育改革和发展规划纲要（2011—2020年）》提出的重点工程建设要求，全面落实《山东省职业教育基础能力建设计划（2011—2015年）》《山东省教育厅山东省财政厅关于山东省示范性及优质特色中等职业学校建设工程的实施意见》（鲁教职字〔2015〕50号），依据"校企合作、工学结合、以岗定学"的人才培养模式和"教学做一体化"的教学模式，以培养学生的综合素质为目标，以校企合作为主线，实行工学结合，顶岗实习，推动教、学、做的统一，促进学生全面发展，制定"基于典型工作任务的项目化课程体系"。

一、指导思想

本次课程体系改革以培养学生职业道德、职业能力和岗位技能为主要目的，通过构建"基于典型工作任务的项目化"的课程体系，达到提高学生可持续发展的基础能力、提高毕业生就业竞争力的最终目标。打破以知识传授为主要特征的传统学科课程体系，转变为"以岗位为目标、任务为引领，能力为本位"组织课程内容，让学生在完成具体项目的过程中构建相关理论知识，发展相关职业能力。课程内容突出对学生职业能力的训练，理论知识的选取紧紧围绕"以岗位为目标、任务为引领，能力为本位"完成的需要来进行，同时又充分考虑中等职业教育对理论知识学习的需要，并融合相关职业资格证书对知识、技能和态度的要求，每个项目的学习都按以典型任务为载体设计的活动进行，以"岗位为目标、任务为引领，能力为本位"为中心整合理论与实践，实现理实一体化。

二、建设思路

以专业标准和岗位要求为导向，以培养学生岗位职业能力为核心，强化知识传授与生产实践密切结合，逐步实现专业设置与产业需求对接，课程内容与职业标准对接，教学过程与生产过程对接，毕业证书与职业资格证书对接，职业教育与终身学习对接。实施以任务为引领，项目为载体的课程设置，推动教、学、做一体，让学生在做中学，学中做，形成合理的职业知识、技能、素质的能力结构。构建以职业标准为导向，职业能力为核心，项目任务为载体的课程体系。

三、课程体系建设原则

第一，坚持德育为先，能力为重，把社会主义核心价值体系融入教育教学全过程，着力培养学生的职业道德、职业技能和就业、创业能力。

第二，坚持教育与产业、学校与企业、专业设置与职业岗位、课程教材内容与职业标准、教学过程与生产过程的深度融合。将职业资格标准作为构建课程体系的重要依据，满足行业科技进步、劳动组织优化、经营管理方式的转变和产业文化对技能型人才的新要求。

第三，坚持"校企合作、工学结合、以岗定学"的人才培养模式，注重校企结合、学训结合、产教结合锻炼学生的实践能力、动手能力和学习能力，突出理论实践一体化教学，强调综合实训等教学环节，突出职教特色。

第四，坚持整体规划、系统培养，促进学生的终身学习和全面发展。正确处理公共基础课程与专业技能课程之间的关系，合理确定学时比例，严格教学评价，注重与高职课程衔接。

第五，坚持专业发展的先进性和可行性，遵循专业建设规律。注重吸收职业教育在专业建设、课程教学改革中的优秀成果，借鉴国内外先进的经验，兼顾行业发展实际和职业教育现状。

四、课程体系建设内容

（一）开展市场调研

各专业对区域相关产业进行人才需求分析和调研，通过访谈调查，毕业生跟踪调查、行业企业人才需求、校企合作理事会会、专业建设指导委员会会议研讨、专家论证等方式，对岗位群技能要求和毕业生的就业趋势进行分析，确定各专业企业岗位需求及专业发展方向。

（二）优化课程结构

针对传统职业教育在一定程度上存在的教学内容与生产实际相脱离、理论与实践相脱离的状况，以新型教育理念为指导，为优化课程结构与实践环节，提高教学效率，现从公共基础课、专业技能课（专业核心课、专业技能（方向）课）、专业选修课对各专业进行改革。

（1）公共基础课程定位于学生未来发展的基础性、应用性，适应不同专业、不同工作岗位需求。

（2）专业技能课遵循技能型人才职业能力形成的规律，着眼于学生专业能力、职业能力的形成。

（3）选修课以学生成长和发展为中心，拓宽知识、技能，提高学生职业能力和综合素质，培养学生潜能和兴趣特长。

（三）构建课程体系

实施基于典型工作任务的项目化课程开发，通过行业企业人才需求调研、专家研讨，职业能力和典型工作任务的分析、归纳，学习领域任务转换，构建基于典型工作任务的项目化课程体系。

1.典型工作任务分析

明确专业对接的职业岗位，邀请行业企业专家、职业院校教育专家、专业带头人和骨干教师广泛参与，根据企业岗位工作任务对专业人才的要求，把职业活动分解为任务。通过对完成工作任务所要具备的职业能力的要求，确定典型工作任务并分析。

2.学习领域转换

以专业带头人、骨干教师为主导，邀请行业专家参与，对归纳出的典型工作任务进行分析。按照工作过程中知识构成及技能构成的相关性，以项目教学的形式整合成学习领域任务课程。

3.基于工作过程课程体系构建

参照真实产品开发、生产流程，按照能力培养循序递进的原则，构建以岗位要求为出发点的，基于典型工作任务的项目化课程体系。

（四）建设优质专业核心课程

专业核心课程的建设以岗位（群）对职业素养、职业能力、创新精神与创业能力、可持续发展能力的要求为出发点，以企业产品作为原型，参照行业企业技术标准，由专业教师与企业专家共同参与建设。优质核心课程按照"课程内容项目化、项目来源企业化、教学组织工厂化、考核实施过程化"的建设思路，由专业教师与行业企业专家共同参与，认真分析课程内容，明确课程定位、目标要求；以岗位对职业素养、职业能力、可持续发展能力的要求为出发点，根据专业人才培养要求修订课程标准；基于企业产品工作任务和生产过程，设计学习情境，选择教学模式和教学方法；参照行业企业技术标准和职业资格标准，设计考核标准、评价模式；加强专业教师队伍建设，配置优秀骨干专业教师，聘请企业兼职教师，加强对学生实践技能、职业道德、综合素养的培养；联合企业共同建设"基于真实生产环境的一体化实训车间"和校外实训基地，共同加强学生工学结合、顶岗实习环节管理，以企业为主，共同开展考核评价；配合优质核心课程的开发，引入行业企业技术标准，融入新知识、新技术、新工艺，共同编写校本教材、生产实训案例、试题库、考评系统等教学资源，系统化推进各专业优质核心课程建设。通过对专业优质核心课程的建设，带动整体专业课程建设与发展。

（五）建设共享型数字化教学资源

由专业教师和行业企业专家组成专业教学资源开发团队，在市场人才需求调研和毕业生跟踪调查的基础上，开发制订专业教学标准化文件，主要包括专业岗位能力标准、专业人才培养方案、专业教学实施方案、专业课程标准、生产性实训和顶岗实习教学标准以及与各专业相关的职业资格标准等；搜集整理相关案例素材，开发教学资源共享平台，为在校师生及其他社会成员提供一个互动交流、教学信息发布、自主学习、教学参考、资源共享的多功能平台。

七、保障措施

（一）完善专业课程管理体制

科学修订和完善各项专业课程管理制度，层层签订目标责任书，奖优罚劣，激励先进，鞭策落后。提高管理人员自身素养和业务管理水平，充分发挥专业部、实训部、教务处等处室职能作用，确保教育质量。

（二）加强师资队伍建设

1. 着力抓好教师职业道德建设

以完善的制度要求教师转变工作观念、作风，以学生为主体，一切为了学生，做好学生学习的组织者、引导者、服务者和全面发展的促进者。

2. 扎实推进教师业务能力建设

学校通过外出学习、培训、参观、考察等多种形式积极为教师业务能力的提高创造良好条件，为教师的专业成长提供人文关怀。

第33节 构建多元一体质量评价模式实施方案

为贯彻和落实《国家中长期教育改革和发展规划纲要（2010—2020年）》和《国务院关于加快发展现代职业教育的决定》（国发〔2014〕19号）等文件要求，进一步深化教学改革，形成社会、行业、企业和学校多元评价模式，制定本实施方案。

一、搭建多元一体的质量评价平台，完善考核评价制度

在校企合作理事会、专业建设指导委员会的指导下，成立由学校人员、行业企业人员、学生家长组成的教学质量评价小组，推进教学督导评估制度与教学诊断与改进制度，搭建政府、学校、行业企业、家庭、学生多元化的质量检查与评价体系，多渠道科学地收集信息，形成对教学质量多角度、多方位、多层次的评价反馈机制。根据职业岗位能力要求，融合行业技术标准和职业资格标准，修订基于企业岗位需求的课程标准；根据教学要求制订课堂教学质量标准、校企合作教材编写标准；修订学生顶岗实习管理与考核评价制度、实训项目考核制度等，逐步形成完善的教学质量标准体系和考核制度。

二、校企共同参与，全过程全方位实施教学质量监控与评价

通过校企联合调研，共同修订人才培养方案、教学实施方案，设计课程，共同确立培养目标、人才标准，共同确立教学形式、教学评价，促进学校教学模式改革，促进校园文化与企业文化的融通。加大校企合作，课程改革必须要符合企业的用人标准，课程怎么改，课程怎么设置，不由学校单方面研究决定，而需要企业加入，学校要灵活统筹。要大

面积实施模块课程，使职教教学管理既落在实处，又便于操作，突出实用性。以企业岗位群为导向，力争做到行为目标化，企业需要什么样的人才，需要具备什么样的专业技能，学校就根据企业的需要，开设什么样的课程，实行"模块教学"，使学生技能得到强化，真正实现专业与岗位对接。

校企合作设计考核与评价方案，共同建立健全校内外教学质量检查评估系统。校内教学检查评估体系主要包括定期和不定期教学检查制度、教学督导制度、干部及教师相互听课制度，教师评学、学生评教、校（专业）内部进行的各种教学检查、教学观摩、教学评优等活动，阶段性检测与随机性检测相结合，及时了解教师教学、学生学习、教学管理与实习实训过程等各方面的情况，诊断与改进教学过程的偏差等活动，建立教学质量信息沟通与反馈机制，向教师及时反馈学生对教学的合理意见和建议。校外系统主要包括学生顶岗实习考核评价信息、毕业生跟踪调查信息、与用人单位间的双向交流和信息反馈、人才市场需求信息和社会调研等。组织专人进行有针对性的校外调查，并形成制度化。推行职业技能鉴定考核制度，成立试题库，以考核促进学生专业技能的掌握。鼓励学生参加职业资格水平考试，在专业技能方面，倡导"多证制"。

三、大力加强师资队伍建设，把多元一体质量评价模式落到实处

建设一支专兼结合、数量足够、素质优良、结构合理，能主动适应全面推进素质教育需要的中职师资队伍，是落实多元一体质量评价模式的关键。要针对教师目前存在的问题，加强教师业务培训，提高教师自身的教学能力和实践能力。要特别重视"双师型"教师和实习实训教师队伍建设，要注意加强对骨干教师，专业带头人的培养。同时，要不断加强对教师的职业道德教育，引导老师树立正确的教育观，质量观和人才观，做到为人师表，教书育人，自觉履行《教师法》规定的义务和职责。职业学校教师承担着繁重的教学任务，要进行教学方法改革和创新，实现因材施教；要加强文化基础教育，要加强职业技

能教育、创新精神和创业能力教育；要面向市场，根据职业教育特点，深入开展人才培养模式和技能培训方式改革。职业学校教师要紧跟科学技术和经济社会发展的形势，要不断进行教学内容改革，开发或选用能反映新知识，新技术，新工艺，新方法的课程或教材，培养生产，服务第一线用得上的高素质劳动者和实用人才。教师的导向变了，对学生的评价模式才能真正落到实处。

第34节 教师队伍素质提升三年行动计划

为使齐河县职业中等专业学校更好地适应中等职业教育发展的要求，推动学校可持续发展，根据《国家中长期教育改革和发展规划纲要（2010—2020年）》《国家中长期人才发展规划纲要（2010—2020年）》《教育部、财政部关于实施职业院校教师素质提高计划（2017—2020年）的意见》等文件精神，根据山东省示范性中等职业学校建设要求，结合齐河县职业中等专业学校现有师资状况，特制订本行动计划。

一、背景与基础

（一）计划实施背景

1. 中等职业学校教师队伍建设面临新的机遇

党和国家更加重视职业教育，把职业教育作为经济社会发展的重要基础和教育工作的战略重点，把职业教育摆在了更加突出、更加重要的战略位置。《国务院关于加快发展现代职业教育的决定》（国发〔2014〕19号）指出，要形成"具有中国特色、世界水平的现代职业教育体系""推进人才培养模式创新""建设双师型教师队伍""提高信息化水平""提高人才培养质量"；《国务院关于加强教师队伍建设的意见》（国发〔2012〕41号）中指出："教师是教育事业发展的基础，是提高教育质量，办好人民满意职业教育的关键"；《教育部、财政部关于实施职业院校教师素质提高计划（2017—2020年）的意见》提出："通过示范引领、创新机制、重点推进、以点带面，切实提升职业院校教师队伍整体素质和建设水平，加快建成一支师德切实提升职业院校教师队伍整体素质和建设水平，加快建成一支师德素质优良、技艺精湛、结构合理、专兼结合的高素质专业化的"双师型"教师队伍。"2012年以来，山东省委、省政府全面贯彻党的教育方针，出台了《山东省人民政府关于加快建设适应经济社会发展的现代职业教育体系的意见》(鲁政发〔2012〕49号)等一系列的政策措施，大力推动山东省职业教育特别是中等职业教育的改革与发展。政策的出台，指明了教师队伍建设的方向，凸显教师队伍建设的重要性。我们要充分认识中等职业学校教师队伍建设的重大意义，抓住当前的有利时机，扎实工作，开拓创新，努力推动教师队伍建设工作再上新台阶。

2．县域产业的不断转型升级，亟须提升教师队伍素质

近年来，齐河县抓住加快融入省会城市群经济圈、推动济德经济一体化的历史机遇，按照"科学发展示范区，先进产业集聚区"的定位，加快建设济北经济协作区，打造承接省会产业转移的主平台，瞄准济南主导产业，找准结合点，加快融入济南产业链条，形成了高端装备制造、新能源及节能环保、冶金及金属深加工、高端食品医药、煤炭及高端化工、现代物流、文化旅游、现代通讯、健康产业等产业集群。学校积极对接县域产业转型升级，加快学校发展部分，提升人才培养质量，对教师的专业技术和整体素质提出了新的要求，迫切需要一支名师引领衔、骨干支撑、结构合理的高素质的教师队伍。

3．学校内涵发展战略，亟须优化师资队伍结构

齐河县职业中等专业学校作为首批国家级重点职业中专，首批全国改革发展示范学校、首批山东省示范性中等职业学校。经过多年的不懈努力，已经具备了新一轮改革、创新与发展的办学基础，学校的发展已进入内涵发展的新阶段，而教师队伍建设已经成为学校长远发展的关键与核心。目前，学校正在积极创建山东省示范性中等职业学校，需要加大以"双师型"教师队伍建设为核心，以名师大师、专业带头人、骨干教师、兼职教师和专业团队为重点的教师队伍建设力度，不断优化教师队伍结构。

（二）建设基础

近年来，特别是国家改革发展示范校建设以来，从企业和社会引进了一批较高水平的兼职教师，形成了一支师德优良、技能水平过硬的"双师型"教师队伍。学校现有专业教师 273 人，其中高级职称 74 人，高中级教师占教师队伍的 50%，本科以上学历占专任教师的 98.2%；专业教师 168 人，其中"双师型"教师 122 人，占专业教师的 72.6%，其中全国优秀教师 1 人，山东省优秀教师、教学能手 5 人，全国说课一等奖获得者 2 人，德州市首席技师 1 人，市级教学能手、优秀教师 58 人。聘请企业能工巧匠、技术能手 43 人，占专业专任教师的 25.6%，教师队伍整体结构明显改善；通过进企业实践锻炼、外派机修学习、校本培训、专题培训等多载体、多形式、多层次培养培训，教师整体职业素质和教育教学水平有了大幅度提高，教科研能力明显增强。

但目前存在着教师队伍整体结构不够合理，专业教师缺乏且缺少高水平的专业带头人，青年教师教学和实践技能水平不高等问题，教师队伍整体素质亟待提高，高水平的双师素质专业教学团队建设需持续加强。

二、指导思想

遵循职业教育发展和教师成长规律，围绕学校改革发展中心任务，以山东省示范性中职学校建设为契机，以提高教师师德水平和教育教学能力为中心，以培育教学名师、教学名团队为引领，以培养专业带头人、中青年骨干教师和"双师型"教师三级教师梯队为重点，创新教师成长和激励机制，优化结构、突出重点、整体提升，到 2020 年建成一支专兼结合、数量适当、素质优良、结构合理、特色鲜明、适应学校发展要求的教师队伍，为全面提升教育教学质量，促进学校又好又快发展提供有力的人才支持。

三、目标与任务

（一）总目标

以提升教师队伍整体素质为目标，坚持"优化结构、提高技能、突出重点、整体提升"建设思路，以培养专业带头人和强化"双师素质"团队建设为重点，坚持培养引进相结合，以培养为主的原则，"搭台子""树梯子""压担子"，探索建立"成长全程化、形式多样化、活动经常化"的教师队伍成长平台，打造一支"由专业带头人引领、以双师素质骨干教师为主力、结构合理、专兼结合、校企互通、共同管理"的职业教育教学能力强的"双师型"专业教师队伍。

（二）具体目标

1．落实《中等职业学校教师专业标准》，建立健全师资队伍建设长效机制

制定并实施《师资队伍建设规划》，分层分类制定专业带头人、兼职教师、双师教师、青年教师培养培训方案，制定完善人才聘用制度、兼职教师聘用考核制度，优化激励教师成长的培养培训制度、考核评价制度等相关制度，为师资队伍建设提供制度保障。

2．优化教师队伍结构，改善教师特别是专业教师紧缺局面

研究并落实山东省中等职业学校编制标准，积极向上级争取，足额配备专任教师。三年内，争取县政府为我们增加 40 人，改善教师专业缺编现象，生师比达到 19∶1。充分利用省政府"20% 编制员额由学校自主聘用兼职教师"的政策，建立不低于 120 人兼职教师资源库，引进企业能工巧匠做兼职，市兼职教师比例达到专业专任教师的 35%，并充分发挥兼职教师的作用，提升专业教师实践技能教学水平和学生基于真实生产的实践操作技能。

3．多层次、多形式、多载体培养培训，促进教师队伍素质整体提升

通过请进来与送出去相结合、国际与国内培训相结合、技能培训与理论培训相结合、个人进修学习与团队整体进步相结合、重点培养与整体推进相结合等"五个结合"，分类培养，促进教师队伍整体提升。三年时间，每个专业培养出 2～4 名技能水平高、教学水平强、能带动专业发展的专业带头人；每个专业有 5～7 名能够承担重大教学改革和建设任务的骨干教师；一批优秀教师脱颖而出，新增市级优秀教师、教学能手 5 人以上，市级以上说课、讲课比赛获得者 10 人次以上，新增德州市首席技师 1 人；在省级以上教学业务比赛和教学教研成果获奖 5 人次以上，培养省级优秀教师、教学能手 1～2 人；在国家级讲课说课比赛中获二等奖 1～2 人。"双师素质"教师占专业教师的比例达到 85% 以上，品牌专业和重点建设专业双师素质教师比例达到 90%，技师以上职业资格专业教师达到专业教师的 60% 以上，专业教师的实践技能教学水平大幅度提高；兼职教师比例达到专业教师的 35% 以上，硕士研究生学历比例达到专任教师的 10% 以上，青年教师快速成长，优秀青年专业教师脱颖而出，形成良好的梯队发展格局。

4．校企合作交流，"身份互认、角色互换"，共同培养专业师资

学校和合作企业发挥各自优势共同推进"双师型"专业教师队伍建设，努力实现专业科长与车间主任、教师与企业师傅之间的身份互换，提升教师队伍的教学水平。积极聘任行业企业专家、技术骨干和能工巧匠来校全程参与专业建设。由具有行业影响力的专家担任专业负责人，企业派出技术骨干和能工巧匠，按企业要求共同规划专业发展，参与教学活动，如担任顶岗实习指导老师，承担各类项目化教材编写任务等。教师深入企业，掌握生产一线最新技术并协助企业车间主任进行班组管理，通过成果转让、联合攻关、产品研发、技术服务等方式，开展科技项目合作，积极促进企业科技开发与成果推广，提高企业产品质量，提升企业品牌。每年至少轮流选派 30 名专业骨干教师到企业担任技术员或车间主任，达到"专业教师"与"企业师傅"角色互换的目的。

5．强化师德师风建设，推动学校持续健康发展

以"忠诚、奉献、师表"为核心内容，制定《师德建设实施方案》、修订《师德师风二十条》，通过加强师德师风学习教育，开展丰富多彩的主题教育活动，铸师德、强师能，建立师德师风建设的长效机制，建设一支爱生乐教、教书育人、为人师表的优秀教师队伍，以优良师风带动教风，树立教师良好形象，推动学校持续健康发展。

6．加强信息化建设，全面提升教师信息化素养

以提高教师运用现代教育理论和信息技术的能力，实现教学资源的设计、开发、利用、评价和管理的科学化、系统化，进一步优化教学手段为主要内容，推动现代信息教育技术在教育教学中的广泛应用。到 2020 年，轮训 150 名以上中青年骨干教师，使 10% 的专任教师参加国家级信息化教学大赛并获奖，使 20% 的专任教师参加省市级信息化教学大赛并获奖，使所有专任教师信息化教学能力普遍提升。

7.实施"教师教科研能力提升计划"，呈现一批优质教科研成果

完善基于校企合作的教科研制度，学校加强"四个教研"，组织"四个一优"评选等多形式、多载体的教学教研活动，各专业继续探索校企合作、工学结合、以岗定学的人才培养总模式在各专业的应用与发展；修订完善各专业人才培养方案和教学实施方案；编写专业核心课程和技能实践课程的教学标准，开发校本教材和核心课程的信息化教学资源。

四、主要内容及实施路径

（一）完善专任教师配备

落实山东省中等职业学校编制标准，积极争取当地政府支持，分年度配备专任教师，力争每年为齐河县职业中等专业学校公开招聘专任教师 15 人左右，三年内新增专任教师 40 人左右，使齐河县职业中等专业学校生师比达到 19∶1。加快新进专任教师的培养培训提高，通过"青蓝工程"、结对帮扶等形式，加快新进教师成长。落实山东省人民政府关于职业学校 20% 的编制员额由学校自主聘用兼职教师的政策。按照学校专业建设、课程开发需要，由学校和企业共同组织考核，引进紧缺专业、特别是专业建设中紧缺的应用技术能力强、实践经验丰富、理论功底扎实的行业企业技能人才，计划每年引进 5 ～ 10 名专业专任教师。

（二）做好兼职教师聘用

1.完善兼职教师的聘用与管理

一是调动企业参与积极性。在校企合作理事会体制机制下，充分发挥合作企业的优势，以校企合作工作站为纽带，聘请行业企业专业人才和能工巧匠担任学院兼职教师。充分发挥德州市作为山东省"省级职业教育创新发展试验区"的优势，积极争取地方政府的政策扶持，通过多种途径和措施鼓励并推动职业院校教师队伍的"校企互通"。落实山东省人民政府〔2012〕49号文件精神，对在校企合作中做出贡献的企业，根据不同情况给予减免教育附加税等优惠政策，调动企业参与积极性。二是修订完善兼职教师管理、考核评价等制度。修订完善《兼职教师队伍聘用管理办法》，建立兼职教师的准入机制；在校企合作理事会的体制机制下，以合作企业优质资源为基础，对符合学校需要且热心于职业教育的行业企业专业人才和能工巧匠，进行建库管理，逐步建立规模达120人、相对稳定的兼职教师库，每年聘用50名左右的兼职教师担任教学工作，并逐年增加，三年时间使兼职教师数量占专业专任教师的35%左右。进一步修订和完善《兼职教师教学管理考核评价办法》和《关于鼓励兼职教师参与专业项目研究的实施意见》。建立"双专业带头人"制度，各专业除由校内教师担任专业带头人外，再聘任1名有影响力的行业企业专家担任兼职专业带头人，参与并指导专业建设工作。明确所聘用的行业企业专业人才和能工巧匠的工作职责，主要包括：指导学生顶岗实习、讲授部分专业核心课程、作为项目负责人带领校内教师开展人才培养模式改革、课程改革、教学教研、课题研究等横向项目研究或参与教学开发等。明确教师专业课教学任务，三年内，逐步使兼职教师融入学校的教学实施与开发中，不断增加兼职教师承担的教学工作量和科研工作量，安排兼职教师承担50%以上的顶岗实习指导工作、30%左右的生产性实训指导工作以及30%左右的专业核心课程教学工作，并聘请30名左右的兼职教师与校内教师共同参与横向等项目的研究，确保兼职教师承担的专业课学时比例达到30%左右。

2．加强兼职教师教学能力培养

对聘用的兼职教师，配备一名教学经验丰富的教师，进行一对一帮带，使兼职教师尽快熟悉教学的各个环节和教学管理要求，逐步完善教学方法和教学技巧；送兼职外出参加教学思想理念和教学方法培训，定期开设兼职教师教学业务培训，组织教师参与教学教研活动和各类讲课、说课比赛，参加优质课、观摩课，提升其教学业务能力。结合兼职教师工作职责，制定具体的考核细则，对于从事教学和实习指导的兼职教师，从教学态度、教学方法、教学技能、教学效果、学生满意度等方面进行综合评价；对于开展横向项目研究的兼职教师，从项目立项数量、研究成果及项目经费进行考核；对于担任兼职专业带头人的兼职教师，从专业建设进度及成效进行考核。根据优胜劣汰原则，考核合格者可连续聘任，并在后续聘任中适当上浮其课时津贴；考核不合格者予以淘汰。

兼职教师培养

培养目标	培养内容	培养措施
1. 熟悉行业发展状况、企业发展信息，掌握企业生产流程、技术规范要求、产品生产工艺和岗位工作技能； 2. 具有丰富的生产、管理经验和较高实践动手能力、技术服务能力； 3. 承担专业课程建设、教研教改、实习实训等任务； 4. 能够指导学生技能大赛，能够指导学生完成专业实习实训和顶岗实习	1. 学习先进职业教育理念； 2. 参与人才培养方案、教学实施方案修订，参与课程体系开发、课程标准和课程资源建设； 3. 承担1～2门专业实习实训课程，参与实习实训基地建设并承担重要任务； 4. 参与专业人才需求调研，指导学生、教师参加各级技能大赛、技术比武，视获奖情况予以奖励； 5. 参与1门专业核心课程建设，参编1本实训教材或校本教材，指导2～3名专业教师或青年教师技能实践，主持或参与本专业实习实训设备、软件开发升级；每学年组织技能培训、专题讲座不少于2次	1. 规范兼职教师聘任、考核、评价、激励机制； 2. 参加各级各类培训、学习、交流、研讨； 3. 安排一名骨干教师一对一帮带，提高教学能力； 4. 参加专业教研、科研活动，指导专业教师和青年教师技能教学

（三）分类分层培养

1. 分类制定培养方案，完善培养培训制度方案

面向全体教师，按照"校级学科带头人—市级学科带头人、教学能手—省级职教名师—国家级教学比赛二等奖以上获得者"和专业带头人、骨干教师、"双师型"教师、兼职教师、青年教师、文化基础课教师，"四层六类"进行培养，多形式、多载体分类培养。制定并实施《师资队伍建设三年发展规划》，修订完善《关于鼓励教师进修学习培训的实施意见》《专业带头人遴选和培养方案》《骨干教师培养实施方案》《"青蓝工程"实施方案》《关于鼓励教师进企业挂职实践锻炼的规定》《关于信息化技术应用推广的暂行规定》等相关方案和制度，为教师培养培训提高制度保障，推进师资队伍建设形成良好的体制机制。

2．"搭台子""树梯子""压担子"，多措并举加快教师成长

（1）"搭台子"，释放成长空间。开展教师职业教育教学能力培训、专业培训、学历学位进修、国内访问学者进修、校本培训、挂职锻炼、校际交流、出国出境学习培训等，为教师职业能力提升搭建多类型、多层次的培训平台。以校企共同培训为主要手段，创新教育理念，拓宽教育视野，增强专业发展能力，促进各层次教师综合素质与职业能力的提升。

（2）"压担子"，促进快速成长。加快教师成长步伐，以任务下达或教师任务申领的方式，促使教师在专业建设、课程改革、核心课程建设等方面承担任务。比如要求专业带头人做到：牵头组织专业建设与改革，牵头修订人才培养方案、教学实施方案、课程标；至少承担1门主干课程，主编1门以上校本教材，组织本专业教学资源开发，牵头组织实训基地建设等等。通过各种措施，加快教师的成长步伐

（3）"树梯子"，加大奖励力度。科学考核评价教师，将其业绩记入本人档案，作为优先聘任职称、职务、评选先进、工资晋级的重要依据；每年拿出专项资金作为选派骨干教师国内外进修、交流、研讨等活动的费用；通过切实可行的按劳取酬、优劳优酬、责酬一致的考核、分配制度，调动教师的积极性。

3．分类分层培养，全面提升教师整体素质

（1）专业带头人培养。按照"优先发展、重点培养、示范引领"的原则，制定《专业带头人遴选和培养办法》，制定培养培训方案、计划。立足学校和专业实际，在专业骨干教师中选拔和培养思想素质好、专业水平高、精力充沛、有较强专业领导与组织管理能力、实践经验丰富的优秀教师作为专业带头人。通过激励、培养、培训、进企业实践、参

加国际国内交流学习、承担教学科研、课堂改革等措施,重点加以培养,使之能带动、引领专业发展。要求专业带头人牵头组织专业建设与改革,牵头修订人才培养方案,使本专业能紧跟产业转型升级步伐;牵头组织课程体系改革,修订教学实施方案、课程标准、专业导航等,并产生较好效果;至少承担1门主干课程,至少主编1门校本教材,组织本专业教学资源开发,至少承担一门核心课程资源的开发任务;牵头组织实训基地建设,达到企业生产过程标准要求;每学年在校办工厂或企业实践累计超过2个月;组织本专业教师开展专业论坛、讲座、技术培训、汇报课、公开课等相关活动,每学期不少于5次,本人主讲不少于2次,每学年在省级以上刊物上至少发表2篇以上论文;牵头组织本专业师生技能比武,本人和所指导学生获奖均不低于市级二等奖;牵头组织本专业师生参加省市、国家级技能大赛,按获奖级别分别考核奖励。

专业带头人培养

培养目标	培养内容	培养措施
1. 具有较高专业理论水平和实践经验,把握行业发展动态; 2. 掌握国内外先进的职教理论、专业建设和教学管理理念、熟悉并率先运用先进的教育教学方法; 3. 具有较高的课程开发能力、教学水平和教学管理能力; 4. 能够引领专业建设和发展,具有较强的资源整合能力,是专业发展领军人物	1. 学习先进职业教育理念; 2. 负责组织开发本专业人才培养方案、课程体系、相关教学标准、课程资源; 3. 负责组织专业发展方向研讨、校企合作机制建设; 4. 组织本专业师生参加各级技能大赛,个人带头参加和辅导学生参加技能大赛,成绩不低于市级二等奖;获更高奖项,视情况予以奖励。 5. 承担1门主干课程,主持1门核心课程建设,主编1本校本教材,主持1个市级以上课题研究。 6. 组织本专业优质课、公开课评选等活动,每学年个人主讲公开课,主持专题培训、专项技术讲座至少2次,发表论文2篇以上,进企业实践累计2个月以上	1. 国内外培训、学习、交流; 2. 到企业挂职锻炼,参与企业科研开发; 3. 组织本专业的教研、科研活动,主持承担项目建设; 4. 给予经费鼓励,以效定酬,优劳优酬

(2)骨干教师培养。按照"重点培养、带动提升"的思路,制定《骨干教师遴选与培养实施办法》在中青年教师中选拔一批素质好、进取心强、专业水平较高、理论和实践教学能力较强的教师,作为骨干教师。

通过多形式培养培训，"搭台子""压担子""树梯子"，加快骨干教师成长步伐，每个专业培养3-5名骨干教师，发挥其在专业发展和改革中重要作用，承担重要任务，带动全体教师提高专业发展能力，推动专业发展。

骨干教师培养

培养目标	培养内容	培养措施
1. 理论水平较高，实践经验较丰富，对行业发展较熟悉，是专业教学团队中的模范和榜样，在行业中有一定知名度。 2. 具有较强的专业建设能力和教学改革能力； 3. 具有较强的实践动手能力和技术服务能力，能够指导学生完成实习实训、顶岗实习； 4. 承担专业课程建设、教研教改、实习实训等任务	1. 学习先进的职业教育理念； 2. 参与人才培养方案修订、课程体系开发、教学标准制定、课程资源建设，作为重要成员，承担重要任务； 3. 至少担任1门主干或重要专业课程，负责1门核心课程建设，承担1门课程资源建设任务；作为主编或副主编开发1本校本教材，参与1个市县级以上课题研究。 4. 个人参加或辅导学生参加各级技能大赛，成绩不低于市级二等奖；获取更高奖项，视情况予以奖励。 5. 负责1个实训室的建设任务，每学年进企业实践累计不低于2个月；参与本专业优质课、公开课评选，每学年个人主讲公开课、专题培训、技术讲座不少于2次，发表论文2篇以上； 6. 参与专业人才需求调研，参与专业发展研讨	1. 国内外培训、学习、交流、调研； 2. 到技术先进企业挂职锻炼； 3. 作为核心成员，参加与专业发展相关的教研、科研活动。 4. 给予培训经费鼓励，优劳优酬

（3）双师素质教师队伍建设。深入推进"教师企业经历工程"，实施"进企业前项目审核""进企业中督查指导""进企业后考核验收"全过程管理。充分发挥校企共同体机制优势，以"专业对口、岗位对应"为原则，与合作企业共同制定教师进企业实践方案，明确专业教师到企业挂职锻炼任务，鼓励专业教师积极开展合作研发、参与技术革新，校企共同对教师进企业锻炼情况实施管理。修订《专业教师企业经历工程实施与考核办法》，试行不同行业、不同专业、不同层次教师的差别化、个性化下企业实践方案。具体分为三种情况：一是新进教师双师素质的培养。对于不具备行业企业工作经历的新增专业教师安排他们到对应专业合作企业，与企业师傅结成对子，不断线挂职实践锻炼1年，以企业为主对其进行实践过程和实践效果考核。二是尚未具备双师素质教师的培养。对尚未具备双师素质的专业教师，在三年内通过

分期分批安排参加双师素质教师培训、进校企合作实践锻炼，加快双师素质提升。三是双师素质教师的"保先"培养。实施"假日技师行动计划"、到合作企业实践半年以上，重点是持续提升双师素质教师实践技能水平和保持专业发展的前瞻性。每年参与持续培养的专业教师不少于30%，三年内让所有专业教师到企业轮训一次，使学校专业教师的双师素质持续"保先"。

双师素质教师培养计划

培养目标	培养内容	培养措施
1. 具有较新职教理念，能胜任两门专业技能课程教学； 2. 具有较强的技术实践动手能力，能够指导学生完成实习实训、顶岗实习；具有较强技术服务能力，能够为企业提供相应的技术服务； 3. 熟悉行业、企业生产流程、了解发展状况，掌握岗位技术要求； 4. 能承担专业课程建设、教研教改、实习实训等任务，指导新教师技能实习	1. 学习先进职业教育理念； 2. 参与课程体系开发、课程标准修订、实习实训室建设、课程资源开发； 3. 负责1门专业课程教学，指导学生完成实习实训、顶岗实习； 4. 参与1门课程建设，负责1个实训室的建设，参编1本校本教材或实训教材；参加或辅导学生参加各级技能大赛，视获奖情况予以奖励。 5. 参与专业人才需求调研，参与专业发展研讨；进企业实践锻炼，每学年不低于2个月，取得不低于技师职业资格证书	1. 国内外培训、学习、交流、调研； 2. 到技术先进企业挂职锻炼，参与企业生产、管理、研发； 3. 参加专业教研、科研活动，承担重要任务

建立健全督查考核机制，完善"教师企业经历工程"管理交流平台，以信息化手段实现实时监控与有效管理，使企业经历工程落到实处；现场交流，经验研讨，总结推广教师下企业成果，建立教师下企业锻炼长效机制。建立健全《齐河县职业中专专业教师职称评审办法》，明确将教师企业经历实践情况作为专业教师职称评审的基础条件职业之一；修订《教师管理考核评价实施细则》，明确教师进企业期间指导学生实习、参与项目研发、技术革新等工作计入教学工作量，明确将教师技术创新与服务能力作为评优选模的重要指标，以充分调动教师下企业、开展技术创新与服务的积极性。

通过三年建设，使"双师型"教师占专业教师的比例达到85%，省级品牌专业双师型教师达到90%，具有技师以上职业资格的专业教师达到70%以上。

（4）青年教师培养。推进实施"青蓝工程"，制定出台《"青蓝工程"实施方案》《青年教师成长规划》《关于鼓励教师进修学习的管理办法》等相关规章制度，制定实施方案、计划，提高青年教师的学历层次、业务水平和科研能力，加快年轻教师成长。制定新教师培养计划，专业教师进校后到合作企业与企业师傅结对子，进行专业实践和接受专业技能培训；文化基础课教师随堂听课，让新教师了解专业，了解自己将要讲授的课程在整个教学体系中的位置和作用。为每位新教师配备一位经验丰富的"专家"型教师作为指导教师，新、老教师"结对子"，使其建立对职业教育的认同感和归属感，同时全方位地学习感受老教师身上的敬业奉献精神，丰富专业知识和教育教学经验，鼓励新教师在实习期间获得相应职业技能等级证书。安排青年教师参加教研教改，参与课程教材改革，安排组织各类说课、公开课、优质课、多媒体教学设计比赛等活动，使青年教师在提升教学业务能力的同时，学习优秀的敬业精神，进取精神和乐教、奉献精神。鼓励和帮助青年教师担任副班主任、班主任，提升教育教学管理能力，加快青年教师成长。

青年教师培养计划

培养目标	培养内容	培养措施
1. 具有较新的专业思维理念和先进的教学改革创新能力； 2. 具有实践动手能力和技术服务能力，能够指导学生创新实践； 3. 参与专业课程建设、教研教改、实习实训等任务	1. 学习先进职业教育理念； 2. 负责 1 门课程教学，参与课程体系开发、教学标准修订、课程资源建设、实习实训室建设，承担相应任务； 3. 参与专业人才需求调研，熟悉专业发展方向；参与学生管理，担任班主任或副班主任； 4. 参加技能大赛、教学业务比赛或观摩活动，参加各类演讲、征文、社会实践活动； 5. 青年专业教师进企业实践每学年不低于 3 个月，听课学习每学期不少于 30 节	1. 各级培训、学习、交流、调研； 2. 到技术先进企业实践锻炼； 3. 参加专业发展相关的教研、科研活动。 4. 参加"青蓝工程"，师带徒、结对子，听课、参加技术培训等活动，完成相应任务

（5）公共基础课教师培养。实施"教师能力提升计划"，提高教师职业能力。开展教师职业教育教学能力培训、学历学位进修、国内访问学者进修、校本培训、校际交流、专题学习培训等，为教师职业能力提升搭建多类型、多层次的培训平台。依据职业学校学生特点及可持续

发展能力要求，开展公共基础课教师能力转型提升培训，以此不断推进写作、历史、英语、数学、体育等基础课的颠覆性革新，全面提升公共基础教师实施职业素质教育的能力。加强公共基础课教师信息化教学技术应用能力培训、先进的教学培训，促进教师运用先进的教学手段提升教育教学水平，增强学生学习兴趣。同时，积极推动公共基础课教师融入专业，按照专业要求进企业，结合专业建设开展教学改革、教学活动，提升公共基础课教师培养学生职业素养的能力，发挥对专业建设的支撑作用。

继续推行"教师学生工作经历工程"，进一步完善实施与考核方案，不断创新教师参与学生工作的形式与内容。三年建设期内，学校的教师的学生工作参与度达到90%，并牢固树立"学生工作是教师分内之事"的观念，使教学工作与学生工作紧密结合，切实提高教师的育人能力。

公共基础课教师培养计划

培养目标	培养内容	培养措施
1. 具有较新职教理念，能胜任1～2相近学科课程教学； 2. 具有较强的信息化技术运用和二次开发能力，能够满足专业教学需要； 3. 了解掌握所任教专业的发展现状和所对应行业、企业的发展趋势，结合专业教学，把文化基础知识融入专业教学过程中	1. 学习先进职业教育理念； 2. 参与课程体系开发、课程标准修订、实习实训室建设、课程资源开发； 3. 负责1～2门相近学科课程教学； 4. 参与1门课程建设，结合专业发展，把基础知识融入专业教学，参编1本校本教材；参加或辅导学生参加各级公共基础知识比赛赛，视获奖情况予以奖励； 5. 参与专业发展研讨；进企业实践、见习，了解专业发展前景和对应行业企业发展趋	1. 国内外培训、学习、交流、调研； 2. 到企业实习见习； 3. 参加教研、科研活动，承担重要任务

（四）校企人员交流

根据"校企互通、专兼结合、动态组合"的原则，与合作企业共同修订"身份互认，角色互换"的校企人员双向交流制度，制定《兼职教师、岗位实习管理人员管理办法》《"双师型"教师队伍建设管理办法》《校企岗位互换管理办法》《专业教师企业技术服务管理和奖励办法》，为校企人员交流提供制度保障。通过外出培训研修、合作企业挂职锻炼、与能工巧匠共同开展研发等途径，培育教师先进的专业建设理念和教学管理经验。教师按阶段分期参与企业工作，参与岗位工作，承担工作任务，实施教师企业经历工程，提高教师岗位教学能力，实现"身份互认，角色互换"。

每专业聘用 1～2 名具有行业影响力的企业技术能手、专家作为专业兼职带头人，参与专业建设与规划，参与指导课程建设、实习实训、技能大赛、实训室建设，提升专业建设引领能力，与合作企业共同培养骨干教师 3～5 人，每专业每学年聘请企业兼职教师 3～5 人，品牌专业和重点建设专业 5 人以上。学校安排专业带头人进入合作企业参与企业生产管理与研发，熟悉专业对应职业岗位生产流程，每学年安排专业教师进企业锻炼人数比例 30% 作用。

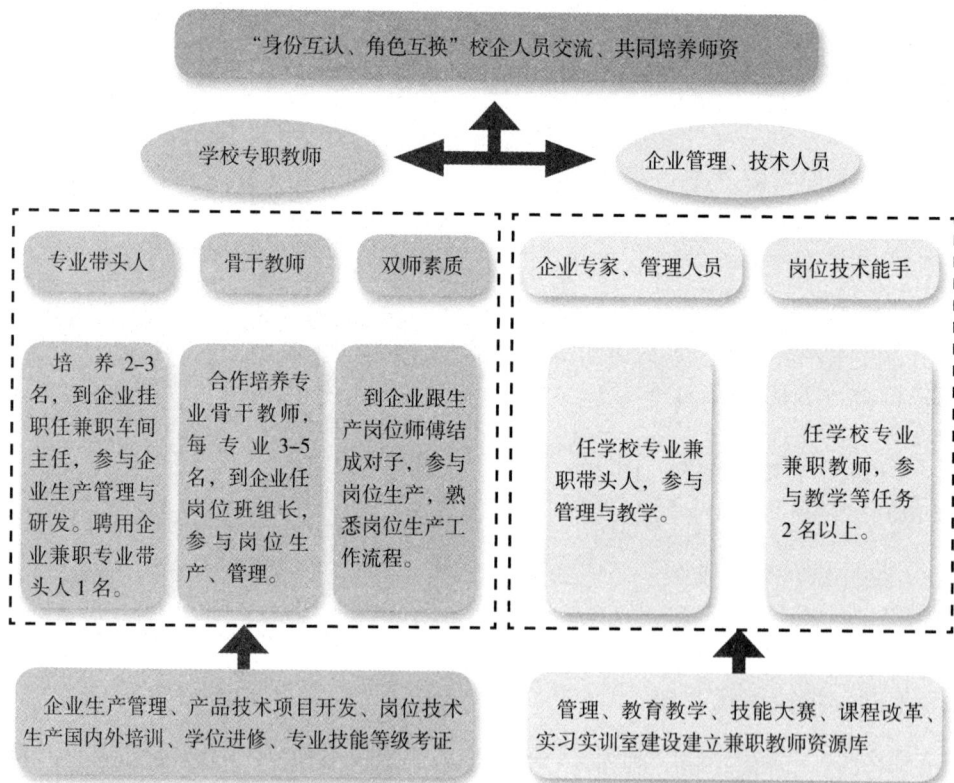

"身份互认、角色互换"校企人员交流、共同培养师资

学校专职教师 ⟷ 企业管理、技术人员

专业带头人	骨干教师	双师素质	企业专家、管理人员	岗位技术能手
培养 2-3 名，到企业挂职任兼职车间主任，参与企业生产管理与研发。聘用企业兼职专业带头人 1 名。	合作培养专业骨干教师，每专业 3-5 名，到企业任岗位班组长，参与岗位生产、管理。	到企业跟生产岗位师傅结成对子，参与岗位生产，熟悉岗位生产工作流程。	任学校专业兼职带头人，参与管理与教学。	任学校专业兼职教师，参与教学等任务 2 名以上。

企业生产管理、产品技术项目开发、岗位技术生产国内外培训、学位进修、专业技能等级考证

管理、教育教学、技能大赛、课程改革、实习实训室建设建立兼职教师资源库

（五）加强师德师风建设

"师德师风"是教师工作的职业道德规范和必备的道德品质，是学风、校风建设的灵魂，是学校办学实力和办学水平的重要标志。以"忠

诚、奉献、师表"为核心内容，以"教书育人、管理育人、服务育人"为根本目标，制定并实施《齐河县职业中专师德师风建设实施方案》，修订《师德素养二十条》，以教育促建设，修师德强师能，建设一支师德高尚、业务精良的教师队伍。

1．加强师德师风建设的宣传

组织开展师德师风主题活动月，利用教师节、职业教育宣传周大力宣传中等职业学校师德师风主题教育活动，通过广播、报纸、网络、宣传栏等各种媒体，大力宣传师德标兵、文明教师、优秀教师、优秀班主任和德育先进工作者等师德先进典型的模范事迹，展现中等职业学校教师的精神风貌，倡导尊师重教的良好社会风尚。

2．积极开展多层次、多形式的师德师风教育

健全师德师风教育培训制度。把师德师风作为中等职业学校教师专业化发展的内在核心，将师德教育纳入教师全员轮训、骨干教师培训、班主任培训等各类教师培训工作的首要任务和重要内容。健全师德师风常规教育和学习制度。贯彻落实教育部制定的《中等职业学校教师职业道德规范（试行）》《师德修养二十条》，加强教师的日常思想政治教育、职业理想教育、职业道德教育、法制教育和心理健康教育，强化教师的师德师风意识和从业道德责任，引导教师树立立德树人的职业理想。同时，要加强对兼职教师的师德师风教育，将兼职教师纳入学校师德师风建设的范畴，根据兼职教师的实际开展师德师风教育工作。开展"中等职业学校师德师风主题教育月"活动。在每年9月份组织开展全省"师德师风主题教育月"活动，开展"最美教师""师德征文""师德演讲比赛""师德主题报告会"等活动，发掘身边的先进典型，展示中等职业教育工作者无私奉献、甘为人梯的风采。创新师德师风教育形式，实施"四结合、五活动"。"四个结合"：坚持把师德师风建设与学校专业发展相结合，引导教师积极投身学校的专业建设与改革工作。坚持把师德师风建设与校园文化建设相结合，以良好的思想政治素质影响和引领学生。坚持把师德师风建设与党风廉政建设相结合，学习职业教育法和相关文件规定，增强教师法律意识，依法治教，自觉遵守党纪、国法和校纪校规，坚决杜绝私收学费、赌博、办假文凭等违法乱纪行为。坚持把师德师风建设与岗位奉献相结合，热爱学生，言传身教，为人师表，乐于奉献，以高尚的情操引导学生全面发展。开展"五大活动"：一是每学年组织学生开展一次"我最喜爱的老师"征文评选活动，激发学生热爱老师、热爱专业，努力学习；二是以"忠诚、奉献、师表"为主题，在教师中开展"立师德、铸师魂、正师风"的活动，通过专题研讨、演讲等形式，增强教师的责任感、使命感和凝聚力，展示教师的精神面貌。三是组织教师开展"五个一"业务竞赛活动，"读一本教育理论专著、写一篇教育理论研究论文、设计一堂教学改革课、上好一堂教改示范课、开发一个教学资源"的活动。把教学工作与师德师风建设工作紧密结合。通过组织说课竞赛、多媒体课件制作竞赛、优秀教案评选和编辑优秀论文集等方式，增强教师忠诚履职、无私奉献的意识，提升教师职业素质和业务能力。四是开展专题研讨活动。以师德师风建设为主题，在教师中开展师德师风建设的专题研讨与讲座。每年组织国内知名专家和学者、校内专家开展师德师风建设的专题讲座，在校园网上开辟师德师风建设专栏，刊载教师关于师德师风建设的文章，编辑出版教师关于师德师风建设的论文集。通过专题研讨，引导教师自觉提升自身的师德修养，规范教风和工作作风。五是组织教师和学生评选一批师德师风的先进典型，通过学生测评、同行推荐、系部审核、学校审批，每学年评选师德标兵，并在教师节前后召开师德师风建设表彰大会进行表彰，同时，举行师德标兵先进事迹报告会，现身说法。要充分利用宣传媒体对师德标兵的先进事迹在校内外进行大力宣传，营造崇尚高尚师德的浓郁氛围。

3. 建立师德师风建设长效机制

完善师德表彰奖励制度，修订完善《教职工管理考核办法》，将师德标兵表彰奖励纳入教师和教育工作者奖励范围，把师德表现作为评优评先的首要条件，树立一批师德楷模，培养一批师德典型，形成师德榜样队伍，加强正面激励，推动教师形成重德修德的良好风气。建立健全师德师风评价体系和考核办法。建立师德考核档案，将师德师风考核作为教师（含专任教师和兼职教师）思想和工作考核的核心内容，作为教师年度考核、职务聘任、进修培训、奖励惩戒、绩效工资分配等的重要依据。对师德表现不佳的要及时劝诫，劝诫仍不改正的要进行严肃处理；确定考核不合格的应当向教师说明理由，听取教师本人意见；对师德考核不合格者，实行"师德一票否决制"，专任教师年度考核评定为不合格，兼职教师不得再进行续聘；对有严重失德行为、影响恶劣的专任教师一律撤销教师资格并予以解聘。

（六）提升教师信息化素养

提升教师信息化素养，详细内容见下一节。

第35节　教师信息化素养提升规划方案

为全面推进省示范校建设步伐，为贯彻国家和山东省中长期教育改革和发展规划纲要精神，落实教育部《关于加快推进职业教育信息化建设的意见》中关于加快提升中职教师信息素养的要求和教育部《教育信息化十年发展规划（2011—2020年）》中关于不断增强教师信息技术应用能力的要求，结合学校四年发展规划要求，学校将于2017年启动并实施为期四年的教师信息化素养（教师信息化教学能力）提升工程，现根据齐河县职业中等专业学校教师信息化发展的实际，制定本实施方案。

一、总体目标

到2020年，以信息化、智慧校园建设为核心，培养造就一支掌握现代教育理论和教育信息技术的师资队伍，有20%的教师能在信息化教学大赛中获得省一等奖或国家二等奖以上奖项；建立科学、丰富的、能有效应用于实际教学的信息化课程资源库；建立较为完善的信息化教学管理体系。

具体工作目标：

（1）进一步完善硬件，充实软件，逐步构建能够满足齐河县职业中等专业学校师生教育教学需求的信息化平台。

（2）加强信息化教育技术及现代教学理念的培训，建立具有能够高效应用信息技术的教师队伍，具有研发能力的骨干教师队伍，鼓励教师积极参加各类信息化教学比赛，以信息化教学竞赛促进教师信息化教学能力水平提升。

（3）建立相关制度，形成学校教育教学资源库的收集、开发和运用机制，推进信息技术在教育教学中的普及和应用。

（4）加强信息化教学的课题研究，以研究促进应用。

（5）重视学生信息素养的培养，积极组织学生参加各类竞赛。

二、指导思想

深入贯彻落实科学发展观，以提升教师信息化教学能力为根本原则，以培养一支具有先进信息化教学理念和较强信息技术应用能力的教师队伍为核心目标，以建设一批能有效应用于实际教学的信息化课程资源为基础，以推动学校职业教育信息化教学水平整体提升为重点，促进学校信息化应用质量的迅速提升，不断探索信息技术环境下新型的教育教学模式和管理模式，积极推进新课程改革。统筹规划，注重实效，创新发展，全面提高教师信息化教学水平，在信息化教学大赛中取得好成绩。

三、计划内容

（一）教师信息化教学能力现状分析

（1）教师信息化教学能力发展意识淡薄，自主发展的内在动力不足。总体来看，教师对信息化教学有一定的认识，但在应用上有所欠缺，学校在信息化环境的构建上，硬件配备不够完善，学校领导对教师信息化教学能力的引导作用不足，教师信息化教学的意识没有得到肯定与支持。

（2）教师基本信息技术技能方面。大多数教师已经掌握了基本办公软件的使用，会利用网络检索教学课件，但在二次加工以及设计、开发软件的应用等方面还比较欠缺；对课件的使用停留在演示层面，不能与课程进行良好的整合。

（3）信息化教学设计及实施方面。信息社会的发展，使新的教学理论和方法涌入到传统的教学课堂，课堂教学的内容和手段也在不断地发生变化。目前，齐河县职业中等专业学校教师在信息化教学设计方面还有所欠缺，信息化教学的实施能力更是教师信息化教学能力发展的薄弱环节。

（4）学校中青年教师居多，具有一定的信息技术应用能力，有利于信息化教学的开展。

（二）计划措施

在信息化教学实施的过程中，广大教师要形成积极学习现代教育思想和现代教育理论的氛围，通过走出去，请进来的方式培养一支掌握现代信息技术和教育理论的新型师资队伍，形成覆盖各科、自觉应用现代教育技术开展教改的骨干教师群体，在信息化教学比赛中取得优异的成绩。全校教师掌握利用数字化校园平台授课，考试的方法，熟练运用校园网管理平台、学校资源网进行教学工作与开展科研。结合齐河县职业中等专业学校教师信息化教学能力的现状分析，采取以下措施来健全教师专业发展平台，推动齐河县职业中等专业学校教师信息化教学能力发展。以期更新全体教师信息技术观念，扩充信息知识面，完善知识结构，丰富信息技术理论；能在教学工作中熟练运用现代信息技术，改变教学方式，提升教学效果；同时掌握信息化教学方法，为信息化教学大赛打好基础。

1．加强教师信息技术培训与辅导，提高教师信息化素养

对教职工进行信息技术技能培训，推广线上线下相结合的混合教学模式，在学习中不断提高，开始收集整理学校各种教学数字化资料。开展教学课件的评比、学生信息化作品评比、组织教师和学生参加各种信息技术的竞赛。

（1）教学平台的运用培训——校园平台技术培训。

信息化教学过程中，教学平台是不可或缺的首要资源，全校教师能熟练运用校园平台进行教学工作与开展教研活动，并且基于平台，实现资源共享。

（2）基本信息技术培训——校本培训。

对于基本的信息技术如 Word，PPT，Excel 等的培训，加强校内培训，由齐河县职业中等专业学校信息技术教师分别进行专题培训，全校教师能熟练运用基本的办公软件进行课件制作、电子备课。

（3）教学资源建设——专题培训。

除了基本的信息技术外，还有一些新媒体技术的运用，如信息交流互动、触媒体、教学仿真、微课、微视频等，采用"请进来"的方式请高校或培训机构的技术专家进行定期的专题培训。建立督导措施，完成作业，并进行跟踪评价。

（4）信息化综合运用能力培训——专业带头人培训。

根据教师每次培训的目标达成度及作业完成情况进行跟踪评价，择优选择部分教师利用"走出去"的形式参加高校、企业或培训机构举办的信息化教学能力提升的高水平培训，为信息化教学大赛做好充分准备。组织教师参加信息化专题培训，以学促教，以应用促发展，推动学校教学的可持续发展。

（5）分专业进行教研——专业或学科教研。

每个大周根据专业或学科进行集体教研一次，讨论本专业的相关课程应用信息化的策略及交流共享信息化学习心得，促进全体教师的信息化教学能力提升。

（6）开展各级各类比赛——信息化教学比赛。

在实施信息技术的初、中级培训的过程中，学校开展课件制作比赛，信息技术与课程整合优质课比赛等，纳入一级级选拔，积极参加上级组织的信息化教学比赛。

项目	活动	具体内容	时间		落实部门及课时	要求	跟踪评价
教学平台运用培训	技术培训	创建课程、创建学习班、组装 SCORM 课程包、课程上传、学生学习课程、师生互动学习、作业管理、考试管理、试卷的制作与生成、成绩管理	2017 年第一学期		校园网技术支持团队线下 2 课时线上 10 课时	每人至少建 1 门课，作为教师教学质量过程性考核点	督促教师在日常教学中充分使用教学平台开展教学
			每周二、四、五				
			第 4 周	中专部			
			第 6 周	升学部			
基本信息技术培训	校本培训	办公软件的初级应用 word，PPT，excel 的使用，能熟练制作电子教案、课件、组装试卷和成绩分析	2017 年专题培训每月一次专题培训共 8 期专题		信息科及相关计算机教师线上 2 课时线下 16 课时	每人上交 1 个电子教案、一套组装试卷和 1 个 PPT 课件	实行网络电子备课

项目	活动	具体内容	时间	落实部门及课时	要求	跟踪评价
教学资源建设	专题培训	微课理念学习、微视频的制作、Camtasia Studio8.0软件的使用、新媒体的培训	2017—2020年定期培训每年2次	省示范校建设办公室线下2课时线上10课时	每人完成1个微课作品，并建设教学平台中的课程资源，完善资源库建设	教师分工，每学期做出一门课程的系列微课
专业带头人培训	外出培训	信息化综合运用能力培训	2017—2020年每年2次	省示范校建设办公室	完成培训作业，提交获得的资源及培训心得	所学为信息化大赛服务
专业或学科教研	集体教研	讨论本专业的相关课程应用信息化的策略，交流研讨信息化学习心得	2017—2020年每个大周一次	教研室	确定参赛课题，加工参赛作品	每次教研签到，计入期末考核
信息化教学比赛	观摩评比	通过校赛遴选参加市赛、省赛、国赛的人选，2017年5%教师的获得省赛一等奖或国赛二等奖以上奖项；2018年达到10%的比例，2019年达到15%，2020年达到20%。	2017—2020年每学期一次校赛根据上级要求，市赛、省赛、国赛每年一次	教研室	学习信息化教学设计案例、理论、方法，完成1份信息化教学设计，参加信息化教学竞赛	对表现突出的教师进行加分和奖励，作为评优评先的依据

2．强化教学理论的学习，聚焦课堂，促进信息技术与课程教学的深度融合

培训教师现代教育理论和信息技术支持下新型的教学理念和教学模式，加强信息技术与课堂的整合，掌握信息技术与课程有效整合的方法和策略，改变教与学的方式，拓宽学生的学习渠道，提高信息化环境下的教学效益。

（1）观摩学习。组织教师观摩校内外优秀信息技术与课程整合研究课，在线观摩全国信息化教学比赛优秀作品，通过观摩教师能更具体体会信息技术与课程整合的方法。

（2）请职业教育专家、教授或名师作讲座。培训教师现代教育理论和信息技术支持下新型的教学理念和教学模式。

（3）开展网上教研活动，提高教研活动效率、效能。创建微信、QQ等自媒体群，教师在群里开展学术交流和讨论。

（4）以信息化教学大赛为契机，带动整个教师信息化教学能力提升，开展课程与信息技术整合的研究。

（5）以课题研究为切入点。积极承担上级与现代教育技术和信息化教学有关的科研课题任务，切实做好课题申报和开展、实施工作。

培训项目	活动	具体内容	时间	落实部门及课时	要求	跟踪评价
信息化教学设计	观摩学习	信息化教学设计案例 http://www.nvic.com.cn/FrontEnd/ZZBMDS/shipin.html?type=6	2017—2020年每年3～5月	教研室线上10课时	学习信息化教学设计案例、理论、方法，完成1份信息化教学设计，参加信息化教学竞赛	分别完成1份信息化教学设计，参加信息化教学竞赛
	专家讲座	信息化教学设计理论	2017—2020年每学期1次	省示范校办公室线下4课时		
	名师讲座	信息化教学设计方法	2017—2020年每学期1次	省示范校办公室线下4课时		
专业或学科教研	网络教研	讨论本专业的相关课程的教学设计，交流研讨息技术与课程有效整合的方法和策略	2017—2020年每个大周一次	教研室	确定参赛课题，加工参赛作品	每次教研签到，计入期末考核
信息化教学比赛	观摩评比	学校组织各级公开课、优质课、说课、观摩课、评课等活动，选出优秀作品，为市赛、省赛、国赛三级比赛做准备	2017—2020年每学期一次校赛根据上级要求，市赛、省赛、国赛每年一次	教研室	2017年5%教师的获得省赛一等奖或国赛二等奖以上奖项；2018年达到10%的比例，2019年达到15%，2020年达到20%	对表现突出的教师进行加分和奖励，作为评优评先的依据
信息化课题研究	课题研究	承担与现代教育技术和信息化教学有关的科研课题任务，切实做好课题申报和开展、实施工作	2017—2020承担4～6个课题	省示范校办公室教研室	课题组按时按要求完成课题的相关阶段任务，提交相关论文	课题作为教学成果验收，计入教师考核

3．促进教师专业能力的发展

教师专业发展既包括学科专业性，又包括教育专业性，教师专业能力包含思想品德素质与职业道德素养，知识结构，教学能力，实践能力和获取信息的能力。根据不同专业的特点，教师通过进企业等多种形式促进自身专业能力的发展。

（1）完善教师教育保障制度。

规范的教师教育制度，是教师专业素质提升的保障，也是教师应享有的权利，中职院校应根据自身师资力量来制定完善的教师培训制度。例如，对处于适应期的新教师要强化职教教育理论的培训，强化对职业教育的特征和规律的认识等。

（2）加强业务学习，促进专业知识的提高和能力的发展。

在教师的知识结构中，首先要具备基本的文化知识，即社会、历史、人文等方面的常识，以帮助学生了解丰富多彩的世界，满足学生多方面发展需要。其次要有学科专业知识，要精通学科本身的基本概念、原理、事实，能把握学科知识的体系和概念的结构，还要具备教育专业理论知识，了解教育的目的、功能、教育对象的身心特点，掌握课程的设置及知识体系，熟悉常用的教学方法。还应具备一定的外语交流能力，密切关注国际相关领域的前沿动态。

（3）提高教师实践能力。

首先派遣教师在相关专业的对口企业中进行半年以上的锻炼，企业认可合格为完成培训依据。其次，建立鼓励政策和制定培养计划，把教师推出去，增强教师实践技能水平。

（4）树立"网络前沿"新理念，丰实专业内涵。

随着信息化时代的到来，为不断提高教师信息技术素养，将着重培养教师三种能力：一是资源搜集整理的能力，能够自己寻找丰富的教育教学信息资源，获取、分析、整理这些信息资源；二是信息技术操作能力，学校将通过网络、专题讲座等方式，对教师进行《微机常用故障处理》《多媒体课件制作》等内容的相关培训，提高计算机网络基本技能；三是信息技术应用能力，教师能够自己进行多媒体课件的制作辅助教学，并关注和利用好校园网站，增强教师掌握和运用现代教育技术的能力。

4．完善学校教学资源库的建设，共享优质信息化课程资源

（1）全体教师实行电子备课设计（文本、课件），灵活运用多媒体和网络资源进行学科课堂教学，探索学生掌握知识、提高技能、扩展思维，培养学生解决实际问题的能力、方法与途径；合理运用信息资源指导学生进行个别化学习和协作学习；运用网络开展学生课内外作业指导、学习情况分析和学习评价。

（2）参加培训的教师，将获取的资源上传至教学平台，实现资源共享，并且通过培训，教师不但能够熟悉教育技术工具的性能、特点和使用方法，而且能掌握教育技术、教学设计，将先进的教育思想、方法与信息技术结合。

（3）加快各学科教学资源和多媒体课件素材库的建设，为教师网上备课和制作多媒体课件以及教改科研提供条件。积极探讨运用现代教育技术优化课堂教学设计，积累本校的教学精品课例，以点带面，提升学校的教研水平。

（4）全体教师灵活使用教学平台进行授课，信息化教学资源建设达到"随手可得"，进一步完善校本资源库建设，建设与课程改革相协调的共建共享、互动开放的精品课程资源。

（5）优化组合学校现有教育资源，融视频、网络、多媒体等多种方式为一体，为师生提供多种类，多形式、多规格和多层次的教育教学服务。

四、保障措施

（一）制度保障

制定和完善有关信息化教学的相关标准和规章制度。努力使教育信息化真正成为学校发展、教师成长、学生进步的有效载体，成为教师成长不可或缺的平台。如信息化教学准备、教学组织、教学考核、教学评价等都发生了较大变化，需制定相应标准和制度来保障教学信息化顺利开展。

（二）组织保障

成立信息化教学领导小组，学校成立以校长为组长，分管校长为具体负责人，教研室、信息科与学科骨干为中心的领导小组，开展利用信息技术提高教学成效的专题研究。通过一两个学期推行，为全校教师信息化教学能力提升积累一定的经验，为学校推进教育教学信息化打下坚实的基础。

（三）经费保障

（1）学校项目活动经费。该经费主要用于激励本校人员积极参加项目活动所发放的款项。

（2）学校信息化应用推进奖励基金。该基金主要对在推进信息化应用过程中的优秀教师进行奖励。

（四）奖惩保障

加大考核，严格奖惩。学校把信息化教学能力的学习、应用与研究工作纳入工作考核中，与教师签订岗位目标任务书，定期进行检查考核。对工作成绩突出的，给予表彰奖励，把教师信息化教学能力考核结果与评职、晋级挂钩。

第36节 学校师德发展规划

教育发展，教师为本；教师发展，师德为先。为适应时代需求，加快学校现代化建设步伐，全面推进省示范性中等职业学校建设，依据《教育部关于进一步加强和改进师德建设的意见》（教师〔2005〕1号）、《中小学教师职业道德规范》（教师〔2008〕2号）、教育部制定的《中等职业学校教师职业道德规范（试行）》《师德修养二十条》等文件精神，积极打造有理想信念、有道德情操、有扎实学识、有仁爱之心的党和人民满意的好老师，为全面建成小康社会、实现中华民族伟大复兴中国梦而积极助推的新时代中职教师队伍，为学校科学跨越发展夯实基础，特编制学校师德发展规划（2017—2020）。

一、发展基础与环境

学校当前共有教师322名，其中助理讲师157名，讲师91名，高级讲师65名，在职在编专业教师168名，双师型教师122名，占到现有专业教师数的72.6%。多年来，学校高度重视教师师德建设，以"黄金素质、钢铁技能"为要求，育德于心，养德于行，借助德育学分制、全员育人导师制、全员值班制三大支撑，以德为魂、以生为本、以勤为径、以创为先，在积极培养学生的道德素养、文化素养、职业素养与公民素养的同时，教师师德水平逐步得到加强，学校德育建设队伍不断壮大，教师师德整体水平得到了大幅度提升，为学校改革与发展做出了重大贡献，赢得了社会广泛赞誉，助推学校成为"首批国示范"与"首批省示范"。

但是，在市场经济和开放环境下，面对国际国内形势的深刻变化和新时期对未成年人思想道德建设的要求，面对深化教育改革、全面推进素质教育、促进教育科学和谐发展的新形势与新任务，面对人民群众日益增长的对优质教育、优质师资的广泛需求，学校师德建设工作还存在一些不适应的方面和薄弱环节，需要进一步加强宣传、引导和教育，进一步促进广大教师教书育人的光荣感、责任感和使命感。同时，一些教师自身的思想素质、师德水平有待进一步提高，部分教师教书育人的理念、方法与手段亟须更新，业务能力亟待增强。伴随各项改革的不断推进，加强和改进师德师风建设成为一项刻不容缓的紧迫任务。为此，必须大力加强师德建设，积极构建师德教育的常态机制体制，大力提升师德整体水平，为学校的科学规范化发展夯实基石，创设基本条件。

二、指导思想与发展目标

（一）指导思想

以省示范性中职学校建设为契机，以实现中国梦为引领，以建设高素质教师队伍为导向，以提升教师师德水平为根本，以"四有教师"为要求，以热爱学生、教书育人为核心，以"学为人师、行为世范"为准则，提高教师思想政治素质、职业理想和职业道德水平，弘扬高尚师德，力行师德规范，强化师德教育，优化制度环境，不断提高师德水平，造就忠诚于职业教育事业、为人民服务、让人民满意的教师队伍，为培养具有"黄金素质、钢铁技能"的新型职专生做出新贡献。

（二）发展目标

坚持把师德师风建设摆在教师队伍建设首位，全面强化师德教育，引导教师做充满爱心、品格优秀、业务精良、道德高尚、行为示范的教育工作者。加强职业理想教育，引导教师把教书育人作为毕生的事业追求，提升教师人文素养，增强教师育德意识和能力，以平等态度对待学生，以高尚情操熏陶学生，以人格魅力感染学生，做学生身心健康成长的指导者和引路人，自觉担负起培育人才的神圣职责。完善师德规范，健全激励机制，师德监督机制，严格考核管理，不断增强教师的责任感和使命感，努力建设一支政治过硬、道德高尚、素质精良、德才兼备的教师队伍。

三、重点任务

（一）提高教师的思想政治素质

认真学习中国特色社会主义理论和党的教育方针，牢固树立正确的世界观、人生观和价值观，自觉抵制各种错误思潮和腐朽思想文化的影响；牢固确立在中国共产党领导下走中国特色社会主义道路、实现中华民族伟大复兴的共同理想和坚定信念；拥护中国共产党领导，拥护社会主义，热爱祖国，热爱人民；坚持正确的政治方向，拥护党和国家的路线、方针、政策，在大是大非问题上，立场坚定，旗帜鲜明。要积极参加社会实践，接触实际，了解国情。要认真学习宪法和有关法律法规，坚持学术研究无禁区、课堂讲授有纪律，严格教育教学纪律。要高度重视学生的思想道德建设和思想政治教育，以良好的思想政治素质影响和引领学生。

（二）树立正确的教师职业理想

培养广大教师强烈的职业光荣感、历史使命感和社会责任感，以培育优秀人才、发展先进文化和推进社会进步为己任，站在时代的前列，努力成为为人民服务的践履笃行的典范。要志存高远，爱岗敬业，忠于职守，乐于奉献，自觉地履行教书育人的神圣职责，以高尚的情操引导学生全面发展。要正确处理个人与社会的关系，反对拜金主义、享乐主义和极端个人主义，把本职工作、个人理想与祖国的繁荣富强紧密联系在一起。

（三）提高教师的职业道德水平

广大教师要坚持社会主义教育方向，全面贯彻党的教育方针，遵守法律法规；树立先进教育理念，自觉遵循教育规律，积极推进教育创新，全面实施素质教育，不断提高教育质量；牢固树立育人为本、德育为先的思想，全面关心学生成长，热爱学生，尊重学生，公平公正对待学生，严格要求学生，因材施教，循循善诱，形成相互激励、教学相长的师生关系，促进学生全面发展；自觉加强师德修养，模范遵守职业道德规范，以身作则，言传身教，为人师表，以自己良好的思想和道德风范去影响和培养学生；大力提倡求真务实、勇于创新、严谨自律的治学态度和学术精神，团结合作、协力攻关、共同进步的团队精神，努力发扬优良的学术风气。坚持科学精神，模范遵守学术道德规范，潜心钻研，实事求是，严谨笃学，成为热爱学习、终身学习和锐意创新的楷模。

（四）着力解决师德建设中的突出问题

坚决反对教师讥讽、歧视、侮辱学生，体罚和变相体罚学生的行为；坚决反对向学生推销教辅资料及其他商品，索要或接受学生、家长财物等以教谋私的行为；坚决反对在科研工作中弄虚作假、抄袭剽窃等违背学术规范，侵占他人劳动成果的不端行为；坚决反对在招生、考试等工作中的不正之风和违纪违法行为；严厉惩处败坏教师声誉的失德行为；积极倡导教师廉洁奉公，爱岗敬业，自觉抵制有偿家教。

（五）积极推进师德建设工作改进创新

努力探索新形势下师德建设的特点和规律，创新师德师风建设工作机制，在内容、形式、方法、手段、机制等方面不断改进和创新，特别要在增强时代感，加强针对性、实效性上下功夫，讲究实际效果，克服形式主义，使师德建设更加贴近实际、贴近教师，把师德规范的主要内容具体化、规范化，使之成为全体教师普遍认同的行为准则，并自觉按照师德规范要求履行教师职责。

四、核心举措

（一）强化师德教育

以教育部制定的《中等职业学校教师职业道德规范（试行）》《师德修养二十条》为指针，全面推进教师师德与育德能力提升，把师德教育纳入教师发展的全过程，纳入教师职务培训和专项培训管理体系，把师德师风作为学校教师专业化发展的内在核心，将师德教育纳入教师全员轮训、骨干教师培训、班主任培训等各类教师培训工作的首要任务和重要内容。多渠道、分层次地开展各种形式的师德教育，在加强和改进教师思想政治教育、职业理想教育、职业道德教育的同时，重视法制教育和心理健康教育。加强学风和学术规范教育。建立和完善各级各类学校德育工作者培训制度。对学校班主任、辅导员等德育工作者进行师德教育专题培训。建立和完善新教师岗前师德教育制度。把师德教育作为新一轮教师全员培训的首要任务和重点内容。加强对兼职教师的师德师风教育，将兼职教师纳入学校师德师风建设的范畴，根据兼职教师的实际开展师德师风教育工作。

做好"四个结合"，形成教育合力。创新师德师风教育形式，坚持把师德师风建设与学校专业发展相结合，引导教师积极投身学校的专业建设与改革工作；坚持把师德师风建设与校园文化建设相结合，以良好的思想政治素质影响和引领学生；坚持把师德师风建设与党风廉政建设相结合，学习职业教育法和相关文件规定，增强教师法律意识，依法治教，自觉遵守党纪、国法和校纪校规，坚决杜绝私收学费、赌博、办假文凭等违法乱纪行为；坚持把师德师风建设与岗位奉献相结合，热爱学生，言传身教，为人师表，乐于奉献，以高尚的情操引导学生全面发展。

开展"五大活动"，作为师德教育重要支撑。一是每学年组织学生开展一次"我最喜爱的老师"征文评选活动，激发学生热爱老师、热爱专业，努力学习；二是以"忠诚、奉献、师表"为主题，在教师中开展"立师德、铸师魂、正师风"的活动，通过专题研讨、演讲等形式，增强教师的责任感、使命感和凝聚力，展示教师的精神面貌。三是组织教师开展"五个一"业务竞赛活动，"读一本教育理论专著、写一篇教育理论研究论文、设计一堂教学改革课、上好一堂教改示范课、开发一个教学资源"，把教学工作与师德师风建设工作紧密结合，通过组织说课竞赛、多媒体课件制作竞赛、优秀教案评选和编辑优秀论文集等方式，增强教师忠诚履职、无私奉献的意识，提升教师职业素质和业务能力。四是开展专题研讨活动。以师德师风建设为主题，在教师中开展师德师风建设的专题研讨与讲座。每年组织国内知名专家和学者、校内专家开展师德师风建设的专题讲座，在校园网上开辟师德师风建设专栏，刊载教师关于师德师风建设的文章，编辑出版教师关于师德师风建设的论文集。通过专题研讨，引导教师自觉提升自身的师德修养，规范教风和工作作风。五是在每年9月份组织开展全省"师德师风主题教育月"活动，开展"最美教师""师德征文""师德演讲比赛""师德主题报告会"等活动，发掘身边的先进典型，编写《优秀教师风采录》，展示中等职业教育工作者无私奉献、甘为人梯的风采，并在教师节前后召开师德师风建设表彰大会，举行师德标兵先进事迹报告会，在校园内外营造崇尚高尚师德的浓郁氛围。

（二）加强师德宣传

加强对师德高尚的教师宣传表彰，加大对师德高尚和教书育人成绩显著教师的表彰力度，定期评选师德标兵、优秀班主任、优秀辅导员、优秀思想政治理论课教师等，予以表彰和奖励，并作为职务晋升、岗位聘任的依据，充分发挥激励的导向作用。每学期都要专门组织师德主题宣传教育活动，组织师德典型重点宣传活动，大力褒奖教师的高尚师德，广泛宣传模范教师先进事迹，展现当代教师的精神风貌，进一步倡导尊师重教的良好社会风尚；举办师德论坛，促进师德建设的理论创新、制度创新和管理创新，推动师德建设工作实现科学化、制度化。

（三）严格考核管理

坚持"以德为先，注重实绩"的原则，把师德建设作为学校党风廉政考核、精神文明创建和教育教学工作考核的重要指标，作为对学校党政领导绩效考核的重要指标。建立师德考评制度，把思想政治素质、思想道德品质作为考核教师的必备条件和重要考察内容，将师德表现作为教师年度考核、职务聘任、派出进修和评优奖励等的重要依据。建立师德考核档案，将师德师风考核作为教师（含专任教师和兼职教师）思想和工作考核的核心内容，作为教师年度考核、职务聘任、进修培训、奖励惩戒、绩效工资分配等的重要依据。对师德表现不佳的教师要及时劝诫，经劝诫仍不改正的，要进行严肃处理。对有严重失德行为、影响恶劣者实行"师德一票否决制"，一律撤销教师资格并予以解聘，兼职教师不得再进行续聘。

（四）加强制度建设

建立师德建设工作评估制度，构建科学有效的师德建设工作监督评估体系。研究制定科学合理的教师评价方法和指标体系，完善相关政策，体现正确导向，为师德建设提供制度保障，形成师德建设长效机制。建立师德师风奖惩机制，严格实行师德"一票否决制"，加大依法处理的力度，对有违教师形象的言行要给予批评教育、及时劝诫、责令改正；对严重违背师德要求的教师，要依照有关政策、法规给予处分，按照聘用合同解除聘用关系。以"忠诚、奉献、师表"为核心内容，以"教书育人、管理育人、服务育人"为根本目标，制定并实施《齐河县职业中专师德师风建设实施方案》，修订《师德素养二十条》，以教育促建设，修师德强师能。

（五）强化社会监督

构建师德师风社会监督机制，积极鼓励学生、家长和社会有关方面对教师职业道德状况进行监督和评议，形成社会、家长、学生、学校"四位一体"的师德师风建设监督网络，通过问卷、座谈、学生评议、家长反映、校长信箱、监督电话等多种途径，及时了解、把握学校教师遵守师德规范和教书育人情况，做到防微杜渐，预防在前。

（六）加强自身建设

加强对教师的人文关怀，创造良好的工作条件和环境，注重教师的身心健康，加强教师心理疏导，提高教师自我心理调适能力。教师要在教育教学过程中，始终保持积极向上的人生态度和快乐愉悦的精神面貌，不断提高对学生的亲和力、影响力和感染力。

五、实施保障

（一）组织保障

学校成立师德师风建设工作领导小组，做到主要领导亲自抓，分管领导具体抓，相关处室分工协作，切实加强对师德师风建设的领导。成立由校领导、教师代表和义务督查员组成的师德师风建设考评委员会，把师德师风建设纳入学校发展总体规划，贯穿于学校管理工作的全过程，校长、书记是师德师风建设的第一责任人，要负责制定切实可行的实施方案，建立和完善师德师风建设制度，并认真组织检查落实。学校基层党组织、广大党员教师要充分发挥政治核心和先锋模范作用，充分发挥学校党支部、工会、共青团等党群组织在师德师风建设中的积极作用，形成统一领导、齐抓共管的局面，切实推进师德师风建设再上新台阶。

（二）制度保障

建立完善师德师风建设工作评估制度，构建科学有效的师德建设工作监督评估体系。制订科学合理的教师评价方法和指标体系，完善相关政策，体现正确导向，为师德建设提供制度保障。学校因地制宜，制订可操作的实施办法，完善师德建设规章制度，建立师德建设的长效机制。

（三）环境保障

学校要加强对教师的培养、教育和管理，坚持依法行政，严格执行和认真落实加强教师队伍建设的各项法律、法规和政策，关心爱护教师，为教师工作和生活创造良好的环境和条件。要大力挖掘师德先进典型，弘扬爱岗敬业的奉献精神和甘为人梯的师德风范，在全社会倡导尊师重教的良好风尚。学校要正确对待、诚恳接受和积极回应社会各界对教师师德表现的评价和监督意见，逐步健全教师、家长、学生和社区共同参与的教师师德评价机制，营造良好的教书育人的社会环境。

第37节 学校实训中心建设规划方案

一、指导思想

《山东省教育厅山东省财政厅关于山东省示范性及优质特色中等职业学校建设工程的实施意见》(鲁教职字〔2015〕50号)和《山东省教育厅山东省财政厅关于公布第一批省示范性中职学校的通知》(鲁教职字〔2016〕21号)文件要求,树立现代职业教育理念,以立德树人为根本,以服务发展为宗旨,以促进就业为导向,适应经济发展新常态所带来的技术进步、生产方式变革以及社会公共服务的需要,按照"突出重点、分步建设、强化内涵、注重特色"的方针,深入推进内涵建设,加快办学模式、培养模式、教学模式和评价模式的改革创新,完善校企双主体协同育人机制,建立以人为本、对接紧密的课程体系,建设就业有优势、发展有潜力的特色品牌专业,完善现代学校制度,提高学校的规范化、信息化和现代化水平,全面提升办学实力,进一步增强示范、辐射和引领作用,为区域经济和社会发展做出积极贡献,建立符合专业需求的实训基地,来培养符合企业需求,符合社会可持续发展的新型人才。

二、建设目标

按照山东省示范性中等职业学校建设工程项目的要求,齐河县职业中等专业学校将通过三年建设。来建立起常态化、长效化的综合素养培养体系,构建起全方位育人格局,全面提升齐河县职业中等专业学校学生综合素养。并且逐步形成校企深度融合的办学体制机制,增强多方共赢的资源整合能力。齐河县职业中等专业学校在以省级品牌专业为龙头,重点建设机电技术应用、计算机应用、数控技术应用、汽车(新能源汽车)运用与维修、建筑工程施工、护理专业等6个专业为主的实习实训基地。

齐河县职业中等专业学校将建成并进行完善的"基于真实生产环境的"教学做训研一体化的实习实训基地。一是创建新型实践教学基地，可以充分发挥校企共建的各重点建设专业校内外实训基地的资源优势，并有助于完善"基于企业真实生产环境"的实训基地。二是创新"校中厂""厂中校"校企共建共管、互利共赢的建设模式；加强校内实践教学场所的内涵建设，建立和完善实训基地配套管理制度，保障产教结合顺利开展。三加强对"现代学徒制"探索，深入推进校企"双主体"合作育人模式，多元评价模式，加强实训基地的建设和完善，可以使实训基地的教学模式更加丰富多样。

三、建设内容

齐河县职业中等专业学校计划在建设期内，总投资4000万元，建设建筑面积为18000平方米的综合实训中心，规划建设现代装备制造实训中心、汽车（新能源汽车）综合实训中心、数字媒体与现代信息技术实训中心、现代服务业实训中心；投资2000万元，新建、完善、升级改造54个实习实训室。建设"校中厂"3个以上，新增校外实训基地24个以上，校内生产性实训学时达到校内实践教学总学时的60%，满足在校生的实训实习教学需要，合作行业企业提供职工培训、技术研发、技术应用等服务项目。不断提高齐河县职业中等专业学校的就业水平和就业质量。最终将齐河县职业中等专业学校建成人才培养质量社会认可度高、服务区域经济社会发展能力强、重点建设专业各具鲜明特色的技术技能型人才培养培训基地；建成省内一流、国内有影响的中等职业教育品牌学校，充分发挥示范作用，带动本地区中等职业教育整体水平提升。

（一）校企合作共建实训基地平台

1. 共建校内外实训基地和车间

校企合作研讨、规划形成建设方案，合作新增校外实训基地24个，接收学生顶岗实习，考核评价学生；合作研讨，形成建设方案，指导、帮助或参与学校建设校内实训车间56个，参与管理、建设车间文化。

新建或升级改造实习实训室一览表

综合实训中心	专业	新增或改造实训室	主要新增设备	概算投资（万元）	合计（万元）
装备制造业实训中心	机电技术应用专业	液压气动实训室（完善）	液压实训台、气动实训台	68	273
		通用机电设备安装与维护实训室（完善）	通用机电设备安装与维护实训台	48	
		机电设备组装与调试实训室（新建）	光机电一体化实训台	17	
		单片机应用实训室（完善）	综合实训台加计算机	50	
		电气安装实训室（新建）	YL-156	70	
		创新实训室（新建）	3D打印配套设备	20	
	数控技术应用专业	数控车理实一体化教室（新建）	数控车床、计算机，教学系统，刀具、量具一批	62	240
		数控铣理实一体化教室（新建）	数控铣床，加工中心（带工卡刀具），计算机，教学系统，常用刀具、量具	93	
		刀具刃磨实训室（新建）	吸尘式砂轮机万能工具磨床（带数显）万能钻头修磨机万能铣刀修磨机	10	
		CAD/CAM软件技术实训室（升级改造）	3D打印机、3D扫描仪、CAD/CAM软件升级	27	
		数控车削加工实训区、数控铣削/加工中心实训区（对现有设备维修维护）	现有数控车削、铣削、加工中心等实训设备的维修维护	48	
	服装制作与生产管理专业	服装制作工艺实训室（升级改造）	工业平缝缝纫机、锁边机	10	27
		数码服装设计与表现技法—CorelDRAW实训室（新建）	计算机、CorelDRAW软件	14	
		服装材料实训室（新建）	照布镜、全自动织物缩水率试验机、工具一批	3	
装备制造业实训中心	建筑工程施工专业	建筑材料检测实训室（新建）	多媒体教学平台、检测实训操作台、压力试验机、万能材料试验机、混凝土搅拌机等	32	142
		建筑工程软件实训室（升级改造）	多媒体教学平台、计算机、中望CAD软件、广联达计价软件、广联达图形对量软件、广联达钢筋算量评分软件等	49	
		建筑工程测量设备室（升级改造）	多媒体教学平台、全站仪、全球定位仪、对讲机等	22	
		钢筋翻样与加工实训室（新建）	多媒体教学平台、钢筋成型台、钢筋调直机、钢筋弯曲机、钢筋切断机、手工工具及附件	18	
		砌体砌筑设备室（新建）	皮数杆、手动弹涂器、检测工具、自动安平标线仪、手持激光测距仪、砂浆搅拌机等	9	
		手工绘图室（升级改造）	多媒体教学平台、手工绘图及翻样工具	12	

续表 -1

综合实训中心	专业	新增或改造实训室	主要新增设备	概算投资（万元）	合计（万元）
汽车（新能源汽车）综合实训中心	汽车运用与维修专业	电工电子控制实训室（升级改造）	汽车电控试验台	12	113
		汽车电气设备构造与维修实训室（新建）	综合电器实训台，空调回收、净化、加注机，空调诊断仪	27	
		汽车电控实训室（完善）	喷油器清洗检测仪、汽车故障诊断仪、台架、零件清洗机	6	
		汽车虚拟仿真实训室（新建）	计算机、二级维护虚拟实训模块、汽车故障诊断虚拟实训模块	25	
	新能源汽车技术专门化方向	新能源汽车实训室（新建）	新能源汽车、充电桩、新能源汽车检测与维护设备	43	
数字媒体与信息技术实训中心	计算机应用专业	网络服务器实训室（新建）	50套高配置计算机设备、多媒体教学系统与相关设施	18	128
		设计应用实训室（新建）	50套计算机设备、扫描仪、打印机、数码相机、多媒体设备等	15	
		信息技术创新实训室（新建）	物联网实训设备、综合布线设备等	28	
		电工电子实训室（新建）	电工电子工具、展台	8	
		电子商务实训室（新建）	50套计算机设备、电子商务综合实训系统、多媒体教学系统等	17	
		计算机组装与维护实训室（升级改造）	电子电路检测与焊接维修设备等、数码设备等计算机外设、多媒体展示平台等。	8	
		网络综合实训室（升级改造）	新增2套网络搭建设备，完善配套软硬件设施等	20	
		摄影摄像实训室（升级改造）	增加30套计算机设备、增加一体打印机、摄影棚相关设备等	14	
	会计专业	会计模拟实训室（新建）	计算机、点钞机、企业管理信息化软件、ERP沙盘模拟实训软件	62	152
		会计基本技能实训室（完善）	实训机、充电柜、算盘、点钞纸、点钞机	5	
		收银实训室（更新改造）	收银机、收银台、点钞机、收银软件	37	
		财税一体化实训室（更新改造）	计算机、投影仪行业案例教学软件、交换器、实验室挂图等	42	
		模拟超市实训室（完善）	收银机、货架、电子秤、点钞机、陈列货物、代币券	6	
	数字化校园网络中心机房	网络中心机房（升级改造）	核心交换机、服务器、存储设备、UPS、录播教室后端平台、一卡通应用平台、仿真实训平台	333	333

续表 -2

综合实训中心	专业	新增或改造实训室	主要新增设备	概算投资（万元）	合计（万元）
现代服务业实训中心	旅游服务与管理	导游实训室（新建）	电脑、60寸电视、景区讲演软件、扩音器	15	25
		西餐实训室（升级改造）	西餐餐桌、餐椅、餐盘、厨房餐具工具一批、各种酒杯一批、面包盘、台布、烛台等	3	
		中餐实训室（升级改造）	餐桌、餐椅、工作台、各种餐盘、托盘、花瓶、各种餐具	3	
		客房实训室（升级改造）	精装修标准客房、床架、床垫、床上用品、工作台	4	
	物流服务与管理	仓储配送中心实训室（新建）	立体货架、堆高机、堆垛机、电子标签、相关软件、服务器、计算机等	60	130
		快递业务实训室（新建）	搬运小车、自动分拣系统、装卸平台、快递单证系统、快递管理系统、计算机、相关软件	70	
	护理专业	基础护理实习室1（更新完善）	电动吸引器、血糖仪、心电图机、半身心肺复苏训练模拟人、各种医疗器械一批	26	121
		基础护理实训室2（更新完善）	多功能护理模拟人、多功能床、平车、护理工具一批、医疗器械一批	27	
		基础护理实习室3（更新完善）	导尿模型、多功能床、多功能护理模拟人、各种护理用品	11	
		基础护理实习室4（更新完善）	多功能护理模拟人、多功能床、手臂注射模型、臀部注射模型、静脉输液臂等	11	
		解剖实训室（新建）	人体骨架模型、人体肌肉模型、人体骨架模型（散）等各种标本、模型、挂图	7	
		解剖学实验室（新建）	肌肉、骨骼，各种器官模型	2	
		病理学实训室（新建）	光学显微镜、各种疾病病理切片	37	
	化学工艺专业	基础化学实验室（完善）	氟滴定管、去离子水设备	1	79
		仪器分析实验室（升级改造）	分光光度计、电子分析天平	20	
		化工单元实训室（新建）	管路拆装实训装置、不锈钢精馏装置、传热单元实训装置	38	
		化工单元仿真操作实训室（升级改造）	仿真软件	20	
其中计划利用山东省示范性中等职业学校建设专项资金590万元，其他投入1200万元					1763

2．合作开发实训平台、仿真软件、教学资源

学校和企业以合作形成协议方案，针对各专业所需，为 12 个专业教学生产实训平台、软件，并且开发了一批生产性实训案例、教学资源库合作开发一批生产性实训案例，共同合作建设 90 门课程教学资源，新增数字化教学资源 4.5TB。

3．共建技能大师工作室

学校计划聘请知名企业知名技师、高级技师能手，机电技术应用、汽车运用与维修等专业建立 4～6 个技能大师工作室。这些技能大师将作为专业建设指导委员会特聘专家或首席专家，定期到齐河县职业中等专业学校进行专业建设指导，指导教学实训、各类技能大赛、实训室建设和专业发展。

4．企业入校办厂

结合齐河县职业中等专业学校的发展规划，和企业协商好是厂入校或者前店后校。可以培养出符合企业需求的人才，同时也提高齐河县职业中等专业学校的教学水平。在这个建设过程中齐河县职业中等专业学校要做好与现有企业合作的基础上，利用这一机会充分研讨论证，形成协议方案，依托专业信息、技术、人力资源、实训基地优势，并制定相应的优惠政策，吸引企业进入齐河县职业中等专业学校办厂，以每个重点专业吸引一家企业进入齐河县职业中等专业学校，每个专业至少与 4 至 5 家企业共建校内外实训基地作为专业建设实训基地的基本要求，建设期间至少吸引 3 家以上企业进校办厂。

（二）校企合作，共建实训基地

学校和企业组建双方共同参与的组织机构——校企合作理事会，使校企合作工作系统化、常态化。校企合作理事会聘请政府有关部门、科技园区管委会、行业协会、深度合作的企业公司等单位负责人担任理事，完善"政府、学校、行业企业"共同参与的"三方四维多边"合作办学机制。理事会对学校办学定位、专业布局等发展战略进行调研论证，

提供决策咨询；协调推动学校与政府、行业、企事业单位、社会团体的"产学研"合作教育，拓展"学校＋产业园区""专业＋企业"，"专业＋校办产业""实训基地＋企业车间""课程＋工作岗位"的合作形式。

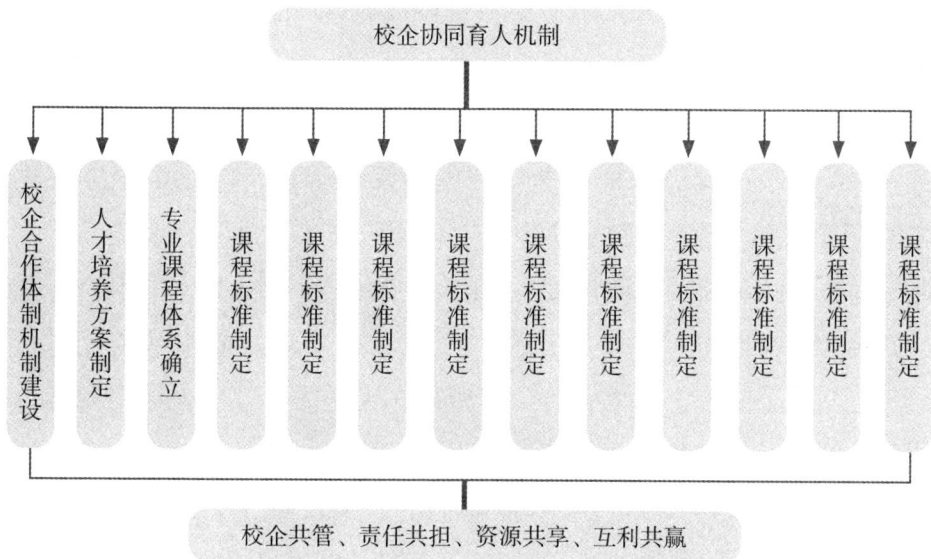

产教融合、校企合作协同育人结构示意图

建立完善合作发展联动机制，建设"学校＋产业园区""专业＋企业""专业＋校办产业""实训基地＋企业车间""课程＋工作岗位"的合作办学模式。调动企业参与合作办学的积极性，学校建设校内外生产性实训基地，为企业提供信息咨询、技术培训，依据行业企业发展需求调整专业，为企业提供人力资源支持；根据国家、省市文件精神，积极帮助合作企业申请相应的政策扶持。企业依据产业规划，参与专业建设、落实实习实训基地、吸收学生就业。形成"学校全面开放，企业深度参与"的校企共建、共管、共赢的管理机制，实现项目共建、资源共享、合作共赢的长效机制。

（三）实训基地——工学结合、顶岗实习、共同培养

各专业制定相应工学结合、工学交替、顶岗实习方案，充分利用校内外实训基地进行工学结合、工学交替的实习实训活动。根据技能型人才成长规律和企业工作岗位需求，双方共同修订人才培养方案和教学实施方案，共同参与教学设计与教材开发，实现教学过程与工作过

程的有效对接，校企协同育人。完善工学结合、顶岗实习管理和保障机制，加强工学结合、顶岗实习环节管理。积极推行认知实习、跟岗实习、顶岗实习，将工学结合、知行合一贯穿教学全过程，促进学以致用、用以促学、学用相长。与企业协调好学生顶岗实习关系，明确双方责、权、利，学校派专人驻厂全程协同企业进行管理，完善考核评价机制，实现校企一体化育人。

校企可以在实训基地为学生开展一系列活动。例如企业员工开展创新、创业活动，学校和企业建立"学生创新工作站""创客工坊"，调动广大师生的积极性和创造性，在火热的创造实践中，去体验、去感受实践的艰辛与创造的快乐，激发学生学习兴趣及创业激情。同时感受蕴涵于现代企业文化之中的企业精神，从而在心理上去适用现代企业制度，在行为习惯上树立正确的职业道德规范，在行动上去塑造本学校机电专业等的实习实训基地的企业文化，在教育教学中去营造良好的企业精神、创业精神。充分地利用实训基地为学生提供更多的体验经历，为学生的未来可持续发展提供帮助。同时学校也可以在这些活动中吸取经验不断完善教学内容和教学机制中的不足。企业也可以根据这些经验来发展，和找到符合自己企业的创新型全面人才。

（四）发挥集团化办学优势

1. 牵头成立职教集团和专业联盟

加强德州市机械职教集团的管理，规范运行，开展各种校企合作、校校合作活动，扩大规模，使参与集团的企业数量新增10家以上。牵头组建机电一体化专业区域联盟、齐河县汽车维修专业产教联盟，订立章程等文件制度，开展共建共享活动，形成合作共建长效机制，不断增强综合服务能力和拳头效应。

2. 积极参与职教集团和专业联盟

牵头成立德州市数控和机电专业教学联盟；积极参与"德州市职业教育集团""山东省机电专业联盟""京津冀鲁汽车职业教育联盟"，积极发挥学校作用，承担相应任务，参与共建共享，利用职教集团和专业联盟的平台优势，拓展与企业、学校间的合作。

（五）积极开展现代学徒制试点，实现校企一体化育人

齐河县职业中等专业学校可以与一些企业开办"冠名班"，订单培养。及时解决学生的就业问题，同时也可以定性地培养学生，使学生可以直接上岗。落实订单班管理体系，学生可以按专业、岗位或合作单位组班上课，确保订单培养的学生从方案的制订到课程教学的实施，实现过程共管。在订单培养的推动下，校企共同建设校内外实习实训基地，共同开展课程设置，共同开发校本教材、实训项目、教学资源等，校企融合共同服务学生，共同评价。企业专家到校任教，参与订单班教学改革、课程调整、实训基地建设、学生技能鉴定及毕业考核。"量"企业需求之"体"，"裁"学生培养之"衣"，为企业提供适合岗位需求的技能型人才，实现校企共赢，产教深度融合。同时学校和企业同时节约了时间、人力、物力、财力，减少了学生在毕业后找不上工作，或者需要企业进行再次的培养。企业参与人才的培养可以确保齐河县职业中等专业学校的学生符合企业的需要。

四、保障措施

（一）组织保障

成立由校长担任组长、各专业分管院长担任副组长的师资队伍建设领导小组，领导小组根据各学院的专业建设发展需求，研究、制定人才发展规划、政策和措施。校长进行部署规划实施的过程进行监控，并及时总结反馈。各部门领导教师职工全员参与规划的实施，以确保规划的顺利进行。

（二）机制保障

建立以业绩贡献为导向的评价和激励机制，完善教师教学质量评价制度、绩效考核指标体系。打破职称、身份界限，以能力定岗、以业绩付报酬。在制定津贴分配办法时，对成绩突出的部门和个人重点给予倾斜。根据规划制定出相应的年度、学期工作目标和计划，形成比

较详尽的计划方案体系,把规划落实到位。并建立相应的责任考核机制,保证规划的有效实施。

(三)制度保障

继续深化学校的人事分配制度改革,建立向教学系部倾斜、向教学一线倾斜的人、财、物配置制度,鼓励优秀人才向教学一线流动,弘扬"与时俱进、敢为人先、敢于担当、创造业绩"的精神,真抓实干、扎实推进人才强校战略部署。

(四)政府保障

取得相关部门的支持,为齐河县职业中等专业学校的实训提供切实的保障。加大对职业教育的支持,和保证公共财产对职业教育的投入。加大在学校的基础建设、重点专业、实训基地投入。落实实训基地的教育经费。并且政府可以给予实训基地良好的发展环境。加强舆论宣传,可以促进企业与齐河县职业中等专业学校的深入合作。改变职业教育的传统观念,提高全社会对职业教育的认识,形成全社会关心,支持职业教育的良好氛围。

附录

第 38 节　中央财政科研项目专家
咨询费管理办法

关于印发《中央财政科研项目专家咨询费管理办法》的通知

财科教〔2017〕128 号

有关单位：

　　根据中央本级项目支出定额标准管理和预算管理的要求，为进一步规范和加强中央级科研项目专家咨询活动的经费支出管理，提高资金使用效益，我们制定了《中央财政科研项目专家咨询费管理办法》，现印发你们，请遵照执行。

财政部

2017 年 9 月 4 日

中央财政科研项目专家咨询费管理办法

　　第一条　为加强和规范专家咨询费的管理，根据《预算法》以及中央本级项目支出定额标准等国家有关预算管理制度规定，制定本办法。

　　第二条　专家咨询费是指科研项目（课题）承担单位（以下简称单位）在项目（课题）实施过程中支付给临时聘请的咨询专家的费用。

　　第三条　本办法适用于由中央财政科研项目资金列支的专家咨询费。

　　第四条　本办法的专家是指精通某一领域业务，或对相关科技业务的某一方面有独到见解，已取得高级专业技术职称的人员或被科研项目（课题）承担单位认可的其他专业人员。

第五条　单位应当结合实际制定统一、合理、规范的咨询专家遴选办法，并在单位内部公开。具备条件的单位应当建立多领域、多学科的咨询专家库。

第六条　高级专业技术职称人员的专家咨询费标准为 1500～2400元／人天（税后）；其他专业人员的专家咨询费标准为 900～1500元／人天（税后）。

第七条　院士、全国知名专家，可按照高级专业技术职称人员的专家咨询费标准上浮 50% 执行。

第八条　本办法所指专家咨询活动的组织形式主要有会议、现场访谈或者勘察、通讯三种形式。

（1）以会议形式组织的咨询，是指通过召开专家参加的会议，征询专家的意见和建议。

（2）以现场访谈或者勘察形式组织的咨询，是指通过组织现场谈话，或者查看实地、实物、原始业务资料等方式征询专家的意见和建议。

（3）以通讯形式组织的咨询，是指通过信函、邮件等方式征询专家的意见和建议。

第九条　不同形式组织的专家咨询活动适用专家咨询费标准如下：

组织形式 ＼ 会期	半天	不超过两天（含两天）	超过两天
会议	按照本办法第六条所规定标准的 60% 执行	按照本办法第六条所规定的标准执行	第一天、第二天：按照本办法第六条所规定的标准执行；第三天及以后：按照本办法第六条所规定标准的 50% 执行
现场访谈或者勘察	按照上述以会议形式组织的专家咨询费相关标准执行		
通讯	按次计算，每次按照本办法第六条所规定标准的 20%～50% 执行		

第十条　不同领域、相同专业技术职称的专家咨询费标准应当保持一致。

第十一条　根据国家经济社会发展水平和物价变动等情况，财政部适时对专家咨询费标准进行调整。

第十二条　专家咨询费不得支付给参与项目（课题）研究及其管理的相关人员。

第十三条　专家咨询费的发放应当按照国家有关规定由单位代扣代缴个人所得税。

第十四条　单位发放专家咨询费原则上采用银行转账方式。

第十五条　单位应当建立专家咨询费的支付审核机制，负责核实专家咨询行为及专家咨询费发放的真实性、合规性，并及时向代理银行办理支付手续。对专家信息不真实、存在虚假咨询行为，以及其他违反本办法或单位有关规定的，单位应当拒绝办理支付手续。

第十六条　单位应当对专家咨询费的开支做好财务记录，并及时归档，定期对专家咨询费支付情况进行检查。

第十七条　地方财政科研项目开支的专家咨询费可参照本办法，结合本地实际予以执行。

第十八条　单位可根据本办法有关规定，结合单位实际制定实施细则。

第十九条　本办法自印发之日起施行。

第39节 中央和国家机关培训费管理办法

关于印发《中央和国家机关培训费管理办法》的通知
财行〔2016〕540号

各有关部门:

为进一步推进厉行节约反对浪费制度体系建设,推进干部教育培训事业持续健康发展,我们对《中央和国家机关培训费管理办法》(财行〔2013〕523号)进行了修订。现将修订后的《中央和国家机关培训费管理办法》印发给你们,请认真遵照执行。

财政部中共中央组织部国家公务员局

2016年12月27日

中央和国家机关培训费管理办法

第一章 总则

第一条 为进一步规范中央和国家机关培训工作,保证培训工作需要,加强培训经费管理,依据《中华人民共和国公务员法》《干部教育培训工作条例》和其他有关法律法规,制定本办法。

第二条 本办法所称培训,是指中央和国家机关及其所属机构使用财政资金在境内举办的三个月以内的各类培训。

第三条 本办法所称中央和国家机关,是指党中央各部门,国务院各部委、各直属机构,全国人大常委会办公厅,全国政协办公厅,最高人民法院,最高人民检察院,各人民团体,各民主党派中央和全国工商联(以下简称各单位)。

第四条 各单位举办培训应当坚持厉行节约、反对浪费的原则,实行单位内部统一管理,增强培训计划的科学性和严肃性,增强培训项目的针对性和实效性，保证培训质量，节约培训资源，提高培训经费使用效益。

第二章 计划和备案管理

第五条 建立培训计划编报和审批制度。各单位培训主管部门制订的本单位年度培训计划（包括培训名称、目的、对象、内容、时间、地点、参训人数、所需经费及列支渠道等），经单位财务部门审核后，报单位领导办公会议或党组（党委）会议批准后施行。

第六条 年度培训计划一经批准，原则上不得调整。因工作需要确需临时增加培训项目的，报单位主要负责同志审批。

第七条 各单位年度培训计划于每年 3 月 31 日前同时报中央组织部、财政部、国家公务员局备案。

第三章 开支范围和标准

第八条 本办法所称培训费，是指各单位开展培训直接发生的各项费用支出，包括师资费、住宿费、伙食费、培训场地费、培训资料费、交通费以及其他费用。

（一）师资费是指聘请师资授课发生的费用，包括授课老师讲课费、住宿费、伙食费、城市间交通费等。

（二）住宿费是指参训人员及工作人员培训期间发生的租住房间的费用。

（三）伙食费是指参训人员及工作人员培训期间发生的用餐费用。

（四）培训场地费是指用于培训的会议室或教室租金。

（五）培训资料费是指培训期间必要的资料及办公用品费。

（六）交通费是指用于培训所需的人员接送以及与培训有关的考察、调研等发生的交通支出。

（七）其他费用是指现场教学费、设备租赁费、文体活动费、医药费等与培训有关的其他支出。

参训人员参加培训往返及异地教学发生的城市间交通费，按照中央和国家机关差旅费有关规定回单位报销。

第九条　除师资费外，培训费实行分类综合定额标准，分项核定、总额控制，各项费用之间可以调剂使用。综合定额标准如下：

一类培训是指参训人员主要为省部级及相应人员的培训项目。

二类培训是指参训人员主要为司局级人员的培训项目。

三类培训是指参训人员主要为处级及以下人员的培训项目。

以其他人员为主的培训项目参照上述标准分类执行。

综合定额标准是相关费用开支的上限。各单位应在综合定额标准以内结算报销。

30 天以内的培训按照综合定额标准控制；超过 30 天的培训，超过天数按照综合定额标准的 70% 控制。上述天数含报到撤离时间，报到和撤离时间分别不得超过 1 天。

第十条　师资费在综合定额标准外单独核算。

（一）讲课费（税后）执行以下标准：副高级技术职称专业人员每学时最高不超过 500 元，正高级技术职称专业人员每学时最高不超过 1000 元，院士、全国知名专家每学时一般不超过 1500 元。

讲课费按实际发生的学时计算，每半天最多按 4 学时计算。

其他人员讲课费参照上述标准执行。

同时为多班次一并授课的，不重复计算讲课费。

（二）授课老师的城市间交通费按照中央和国家机关差旅费有关规定和标准执行，住宿费、伙食费按照本办法标准执行，原则上由培训举办单位承担。

（三）培训工作确有需要从异地（含境外）邀请授课老师，路途时间较长的，经单位主要负责同志书面批准，讲课费可以适当增加。

第四章　培训组织

第十一条　培训实行中央和地方分级管理，各单位举办培训，原则上不得下延至市、县及以下。

第十二条　各单位开展培训，应当在开支范围和标准内优先选择党校、行政学院、干部学院以及组织人事部门认可的其他培训机构承办。

第十三条　组织培训的工作人员控制在参训人员数量的 10% 以内，最多不超过 10 人。

第十四条　严禁借培训名义安排公款旅游；严禁借培训名义组织会餐或安排宴请；严禁组织高消费娱乐健身活动；严禁使用培训费购置电脑、复印机、打印机、传真机等固定资产以及开支与培训无关的其他费用；严禁在培训费中列支公务接待费、会议费；严禁套取培训费设立"小金库"。

培训住宿不得安排高档套房，不得额外配发洗漱用品；培训用餐不得上高档菜肴，不得提供烟酒；除必要的现场教学外，7 日以内的培训不得组织调研、考察、参观。

第十五条　邀请境外师资讲课，须严格按照有关外事管理规定，履行审批手续。境内师资能够满足培训需要的，不得邀请境外师资。

第十六条　培训举办单位应当注重教学设计和质量评估，通过需求调研、课程设计和开发、专家论证、评估反馈等环节，推进培训工作科学化、精准化；注重运用大数据、"互联网 +"等现代信息技术手段开展培训和管理。所需费用纳入部门预算予以保障。

第五章　报销结算

第十七条　报销培训费，综合定额范围内的，应当提供培训计划审批文件、培训通知、实际参训人员签到表以及培训机构出具的收款票据、费用明细等凭证；师资费范围内的，应当提供讲课费签收单或合同，异地授课的城市间交通费、住宿费、伙食费按照差旅费报销办法提供相关凭据；执行中经单位主要负责同志批准临时增加的培训项目，还应提供单位主要负责同志审批材料。

各单位财务部门应当严格按照规定审核培训费开支，对未履行审批备案程序的培训，以及超范围、超标准开支的费用不予报销。

第十八条　培训费的资金支付应当执行国库集中支付和公务卡管理有关制度规定。

第十九条　培训费由培训举办单位承担，不得向参训人员收取任何费用。

第六章　监督检查

第二十条　各单位应当将非涉密培训的项目、内容、人数、经费等情况，以适当方式公开。

第二十一条　各单位应当于每年 3 月 31 日前将上年度培训计划执行情况（包括培训名称、对象、内容、时间、地点、参训人数、工作人员数、经费开支及列支渠道、培训成效、问题建议等）报送中央组织部、财政部、国家公务员局。

第二十二条　中央组织部、财政部、国家公务员局等有关部门对各单位培训活动和培训费管理使用情况进行监督检查。主要内容包括：

（一）培训计划的编报是否符合规定；

（二）临时增加培训计划是否报单位主要负责同志审批；

（三）培训费开支范围和开支标准是否符合规定；

（四）培训费报销和支付是否符合规定；

（五）是否存在虚报培训费用的行为；

（六）是否存在转嫁、摊派培训费用的行为；

（七）是否存在向参训人员收费的行为；

（八）是否存在奢侈浪费现象；

（九）是否存在其他违反本办法的行为。

第二十三条　对于检查中发现的违反本办法的行为，由中央组织部、财政部、国家公务员局等有关部门责令改正，追回资金，并予以通报。对相关责任人员，按规定予以党纪政纪处分；涉嫌违法的，移交司法机关处理。

第七章　附则

第二十四条　各单位可以按照本办法，结合本单位业务特点和工作实际，制定培训费管理具体规定。

第二十五条　中央组织部、国家公务员局组织的调训和统一培训，有关部门组织的援外培训，不适用本办法，按有关规定执行。

第二十六条　中央事业单位培训费管理参照本办法执行。

第二十七条　本办法由财政部会同中央组织部、国家公务员局负责解释。

第二十八条　本办法自 2017 年 1 月 1 日起施行。《中央和国家机关培训费管理办法》（财行〔2013〕523 号）同时废止。

第40节 中央和国家机关
差旅费管理办法

关于印发《中央和国家机关差旅费管理办法》的通知
财行〔2013〕531号

各有关单位：

为贯彻落实中央关于改进工作作风，密切联系群众八项规定及其实施细则，推进厉行节约反对浪费制度建设，加强和规范中央和国家机关差旅费管理，根据《党政机关厉行节约反对浪费条例》，我们制定了《中央和国家机关差旅费管理办法》。现印发给你们，从2014年1月1日起施行。执行中有何问题，请及时向我们反映。

请各省、自治区、直辖市、计划单列市财政厅（局）参照本办法，结合实际情况，抓紧修订本地党政机关差旅费管理办法，并报财政部备案。

财政部

2013年12月31日

中央和国家机关差旅费管理办法

第一章 总则

第一条 为加强和规范中央和国家机关国内差旅费管理，推进厉行节约反对浪费，根据《党政机关厉行节约反对浪费条例》，制定本办法。

第二条 本办法适用于中央和国家机关，以及参照公务员法管理的事业单位（以下简称中央单位）。

本办法所称中央和国家机关，是指党中央各部门，国务院各部委、各直属机构，全国人大常委会办公厅，全国政协办公厅，最高人民法院，最高人民检察院，各人民团体、各民主党派中央和全国工商联。

第三条　差旅费是指工作人员临时到常驻地以外地区公务出差所发生的城市间交通费、住宿费、伙食补助费和市内交通费。

第四条　中央单位应当建立健全公务出差审批制度。出差必须按规定报经单位有关领导批准，从严控制出差人数和天数；严格差旅费预算管理，控制差旅费支出规模；严禁无实质内容、无明确公务目的的差旅活动，严禁以任何名义和方式变相旅游，严禁异地部门间无实质内容的学习交流和考察调研。

第五条　财政部按照分地区、分级别、分项目的原则制定差旅费标准，并根据经济社会发展水平、市场价格及消费水平变动情况适时调整。

第二章　城市间交通费

第六条　城市间交通费是指工作人员因公到常驻地以外地区出差乘坐火车、轮船、飞机等交通工具所发生的费用。

第七条　出差人员应当按规定等级乘坐交通工具。乘坐交通工具的等级见下表：

交通工具 级别	火车（含高铁、动车、全列软席列车）	轮船 （不包括旅游船）	飞机	其他交通工具 （不包括出租小汽车）
部级及相当职务人员	火车软席（软座、软卧），高铁/动车商务座，全列软席列车一等软座	一等舱	头等舱	凭据报销
司局级及相当职务人员	火车软席（软座、软卧），高铁/动车一等座，全列软席列车一等软座	二等舱	经济舱	凭据报销
其余人员	火车硬席（硬座、硬卧），高铁/动车二等座、全列软席列车二等软座	三等舱	经济舱	凭据报销

部级及相当职务人员出差，因工作需要，随行一人可乘坐同等级交通工具。

未按规定等级乘坐交通工具的，超支部分由个人自理。

第八条　到出差目的地有多种交通工具可选择时，出差人员在不影响公务、确保安全的前提下，应当选乘经济便捷的交通工具。

第九条　乘坐飞机的，民航发展基金、燃油附加费可以凭据报销。

第十条 乘坐飞机、火车、轮船等交通工具的，每人次可以购买交通意外保险一份。所在单位统一购买交通意外保险的，不再重复购买。

第三章 住宿费

第十一条 住宿费是指工作人员因公出差期间入住宾馆（包括饭店、招待所，下同）发生的房租费用。

第十二条 财政部分地区制定住宿费限额标准。各省、自治区、直辖市和计划单列市财政厅（局）根据当地经济社会发展水平、市场价格、消费水平等因素，提出所在市（省会城市、直辖市、计划单列市，下同）的住宿费限额标准报财政部，经财政部统筹研究提出意见反馈地方审核确认后，由财政部统一发布作为中央单位工作人员到相关地区出差的住宿费限额标准。

对于住宿价格季节性变化明显的城市，住宿费限额标准在旺季可适当上浮一定比例，具体规定由财政部另行发布。

第十三条 部级及相当职务人员住普通套间，司局级及以下人员住单间或标准间。

第十四条 出差人员应当在职务级别对应的住宿费标准限额内，选择安全、经济、便捷的宾馆住宿。

第四章 伙食补助费

第十五条 伙食补助费是指对工作人员在因公出差期间给予的伙食补助费用。

第十六条 伙食补助费按出差自然（日历）天数计算，按规定标准包干使用。

第十七条 财政部分地区制定伙食补助费标准。各省、自治区、直辖市和计划单列市财政厅（局）负责根据当地经济社会发展水平、市场价格、消费水平等因素，参照所在市公务接待工作餐、会议用餐等标准提出伙食补助费标准报财政部，经财政部统筹研究提出意见反馈地方审核确认后，由财政部统一发布作为中央单位工作人员到相关地区出差的伙食补助费标准。

第十八条　出差人员应当自行用餐。凡由接待单位统一安排用餐的，应当向接待单位交纳伙食费。

第五章　市内交通费

第十九条　市内交通费是指工作人员因公出差期间发生的市内交通费用。

第二十条　市内交通费按出差自然（日历）天数计算，每人每天80元包干使用。

第二十一条　出差人员由接待单位或其他单位提供交通工具的，应向接待单位或其他单位交纳相关费用。

第六章　报销管理

第二十二条　出差人员应当严格按规定开支差旅费，费用由所在单位承担，不得向下级单位、企业或其他单位转嫁。

第二十三条　城市间交通费按乘坐交通工具的等级凭据报销，订票费、经批准发生的签转或退票费、交通意外保险费凭据报销。

住宿费在标准限额之内凭发票据实报销。

伙食补助费按出差目的地的标准报销，在途期间的伙食补助费按当天最后到达目的地的标准报销。

市内交通费按规定标准报销。

未按规定开支差旅费的，超支部分由个人自理。

第二十四条　工作人员出差结束后应当及时办理报销手续。差旅费报销时应当提供出差审批单、机票、车票、住宿费发票等凭证。

住宿费、机票支出等按规定用公务卡结算。

第二十五条　财务部门应当严格按规定审核差旅费开支，对未经批准出差以及超范围、超标准开支的费用不予报销。

实际发生住宿而无住宿费发票的，不得报销住宿费以及城市间交通费、伙食补助费和市内交通费。

第七章　监督问责

第二十六条　各单位应当加强对本单位工作人员出差活动和经费

报销的内控管理，对本单位出差审批制度、差旅费预算及规模控制负责，相关领导、财务人员等对差旅费报销进行审核把关，确保票据来源合法，内容真实完整、合规。对未经批准擅自出差、不按规定开支和报销差旅费的人员进行严肃处理。

一级预算单位应当强化对所属预算单位的监督检查，发现问题及时处理，重大问题向财政部报告。

各单位应当自觉接受审计部门对出差活动及相关经费支出的审计监督。

第二十七条　财政部会同有关部门对中央单位差旅费管理和使用情况进行监督检查。主要内容包括：

（一）单位差旅审批制度是否健全，出差活动是否按规定履行审批手续；

（二）差旅费开支范围和标准是否符合规定；

（三）差旅费报销是否符合规定；

（四）是否向下级单位、企业或其他单位转嫁差旅费；

（五）差旅费管理和使用的其他情况。

第二十八条　出差人员不得向接待单位提出正常公务活动以外的要求，不得在出差期间接受违反规定用公款支付的宴请、游览和非工作需要的参观，不得接受礼品、礼金和土特产品等。

第二十九条　违反本办法规定，有下列行为之一的，依法依规追究相关单位和人员的责任：

（一）单位无出差审批制度或出差审批控制不严的；

（二）虚报冒领差旅费的；

（三）擅自扩大差旅费开支范围和提高开支标准的；

（四）不按规定报销差旅费的；

（五）转嫁差旅费的；

（六）其他违反本办法行为的。

有前款所列行为之一的，由财政部会同有关部门责令改正，违规资金应予追回，并视情况予以通报。对直接责任人和相关负责人，报请其所在单位按规定给予行政处分。涉嫌违法的，移送司法机关处理。

第八章　附则

第三十条　工作人员外出参加会议、培训，举办单位统一安排食宿的，会议、培训期间的食宿费和市内交通费由会议、培训举办单位按规定统一开支；往返会议、培训地点的差旅费由所在单位按照规定报销。

第三十一条　不参照公务员法管理的事业单位参照本办法执行。

各单位应当根据本办法，结合本单位实际情况制定具体操作规定。

中国人民解放军和中国人民武装警察部队的差旅费管理办法参照本办法另行规定。

第三十二条　本办法由财政部负责解释。

第三十三条　本办法自 2014 年 1 月 1 日起施行。2006 年 11 月 13 日发布的《财政部关于印发＜中央国家机关和事业单位差旅费管理办法＞的通知》（财行〔2006〕313 号）同时废止，其他有关中央国家机关和事业单位差旅费管理规定与本办法不一致的，按照本办法执行。

中央和国家机关工作人员赴地方差旅住宿费标准明细表

序号	地区（城市）		住宿费标准（单位：元/人·天）			旺季地区	旺季期间	旺季浮动标准		
			部级	司局级	其他人员			部级	司局级	其他人员
1	北京	全市	1100	650	500					
2	天津	6个中心城区、滨海新区、东丽区、西青区、津南区、北辰区、武清区、宝坻区、静海区、蓟州区	800	480	380					
		宁河区	600	350	320					
3	河北	石家庄市、张家口市、秦皇岛市、廊坊市、承德市、保定市	800	450	350	张家口市	7～9月、11～3月	1200	675	525
						秦皇岛市	7～8月	1200	680	500
						承德市	7～9月	1000	580	580
		其他地区	800	450	310					
4	山西	太原市、大同市、晋城市	800	480	350					
		临汾市	800	480	330					
		阳泉市、长治市、晋中市	800	480	310					
		其他地区	800	400	240					

续表 -1

序号	地区 (城市)		住宿费标准 (单位:元／人·天)			旺季地区	旺季期间	旺季浮动标准		
			部级	司局级	其他人员			部级	司局级	其他人员
5	内蒙古	呼和浩特市	800	460	350					
		其他地区	800	460	320	海拉尔区、满洲里市、阿尔山市	7～9月	1200	690	480
						二连浩特市	7～9月	1000	580	400
						额济纳旗	9～10月	1200	690	480
6	辽宁	沈阳市	800	480	350					
		其他地区	800	480	330					
7	大连	全市	800	490	350	全市	7～9月	960	590	420
8	吉林	长春市、吉林市、延边州、长白山管理区	800	450	350	吉林市、延边州、长白山管理区	7～9月	960	540	420
		其他地区	750	400	300					
9	黑龙江	哈尔滨市	800	450	350	哈尔滨市	7～9月	960	540	420
		其他地区	750	450	300	牡丹江市、伊春市、大兴安岭地区、黑河市、佳木斯市	6～8月	900	540	360
10	上海	全市	1100	600	500					
11	江苏	南京市、苏州市、无锡市、常州市、镇江市	900	490	380					
		其他地区	900	490	360					
12	浙江	杭州市	900	500	400					
		其他地区	800	490	340					
13	宁波	全市	800	450	350					
14	安徽	全省	800	460	350					
15	福建	福州市、泉州市、平潭综合实验区	900	480	380					
		其他地区	900	480	350					
16	厦门	全市	900	500	400					
17	江西	全省	800	470	350					
18	山东	济南市、淄博市、枣庄市、东营市、烟台市、潍坊市、济宁市、泰安市、威海市、日照市	800	480	380	烟台市、威海市、日照市	7～9月	960	570	450
		其他地区	800	460	360					
19	青岛	全市	800	490	380	全市	7～9月	960	590	450
20	河南	郑州市	900	480	380					
		其他地区	800	480	330	洛阳市	4～5月上旬	1200	720	500

序号	地区（城市）		住宿费标准（单位：元／人·天）			旺季地区	旺季期间	旺季浮动标准		
			部级	司局级	其他人员			部级	司局级	其他人员
21	湖北	武汉市	800	480	350					
		其他地区	800	480	320					
22	湖南	长沙市	800	450	350					
		其他地区	800	450	330					
23	广东	广州市、珠海市、佛山市、东莞市、中山市、江门市	900	550	450					
		其他地区	850	530	420					
24	深圳	全市	900	550	450					
25	广西	南宁市	800	470	350					
		其他地区	800	470	330	桂林市、北海市	1～2月、7～9月	1040	610	430
26	海南	海口市、三沙市、儋州市、五指山市、文昌市、琼海市、万宁市、东方市、定安县、屯昌县、澄迈县、临高县、白沙县、昌江县、乐东县、陵水县、保亭县、琼中县、洋浦开发区	800	500	350	海口市、文昌市、澄迈县	11～2月	1040	650	450
						琼海市、万宁市、陵水县、保亭县	11～3月	1040	650	450
		三亚市	1000	600	400	三亚市	10～4月	1200	720	480
27	重庆	9个中心城区、北部新区	800	480	370					
		其他地区	770	450	300					
28	四川	成都市	900	470	370					
		阿坝州、甘孜州	800	430	330					
		绵阳市、乐山市、雅安市	800	430	320					
		宜宾市	800	430	300					
		凉山州	750	430	330					
		德阳市、遂宁市、巴中市	750	430	310					
		其他地区	750	430	300					
29	贵州	贵阳市	800	470	370					
		其他地区	750	450	300					

续表 -3

序号	地区(城市)		住宿费标准(单位:元/人·天)			旺季地区	旺季期间	旺季浮动标准		
			部级	司局级	其他人员			部级	司局级	其他人员
30	云南	昆明市、大理州、丽江市、迪庆州、西双版纳州	900	480	380					
		其他地区	900	480	330					
31	西藏	拉萨市	800	500	350	拉萨市	6~9月	1200	750	530
		其他地区	500	400	300	其他地区	6~9月	800	500	350
32	陕西	西安市	800	460	350					
		榆林市、延安市	680	350	300					
		杨凌区	680	320	260					
		咸阳市、宝鸡市	600	320	260					
32	陕西	渭南市、韩城市	600	300	260					
		其他地区	600	300	230					
33	甘肃	兰州市	800	470	350					
		其他地区	700	450	310					
34	青海	西宁市	800	500	350	西宁市	6~9月	1200	750	530
		玉树州、果洛州	600	350	300	玉树州	5~9月	900	525	450
		海北州、黄南州	600	350	250	海北州、黄南州	5~9月	900	525	375
		海东市、海南州	600	300	250	海东市、海南州	5~9月	900	450	375
		海西州	600	300	200	海西州	5~9月	900	450	300
35	宁夏	银川市	800	470	350					
		其他地区	800	430	330					
36	新疆	乌鲁木齐市	800	480	350					
		石河子市、克拉玛依市、昌吉州、伊犁州、阿勒泰地区、博州、吐鲁番市、哈密市、巴州、和田地区	800	480	340					
		克州	800	480	320					
		喀什地区	780	480	300					
		阿克苏地区	700	450	300					
		塔城地区	700	400	300					

后记

从 2011 年 6 月到 2014 年 2 月，从 2016 年 5 月到 2019 年 12 月，我两次全程参与国家示范校和山东省示范校建设，付出了心血和汗水，获得了成长和进步；走过了弯路，适时进行了调整，在学习研讨中进步，在实干探索中成长，对于自己来说，可谓收获颇丰。

利用寒假时间，每天晚上加班加点整理与反思，写作与回味，终于完成了拙作，终于松了一口气，希望能对读者、对同类学校有所帮助，足矣！